Adolf Max Vogt

Russische und französische Revolutions-Architektur 1917 1789

Zur Einwirkung des Marxismus
und des Newtonismus auf die Bauweise

Verlag M. DuMont Schauberg

Druck: Gebr. Rasch & Co., Bramsche

Printed in Germany ISBN 3-7701-0612-1

dumont kunst-taschenbücher

Dieses Buch wirft die Frage auf, ob Revolutionen wirklich Architekturen zu schaffen vermögen und allenfalls weshalb.

Nach 1917 entwickelte sich in Rußland eine Architektur von einzigartiger Kühnheit und Modernität. Die Anregungen, die vom Westen her kamen (Bauhaus, Le Corbusier, F. L. Wright) wurden von den Russen rasch in ihrem Wert erkannt und konsequent weitergebildet. Allerdings kam kaum einer dieser Entwürfe zur Ausführung. In der Stalin-Ära wurde die Arbeit avantgardistischer Architekten unterbunden. Heute wird auch in der UdSSR die Leistung von 1917 bis 1932 wieder höher bewertet. Forscher aus Italien, Frankreich und England widmeten dieser Epoche Publikationen.

A. M. Vogts Darstellung ist der erste Beitrag aus dem deutschen Sprachgebiet. Die Besonderheit seiner Arbeit liegt in der Zusammenschau der russischen mit der französischen Revolutionsarchitektur der Jahre um 1789. Vogt erkannte als erster, daß beide verwandte Züge und verwandte Abläufe aufweisen. So konnte er die Wechselwirkung zwischen Architektur einerseits und den soziologischen, politischen und philosophischen Voraussetzungen andererseits im Bereich der beiden Revolutionen anschaulich aufzeigen: ein faszinierendes Kapitel der Architekturgeschichte.

Adolf Max Vogt, geb. 1920 in Zürich, studierte Kunstgeschichte, Archäologie und Germanistik in Zürich, Lausanne und Glasgow. Von 1950 bis 1960 war er Kunst- und Architekturkritiker. Seit 1961 unterrichtet er Kunst- und Architekturgeschichte an der ETH Zürich und leitet seit 1967 das dortige ›Institut für Geschichte und Theorie der Architektur‹. Größere Publikationen: ›Grünewald, Meister gegenklassischer Malerei‹ (Zürich 1957), ›Der Kugelbau um 1800 und die heutige Architektur‹ (Zürich 1962), ›Boullées Newton-Denkmal/Sakralbau und Kugelidee‹ (Basel 1969), ›Stilgeschichte des 19. Jahrhunderts‹ (Stuttgart 1971).

Meinen Brüdern Armin und Willi
in Erinnerung an Werner Vogt (1898–1972)

Inhalt

Die erläuternden Zeichnungen und die beiden Collagen (Abb. 20 und 21) sind ausgeführt worden von Martin Fröhlich, Dipl.-Arch., Eidgenössische Technische Hochschule, Zürich

I Bessere Wohnungen für bessere Menschen. Die sowjetische Wohnutopie – heute und 1917

»Nur wer den Stillstand im Fortschritt kennt und achtet, wer schon einmal, wer mehrmals aufgegeben hat, wer auf dem leeren Schneckenhaus gesessen und die Schattenseite der Utopie bewohnt hat, kann Fortschritt ermessen.«

Günter Grass: ›Aus dem Tagebuch einer Schnecke‹

Was die noch junge Revolution in Rußland von ihrer künftigen Architektur erwartete, läßt sich an einem Beschluß des VIII. Parteitages der KPR (B) aus dem Jahr 1919 ablesen: »Die Partei beschränkt sich nicht auf die formale Gleichberechtigung der Frauen, sondern sie ist bestrebt, sie von der materiellen Last der veralteten Hauswirtschaft zu befreien, indem sie diese durch Kommunehäuser, öffentliche Speisegaststätten, zentrale Wäschereien, Kinderkrippen usw. ersetzt«[1]. Zwar spricht dieser Satz von der Gleichberechtigung der Frau und von der Last der veralteten Hauswirtschaft, doch er enthält zugleich ein ganzes Programm neuartiger Bautypen, wie sie nach Meinung Lenins für eine veränderte Gesellschaft notwendig wurden. Denn es ist Lenin, der den Parteibeschluß vom März 1919 ausgearbeitet hat, und seine Forderung nach Kommunehäusern, Speisehäusern, Zentralwäschereien und Kinderkrippen war nicht ein zufälliger oder gar nebensächlicher Vorschlag. Vielmehr gehört er zu einem bestimmten Programm. Dieses Programm ist am deutlichsten formuliert in der Broschüre ›Die große Initiative‹, die im selben Jahr 1919 von Lenin verfaßt worden ist[2]. Es zielt darauf, daß der Aufbau des Kommunismus bei der Umgestaltung der »kleinen Hauswirtschaft« beginnen muß, die in ihrer überkommenen Form geradezu einer »häuslichen Sklaverei« entspreche. Denn: »Die wahre Befreiung der Frau, der wahre Kommunismus wird erst dort und dann beginnen, wo und wann der Massenkampf gegen diese Kleinarbeit der Hauswirtschaft oder, richtiger, ihre massenhafte Umgestaltung zur sozialistischen Großwirtschaft beginnt«[3].

Es handelte sich deshalb für Lenin darum, den »Ozean« der kleinen Haushaltungen, in dem die echten Leistungsmöglichkeiten der Frau nach seiner Meinung buchstäblich untergehen, zu überwinden. Die Zielvorstellung ist dabei, daß nicht mehr in Millionen isolierter Haushaltungen isoliert gekocht, isoliert erzogen, isoliert gereinigt und gepflegt werden solle, sondern daß eine veränderte Gesellschaft auch veränderte Familienkerne und veränderte Kontaktnetze, das heißt veränderte Isolierungsstufen und veränderte Grade des Gemeinschaftslebens hervorbringen solle.

Genau besehen bedeutet Lenins Forderung nach Kommunehäusern, Speisestätten, Zentralwäschereien und Kinderkrippen eine der seltenen wirklichen Herausforderungen an die Architektur. Denn sie erheischt ein Abrücken von allen jenen Vorstellungen, die mit Begriffen wie ›Bürgerwohnung‹, ›Arbeiterwohnung‹, ›Siedlung‹, ›Mietsblock‹, ›Mietskaserne‹ verbunden sind. Lenin erwartete von den Architekten nichts Geringeres als einen neuen Grundriß zu einem neuartigen Familiengebilde (das zwar einen Teil seines Tages nach wie vor isoliert, das heißt privat verbringt, sein Kind jedoch im Kinderhort aufziehen läßt, die Speisen gemeinsam mit der Kommune im Speisehaus einnimmt, die Dienstleistungen des Haushalts von Maschinen und Verwaltungskräften vollführen läßt).

Gerade dieser Beschluß des VIII. Parteitages von 1919, das Wohnwesen buchstäblich vom Kern her zu verändern, hat indessen erstaunlich wenig Folgewirkung gezeigt. Zwar hat beispielsweise der Moskauer Stadtsowjet 1926 – also sieben Jahre später – einen Wettbewerb zu einem Kommunehaus veranstaltet[4]. Das Wettbewerbsprogramm stellte die Aufgabe, ein Haus zu entwerfen, »das mit seiner gesellschaftlichen Wirtschaft den sogenannten häuslichen Herd aus einer langweiligen, engen und gegenwärtig besonders die Frau belastenden Zelle in einen Ort der angenehmen und unbeschwerten Erholung« verwandeln sollte. Wobei angemerkt war: »Ein neues Leben verlangt neue Formen. Der Arbeiter wünscht nicht, daß seine Mutter,

Frau oder Schwester Kindermädchen, Waschfrau oder Köchin mit unbegrenzter Arbeitszeit ist«[5].

Doch alle diese Veränderungspläne, als einzigartige Herausforderung an den Architekten, haben lediglich zu interessanten *Entwürfen* geführt. Ausgeführt wurde – und wäre es auch nur unter dem Zeichen des Experiments gewesen – nicht einmal ein volles Dutzend an Kommunebauten. G. A. Gradow schätzt, daß insgesamt, und zwar begrenzt »hauptsächlich auf Moskau und Leningrad, etwa 10 Kommune- und Kollektivhäuser errichtet« worden seien. »Unter ihnen war nicht *ein* Haus, welches über ein konsequentes und zu Ende gedachtes System der Vergesellschaftung des Wohnens und der Erziehung der Kinder verfügte«[6]. Fazit: ein gescheitertes, nicht zu Ende gebrachtes Vorhaben der russischen Revolution.

1 Überwindung des ›kleinen Haushalts‹?

Der Mann, der diese schlechte Bilanz zieht aus den Ergebnissen der Wohnutopie oder Architekturrevolution der russischen zwanziger Jahre, der Russe G. A. GRADOW, ist selber alles andere als ein Revolutionskritiker oder Utopiekritiker. In seinem Buch ›Stadt und Lebensweise‹, das ungefähr ein halbes Jahrhundert nach Revolutionsausbruch in Moskau erschienen und seither in die wichtigsten Sprachen des Ostblocks übersetzt worden ist, setzt er Zielpunkte, entwirft er Perspektiven der kommenden Entwicklung[7]. Dabei versucht er zunächst zu zeigen, weshalb die »Vergesellschaftung des Wohnens«, verstanden als »Vergesellschaftung der Speisung, der Dienstleistungen und der Kindererziehung«, unter allen Umständen erreicht werden müsse, wenn die russische Revolution nicht endgültig Gefahr laufen wolle, Stückwerk zu bleiben.

Um die Schwierigkeiten der zwanziger und dreißiger Jahre auf dem Weg zu höherer »Vergesellschaftung« erkennen zu können, versucht Gradow, die damaligen Hemmnisse zu ergründen. Auch dafür kann er sich auf Lenin stützen, denn Lenin hat einerseits den »gegenwärtigen Stand der Arbeitsproduktivität«, andererseits den »heutigen Spießbürger« dafür verantwortlich gemacht, daß die höchste Phase der Entwicklung des Kommunismus — entgegen den Prognosen älterer Sozialisten — nicht so bald eintreten könne. Dieser »Spießbürger« hat gemäß Lenin die Fähigkeit, »sinnlos ... die Grundlagen des gesellschaftlichen Reichtums zu vernichten und Unmögliches zu fordern«[8].

Nun, diese beiden Faktoren – zu geringe Arbeitsproduktivität und rückständige Gesinnung von Kleinbürgern, die sich sowohl in der Stadtwohnung wie auf dem Dorf an ihre individuellen Küchen klammern — sind wohl nur ein Teil all jener Blockierungskräfte, die während eines vollen Halbjahrhunderts zu verhindern vermochten, daß der Parteibeschluß von 1919 endlich architektonische Gestalt annehme. Alles in allem beurteilt Gradow die erreichten und die noch nicht erreichten Errungenschaften der sowjetischen Lebensveränderung wie folgt: »Die sozialistische Revolution hat die kapitalistische Gesellschaftsordnung vernichtet, aber die ›Versklavung an den Haushalt‹, als Element der Ausbeutung (freilich nichtantagonistischen Charakters), blieb erhalten. Die Revolution drang seinerzeit nicht ausreichend tief in die Sphäre der kleinen häuslichen Wirtschaft ein. Es wurden nur die politischen Voraussetzungen für eine neue Lebensweise geschaffen. Das aber reicht nicht zur Schaffung einer vergesellschafteten Hauswirtschaft[9].« So konnte es, gemäß Gradow, dazu kommen, daß in der Sowjetunion »die kleine Hauswirtschaft die einzige Tätigkeitssphäre unserer Gesellschaft (ist), in der sich die Handarbeit nicht nur erhalten hat, sondern uneingeschränkt herrscht und auf diese Weise Millionen von Menschen von der Schaffung materieller und geistiger Güter sowie von ihrer eigenen menschlichen Entwicklung abhält«[10]. Diese »Millionen« sind, nicht nur für Gradow, sondern, wie wir früher gesehen haben, auch für Lenin, in erster Linie die Frauen — also »die Hälfte des Menschengeschlechts« —, die »durch die Kleinarbeit der Hauswirtschaft erdrückt, erstickt, abgestumpft und erniedrigt, an die Küche und an das Kinderzimmer gefesselt« bleiben[11].

Aus diesen Argumenten schließt Gradow, daß die Sowjetunion in den ersten fünfzig Jahren – um es vereinfacht vorweg zu nehmen – ihre Ziele zwar in einem Drittel »ohne jegliche Einschränkung gefestigt« sehe, in einem zweiten Drittel dagegen »noch im Stadium des Werdens«, in einem letzten Drittel schließlich überhaupt »erst im Entstehen« sehe. Er schreibt: »Während sich in Industrie und Landwirtschaft das gesellschaftliche System ohne jegliche Einschränkung gefestigt hat, befindet sich bei uns die Vergesellschaftung der kulturellen und materiellen Versorgung der städtischen Bevölkerung noch im Stadium des Werdens. Was aber die gesellschaftliche, kulturelle und materielle Versorgung auf dem Lande betrifft, so ist sie eigentlich erst im Entstehen«[12]. Dasselbe einfacher formuliert: Gradow ist der Ansicht, daß die russische Revolution ihr Ziel erreicht habe auf dem Gebiet der Produktion in der Fabrik und auf dem Acker, daß sie aber im städtischen Kulturleben und Wohnwesen erst im Werden, im ländlichen Kulturleben und Wohnwesen überhaupt erst am Beginn einer ernstlichen Veränderung stehe. Und gerade für beide letztgenannten Bereiche oder Sektoren des Lebens sieht er die Notwendigkeit und Dringlichkeit einer »historisch grandiosen Umgestaltung«[13].

Was diese, in der Revolution zwar ausgebliebene, aber in naher Zukunft ›unvermeidliche‹ Umgestaltung für den einzelnen Lebenstag praktisch bedeutet, erläutert Gradow anhand jenes Zeitschemas, das Akademiemitglied S. G. Strumilin entwickelt hat. Ist einmal der ›kleine Haushalt‹ abgeschafft und die volle Einfügung des Individuums ins Kollektiv erreicht, so erwartet Strumilin einen Tagesrhythmus mit nur vier Stunden Arbeit, gegen zehn Stunden für Schlafen und Essen; »damit verbleiben zehn Stunden Freizeit, darunter vier Stunden für Lesen und geistige Arbeit, vier Stunden für Sport und Laienschaffen und zwei Stunden für Erholung«[14]. Gradow glaubt Anzeichen zu erkennen, daß das Arbeitspensum von 8 auf 4 Stunden, das Haushaltspensum (für Frauen) von gegenwärtig 3 auf 1 Stunde reduziert werden könne – und das sind für ihn »Anzeichen für den Übergang der Menschheit aus dem Reich der Notwendigkeit in das Reich der Freiheit«[15].

Selbstverständlich ist sich Gradow bewußt, daß die sowjetischen Planer dennoch zuvor beträchtliche »rückständige Ansichten der Bevölkerung auf dem Gebiet der Organisation des Wohnens« werden überwinden müssen, und eher resigniert gesteht er ein: »Wir werden noch lange Häuser mit traditionellen Wohnungen und individuellen Küchen errichten«[16]. Die wichtigsten Widerstände scheinen einerseits finanzieller, andererseits psychologischer Natur zu sein. Will man künftige Kommunehäuser attraktiv genug ausgestalten, so muß zur individuellen Wohnung hinzukommen »eine hochkomfortable und technisch hochwertige gesellschaftliche Versorgung der Familie«. Derartige Wohneinheiten werden sich somit zusammensetzen aus der privaten Wohnzone, dem möglichst nahe angegliederten Versorgungsblock für Dienstleistungen und den Speise- und Gemeinschaftsräumen – mit anderen Worten werden sie, so faßt Gradow zusammen, »aus einem oder mehreren vielgeschossigen Wohnhäusern des *Hoteltyps*« bestehen[17]. Um die Erfahrungen mit dem »Hoteltyp« auswerten zu können, beschreibt er Kollektivhäuser in der Tschechoslowakei, in Schweden, Dänemark und Frankreich und gelangt zu einem Resultat, das er selber als »Paradoxon« bezeichnet: »Die mit dem Ziel der Verringerung der Kosten für die Versorgung durchgeführte Vergesellschaftung führt zu einer Erhöhung der Kosten«[18]. Dies gilt zumindest für den »Hoteltyp« in kapitalistischen Ländern (wo eigentlich nur Familien der oberen Berufsschichten, z. B. Ärzte, sich Kollektivwohnungen leisten können). Wieweit die Finanzierung in den Sowjetländern sich anders gestalten dürfte, bleibt eine offene Frage, die über den Rahmen der hier erörterten Probleme hinausgeht.

Der zweite Stör- oder Hemmungsfaktor, der psychologische, betrifft nach Gradow vor allem die »Mutterschafts- und Vaterschaftsgefühle«. Zitiert wird der Ausspruch einer Mutter: »Ich träume davon, irgendwo in der Nähe, ganz in der Nähe, zu wohnen und jeden Tag mein Kind zu sehen.« Gradow folgert: »›In der Nähe wohnen‹ – das scheint eine der Formen zur Erreichung von *Übereinstimmung* zu sein«[19].

Neben der finanziellen Problematik ist es also vor allen Dingen der sogenannte ›Versorgungsradius‹, der nicht mißachtet werden darf. Dieser muß so *klein* wie nur möglich sein, muß nicht nur den Weg in die Speisesäle, sondern vor allem den Weg zum Kind bequem und leicht machen. Ist diese Forderung architektonisch bewältigt, durch kleine Distanzen zur Schule, zum Kinderhort, zum Speiseraum, zur Wäscherei, so glaubt Gradow, daß die erstrebte ›Übereinstimmung‹ erreicht sei. Jene gesellschaftsbezogene Lebensweise also, die das Sowjetvolk bei den ersten Kollektivhäusern der zwanziger Jahre ohne Zweifel gerade noch nicht voll akzeptieren konnte (vielleicht eben deshalb, weil ihr ›Versorgungsradius‹ zu groß, die Distanz zum ›Hoteltyp‹ und dessen Annehmlichkeiten zu kraß war).

Zusammengefaßt: Gradows Utopie hat das Ziel aller echten Utopisten, sie sucht eine bessere *Übereinstimmung.* In seinem Fall bedeutet dies: ein besseres, das heißt entschiedener *brüderliches* Zusammenleben zwischen Menschen, die bereit sein sollen, individuelle Ansprüche auf Rückzug in die Isolation der Kleinfamilie herabzusetzen, um (in einem für Industriezivilisationen längst nicht mehr gewohnten Grad) wieder mehr in der Gemeinschaft und auch echter in der Gemeinschaft zu leben. Wie ist diese bessere Gemeinschaft ohne Zwang erreichbar? Gradow weiß ein Mittel: durch *bessere Architektur.*

Mit anderen Worten: eine grundsätzliche Verbesserung des menschlichen Zusammenlebens ist in den ersten fünfzig Jahren, wie Gradow freimütig eingesteht, im Sowjetstaat nicht gelungen. Der Impuls der Revolutionsbegeisterung ist längst erloschen, und zwar bevor er »Kulturleben und Wohnwesen« wirklich grundsätzlich zu verändern vermochte. Doch Gradow glaubt, er könne den alten Wein in neue Schläuche, das heißt in neue architektonische Hüllen fassen und damit eine nachträgliche Veränderung des Weins dennoch erreichen: *Bessere Menschen durch bessere Wohnungen.* Oder: *Da die Besserung des Menschen durch den Revolutions-Impuls nicht eindeutig gelang, soll sie nun durch das Mittel der Architektur angegangen werden.*

2 Utopien sind legitim

Wie groß ist die Realerwartung von Gradows Veränderungshoffnung? Und, falls die Antwort zurückhaltend und die Prozentzahl der Wahrscheinlichkeitsabschätzung gering ausfiele: ist Gradows Utopie damit widerlegt? Er kann sich zumindest mit den in Sowjetrußland verbindlichen Referenzen legitimieren. Und zwar längst nicht nur mit Äußerungen Lenins, wie wir sie eingangs zitiert haben. Denn auch FRIEDRICH ENGELS, der die ›Wohnungsfrage‹ im Jahre 1872 und den ›Ursprung der Familie‹ im Jahre 1884 in speziellen Schriften behandelt hat[20], geht eigentlich auf alle Aspekte, die Gradow beschäftigen, ein. Nämlich: erstens auf die *Befreiung der Frau* von der Haussklaverei und ihre Wiedereingliederung in die gesellschaftliche Produktion; zweitens auf die für Marxisten gefährliche Wirkung des *Eigenheims* auf den Arbeiter, das ihn zum ›Kleinbürger‹ macht; drittens auf den Gegensatz zwischen *Stadt und Land*, der Ausgleich erheischt. (Ungleich karger sind bekanntlich die Aussagen von Karl Marx sowohl über die Frauenfrage, die Wohnungsfrage wie über den Stadt-Land-Gegensatz. Es ist deshalb keine Überraschung, daß sich Gradow[21] nur indirekt auf ihn stützen kann. Diese Zurückhaltung von Marx hat vorab mit jener »Arbeitsteilung« zwischen ihm und Engels zu tun, die Engels selber im 2. Vorwort zur ›Wohnungsfrage‹ wie folgt beschreibt: »Infolge der Teilung der Arbeit, die zwischen Marx und mir bestand, fiel es mir zu, unsere Ansichten in der periodischen Presse, also namentlich im Kampf mit gegnerischen Ansichten, zu vertreten, damit Marx für die Ausarbeitung seines großen Hauptwerks Zeit behielt.«

Doch das ist nur die *kleine Ahnenreihe*, auf die ein Utopist wie Gradow verweisen kann – jene also, die innerhalb der marxistisch-leninistischen Theorie herauskristallisierbar ist.

Daneben besteht aber die *große Ahnenreihe*, die lange vor allen marxistischen Vorstellungen entstanden ist. Sie geht zurück bis in die Antike, bis zu PLATON zumindest und dessen ›Staat‹. Denn in Platons ›Staat‹ wird ja bereits – angelehnt an und abgeleitet aus dem Modell der Staatsorganisation von

Sparta – das kollektive Wohnen, die Gemeinschaftsverpflegung und die kollektive Erziehung beschrieben. Derartige »soziale Wunschbilder«, die fast alle mit mehr oder weniger präzisem Gang auf ein »kommunistisches Endglück« hintendieren, auch fast nie darauf verzichten, die Abschaffung des Privateigentums in irgendeiner Form zu erwägen oder zu träumen, gibt es seit Platon eigentlich in allen Epochen der europäischen Geschichte.

ERNST BLOCH, der sich doch wohl am beharrlichsten und am weitesten ausgreifend mit der Geschichte des utopischen Denkens und Vorstellens befaßt hat[22], gibt in seinem ›Abriß der Sozialutopien‹ eine dichte Folge von sozialen Wunschbildern quer durch Altertum, Mittelalter, Neuzeit hindurch[23]. Er kommt zum Ergebnis, daß diese *»Träume, besser zusammen zu leben«*, sogar so etwas wie ihren eigenen »Fahrplan« haben, das heißt »nicht beliebig, nicht so gänzlich freisteigend« auftauchen und formuliert werden, vielmehr sprechen sie »betroffen, wenn auch selten konkret vermittelt, vom Bevorstehenden, sie kleiden ihr kommunistisches Endglück in Formen einer jeweils nächsten Tendenz«[24]. So ist Ernst Bloch der Meinung, daß die »erste und berühmteste, wenn auch kühlste Utopie«[25] – eben Platons ›Staat‹ – durch die Auswirkungen des Peloponnesischen Krieges auf Athen mitbestimmt und mitbedingt sei: »die wachsende Klassenspannung (in Athen) empfahl Sparta als den strengsten griechischen Staat, als das Heilmittel aus Autorität«[26]. Ähnliches gilt auch für die »zweite berühmteste Utopie der Antike«, AUGUSTINS ›Gottesstaat‹, erst recht dann für die Utopien der Renaissance und der Neuzeit: »Bei Augustin hat die beginnende Feudalwirtschaft eingewirkt, bei Thomas Morus das freie Handelskapital, bei Campanella die absolutistische Manufakturperiode, bei Saint-Simon die neue Industrie«[27]. Wichtiger als dieser Hinweis auf die eigentlich kaum überraschende Beobachtung, daß auch das utopische Träumen seine »Zeit«, seinen »Fahrplan« und das heißt: seine jeweilige Abhängigkeit von der jeweils vorherrschenden Wirtschaftsform hat, sind zwei andere Beobachtungen oder Erkenntnisse Ernst Blochs. Erstens, daß die Sozialutopie des 18. Jahrhunderts eine gewichtige Parallele oder Auszweigung findet im aufgeklärten Naturrecht[28];

zweitens, daß das hoffende und erwartende menschliche Denken und Vorstellen sich keineswegs mit der Sozialutopie begnügt, sondern eine ganze Reihe *andersartiger* Utopien hervorgebracht hat. Bloch nennt und beschreibt, neben der Sozialutopie, nicht weniger als fünf weitere Utopie-Gruppen, nämlich die *ärztliche* Utopie (»Kampf um Gesundheit«), die *technische* Utopie (»Wille und Natur«), die *architektonische* Utopie (»Bauten, die eine bessere Welt abbilden«), die *geographische Utopie* (»Eldorado und Eden«) und schließlich die *»Dargestellten Wunschlandschaften* in Malerei, Oper, Dichtung«. Dieses halbe Dutzend an Utopie-Gruppen ergibt für ihn insgesamt jenen Fächer von »Grundrissen einer besseren Welt«, ohne den der Mensch offenbar deshalb nicht auskommen kann, weil er ohne Hoffnung nicht auskommen kann[29].

Landläufig anerkannt sind von diesen sechs Gruppen nur zwei, nämlich die *Sozialutopie* und die *Architekturutopie.* Wer aber, im Sinne von Ernst Bloch, auch medizinische und technische Verbesserungshoffnungen sowie geographische und künstlerische Entdeckungserwartungen zu den »Grundrissen einer besseren Welt« zu zählen bereit ist, der anerkennt damit auch schon, daß dieser Blochsche *erweiterte* Begriff der Utopie etwas betrifft, was uralt und wahrscheinlich stetig vorhanden ist. Utopie in diesem Sinne muß es gegeben haben, seit Menschen hoffen. Und die Hoffnung auf Veränderung ist ja nicht einfach Hirngespinst. Denn der Mensch konnte und kann Situationen verändern, und es scheint, daß er unter gewissen Umständen und unter bestimmten Einflüssen sich selber zu verändern vermochte und vermag.

Deshalb ist Utopie legitim, und mehr als das: sie produziert sich ebenso notwendig weiter fort, wie ein Weiterleben nur mit fortgesetzter Hoffnung verbunden möglich ist.

Wenn das und falls das stimmt — wie kommt es dann, daß Utopie für viele Leute genau das Gegenteil ist, nämlich ein Ärgernis, eine gefährlich überreizte Verlockung, eine Phantasterei mit bedrohlichem Aspekt?

3 Für einen offenen, nicht vorbestimmten Begriff der Utopie

Es wird der Umgangssprache nicht zu nehmen sein, daß sie jemanden abwertet, der ›bloß‹ oder ›nur‹ Utopien vorträgt oder vorschlägt — also Seifenblasen, Schäume und Träume. Nun ist es etwas anderes, ob ein Konservativer oder ob ein Progressiver das Wort ›Utopie‹ im abschätzigen Sinne braucht. Für den Konservativen hat es beinahe selbstverständlich abschätzigen Klang, denn sein Hoffen ist auf die persönliche, private Sphäre begrenzt, er sieht keinerlei Ursache zu Veränderungen in einem allgemeiner verbindlichen Sinn.

Wenn hingegen Progressive die Utopie ebenfalls abschätzig bewerten — und das ist gerade bei zwei so fraglos Progressiven wie Karl Marx und Friedrich Engels der Fall —, dann steht offenbar eine Alternative dahinter, die Rechenschaft erheischt. Schon der Titel der Schrift ›Die Entwicklung des Sozialismus von der Utopie zur Wissenschaft‹ (1880) sagt klar, wie Friedrich Engels den Begriff qualifiziert: er ist lediglich Vorstufe zu etwas weit Besserem, Soliderem: der Wissenschaft. Wenn es dann in dem genannten Texte selber, der durch viele Übersetzungen große Verbreitung fand, von den »Stiftern des Sozialismus« (gemeint sind Saint-Simon, Fourier und Robert Owen) heißt, ihre »neuen sozialen Systeme waren von vorneherein zur Utopie *verdammt;* je weiter sie in ihren Einzelheiten ausgearbeitet wurden, desto mehr mußten sie in reine *Phantasterei* verlaufen«[30] — dann heißt hier Utopie eindeutig Phantasterei oder Unvermögen zu ernstlichem Eingriff. Obwohl Friedrich Engels Saint-Simon, Fourier und Owen ausdrücklich als die »drei *großen* Utopisten«[31] bezeichnet und ihr Wirken in der Zeit um 1800 ausführlich und aufmerksam würdigt, kommt er zu diesem harten Urteil. Um 1800 sind eben in der Beurteilung von Engels »die der neuen Gesellschaftsordnung entspringenden Konflikte erst im Werden begriffen«. »Dem unreifen Stand der kapitalistischen Produktion, der unreifen Klassenlage, entsprechen unreife Theorien[32].« Auch für Karl Marx »sind diese Theoretiker *nur Utopisten,* die, um den Bedürfnissen der unterdrückten

Klassen abzuhelfen, Systeme ausdenken und nach einer regenerierenden Wissenschaft suchen«[33].

Der Unterschied in den beiden Begriffsfeldern scheint darin zu liegen, daß ›Utopie‹ für den Konservativen im Prinzip eine sinnlose, für den Progressiven dagegen eine gut gemeinte, jedoch noch dilettantische — das heißt nicht eindeutig ›wissenschaftliche‹ — Veränderungsveranstaltung ist. Für den staatsoffiziellen Marxismus schließlich ist Utopie eine nicht einmal mehr ernst zu nehmende Vorstufe (was sie für Marx und Engels selber nachweisbar war), sondern nur noch etwas, was »uns nicht mehr tiefer zu Herzen gehen kann«. Denn: »Unsere Erwartung einer besseren Zukunft ist in der machtvollen Bewegung unserer eigenen Gegenwart hinlänglich gesichert«[34]. Was ungefähr so viel heißt wie: wir brauchen unsere eigenen Hoffnungen nicht selber zu präzisieren, das ist schon vorgegeben und vorgeplant, z. B. vom regierenden Kollektiv her.

Kein Wunder, daß dieser staatsoffizielle marxistische Standpunkt den Vorwurf an Ernst Bloch richtet, er versuche »dem Utopie-Begriff *wieder* einen *positiven* Inhalt« zu geben und er anerkenne »einen qualitativen Unterschied zwischen utopischem und wissenschaftlichem Sozialismus . . . letztlich *nicht*«[35]. Belegstück für diesen Vorwurf ist Blochs Marxismus-Definition im ›Prinzip Hoffnung‹. Sie lautet: »Marxismus ist *nicht keine* Utopie, sondern er ist das *Novum* einer *prozeßhaft-konkreten* Utopie«[36].

Mit anderen Worten: Bloch bleibt bei seiner freien, weiten Interpretation, die das Utopische nicht nur pejorativ und auch nicht nur als historische Vorstufe gelten läßt, sondern ganz einfach als eine an sich zunächst wertfreie Präzisierung irgendeiner Antizipation, die je nachdem bedeutend oder unbedeutend, phantastisch oder realisierbar, starr und abgeschlossen oder aber »prozeßhaft-konkret« auftreten kann. Sein Spektrum der Veränderungshoffnung geht vom »Tagtraum«, den »reiferen Wünschen«, der »Dämmerung nach Vorwärts« (die insgesamt als »Erwartungsaffekte« wirken) zur »utopischen Funktion«, die sich als »Gegenzug gegen das schlecht Vorhandene« wendet, zum »Wunschbild« oder der »Wunschlandschaft«, zur objektiv-realen Möglichkeit« und schließlich zur »Weltveränderung«.

Für eine kritisch-wissenschaftliche Auseinandersetzung kann meines Erachtens nur dieser offene und weitgefaßte Begriff der Utopie tauglich sein, denn alle andern Interpretationen sind Vorwegnahmen, die die Freiheit der Beurteilung zum vorneherein einschränken. (Dies gilt ohnehin für das uns speziell interessierende Feld der Architekturutopien, die ihrem Wesen nach nicht allein und nie nur aus wissenschaftlichen Prämissen hervorgehen.)

Offen—aber nicht harmlos, wird man ergänzen müssen. Denn es ist tatsächlich so, daß das Gelände des Utopischen (ganz gleich, ob man es vom materialistischen, idealistischen oder von agnostizistischen Standpunkten her betrachtet) stets von Kältefronten durchzogen ist. Diese Kältefronten mögen so oder so verlaufen, sicher ist, daß sie spürbar sind. Denn wo Veränderungshoffnungen zu prägnanten Bildern oder Plänen präzisiert werden, da entsteht immer ein Risiko, das sich als Betroffenheit äußern kann, die tiefere Emotionen nicht ausschließt. Auch wir werden in dem Stoff, der in diesem Buch zu umreißen ist, solchen Risiken nicht ausweichen können[37].

Schließlich: *offen, nicht vorbestimmt, deshalb zunächst wertfrei – aber nicht wertblöde.* Wenn wir uns einen Utopiebegriff zu eigen machen, der alle nur denkbaren Schattierungen und Stufen vom »kleinen Wachtraum« bis zur »prozeßhaft-konkreten« Ausarbeitung von Veränderungserwartungen umschließt, dann ist damit nur gesagt, daß Träumen an sich zunächst wertfrei ist. Jeder darf es, kann es, tut es. Das Geträumte indessen, als Resultat, ist von höchst unterschiedlichem Belang. Gerade weil wir nicht den engen, sondern den ausgeweiteten Begriff der Utopie für unsere Beobachtungen, Vergleiche und Überlegungen voraussetzen müssen, wird es auch nötig, innerhalb dieses weiten Feldes nach *Qualitäten* zu unterscheiden. Denn es gibt ja, wie Bloch es formuliert, neben den »kleinen Wachträumen« die »starken«, neben den »schwankenden und mißbrauchbaren« die »strengen«[38]. »Das Leben aller Menschen ist von Tagträumen durchzogen, darin ist ein

Teil Schale, auch entnervende Flucht, auch Beute für Betrüger, aber ein anderer Teil reizt auf, läßt mit dem schlecht Vorhandenen sich nicht abfinden, läßt eben nicht entsagen. Dieser andere Teil hat das Hoffen im Kern ...«.[39]

Nun kann nicht geleugnet werden, daß dieser ausgeweitete Begriff der Utopie, der neben dem »üblichen, berechtigt abwertenden« Sinn auch den »neu vertretbaren Sinn des Traums nach vorwärts, der Antizipation überhaupt«[40] gelten läßt, ein sehr großes, aber auch sehr ausgefranstes, nicht klar begrenzbares Gebilde ergibt, das dann von Bloch folgerichtig gar nicht mehr als »Begriff«, sondern als »Prinzip« bezeichnet wird. Und gegenüber diesem vielschichtigen, vielstufigen, wertmäßig schillernden Prinzip sind Einwände erhoben worden — einerseits vom staatsoffiziellen Marxismus her, andererseits von der kritischen Soziologie her — die uns beschäftigen müssen, sofern wir derartige Unterscheidungen nicht einfach als einen Streit um des Kaisers Bart betrachten und beiseite lassen wollen.

Mit andern Worten: ist der Streit um die weite oder enge Fassung des Begriffs (oder Prinzips) Utopie wirklich so wichtig, daß wir für unseren Zusammenhang auf eine Klärung angewiesen sind? Wir haben es mit den Revolutionsarchitekturen zu tun, also mit Konzepten, die in einer Aufbruchssituation entstanden sind und die eine veränderte, bessere Zukunft vorwegnehmen wollen, als deutliche Absetzung vom schlecht Vorhandenen. Derartige Antizipationen sind geladen mit Erwartungen, und sie sind geladen mit der Frage, ob sie die erstrebte »Übereinstimmung« auch wirklich bringen. Also ist eine tunliche Klarstellung des Ausgangsfeldes nicht unwichtig. Mag sein, daß die Dringlichkeit derartiger, nur scheinbar bloß philologischer Klarstellungen am ehesten deutlich wird an einer Formulierung von TEILHARD DE CHARDIN. Er unterscheidet einmal Christen von Marxisten dadurch, daß er behauptet, die ersten verehrten den »Gott über uns«, die zweiten den »Gott vor uns«. Wer diese Unterscheidung, und sei es als bloße Metapher, gelten lassen kann, der gibt damit auch zu, daß die Zukunftsfrage, und mit ihr auch die Utopiefrage, für jeden

Revolutionär (eingeschlossen den vormarxistischen von 1789) das entscheidende Problem ist.

1. *Zum Einwand des staatsoffiziellen Marxismus:* Winfried Schröder wirft dem Philosophen Bloch vor, er habe dem Utopie-Begriff »wieder« einen »positiven Inhalt« zu geben versucht, und das bedeute, daß er zwischen utopischem und wissenschaftlichem Sozialismus »letztlich« nicht hinlänglich klar unterscheide[41]. In der Tat ist ja für Bloch, wie schon zitiert, der Marxismus »nicht keine Utopie«, sondern er ist »das Novum einer prozeßhaft-konkreten Utopie«. Positiv gewendet: er ist *auch* eine Utopie, aber er ist innerhalb des weiten Feldes von guten und schlechten Utopien eine höchst qualifizierte, nämlich eine »prozeßhaft-konkrete«. Allerdings: selbst wenn Bloch die marxistische Konzeption als die höchste und wichtigste der Utopien einstuft — und das tut er offensichtlich —, dann hält er sie dennoch für *vergleichbar* mit anderen, sei es vor, sei es nach Marx. Hier liegt für Winfried Schröder der Stein des Anstoßes. Er kann diese Relativierung nicht gelten lassen und stützt sich deshalb auf Werner Krauss, für den die Reihe der Utopien, gleichgültig ob von Platon her oder ob erst von Thomas Morus her aufgenommen, mit dem Werk von Karl Marx endgültig abgeschlossen und damit auch endgültig überwunden ist. Werner Krauss hat unter dem Titel ›Reise nach Utopia‹ französische Utopien aus drei Jahrhunderten zusammengestellt[42], aber dabei »nimmt er«, wie zu recht gesagt worden ist, »nur die *Parade* einer zwar höchst ehrenwerten, doch ein für allemal vergangenen Denktradition ab ... Neben dem Vergnügen, das die Lektüre alter Utopien bereitet, gebietet hauptsächlich die Pietät, dieser notwendig unrealistischen, zwar richtig träumenden, aber falsch denkenden Ahnen würdig sich zu erinnern ... Marxistisch ist also das Utopie-Problem längst gelöst, seit der historische Materialismus die Utopie wissenschaftlich abgelöst hat«[43]. Jene »Parade ... einer höchst ehrenwerten Denktradition« ist denn auch nicht nur für Werner Krauss, sondern ebenso für Winfried Schröder endgültig abgeschlossen, »da der wissen-

schaftliche Sozialismus das Ende der Utopie bedeutet und diese im Sozialismus daher ihre eigentliche Dimension verloren hat«[44].

Wer sich überdies nicht den Sozial-, sondern den *Architektur-Utopien* von 1789 und 1917 nähern will, der wird sich ohnehin gegen den engen Begriff der orthodoxen Marxisten und für den weiten Begriff des ›Prinzips Hoffnung‹ entschließen müssen, selbst auf die Gefahr hin, daß er sich dabei in ein Gelände mit unklaren Grenzlinien begibt. Denn er kann sich ja nicht an eine Vorentscheidung binden lassen, die das Weiterblühen und Weiterwuchern von Utopien *nach* 1867[45], also beispielsweise um 1917, zum vorneherein und ohne Ansehen der Qualität als »anachronistisch«[46] bezeichnet.

2. *Zum Einwand der kritischen Soziologie:* auch ihr ist ein Utopie-Begriff, der vom »kleinen Wachtraum« bis zur »prozeßhaft-konkreten« Veränderungsplanung geht, ein *zu* weites Feld — aber wiederum aus ganz andern Gründen. Zwar attestieren die Soziologen, daß der weitgefaßte Begriff erst eigentlich die »Sensibilität für utopisches ›Vorkommen‹, namentlich wenn es verborgen ist«[47], geweckt habe, aber diese neuartige Sensibilität betrifft das Phänomen und dessen enzyklopädische Beschreibung — und weit weniger die Theorie[48]. Mit andern Worten: das Phänomen entpuppt sich als reich, weiterverzweigt, vielleicht sogar als mächtig (im Sinne der Bezogenheit auf halbbewußte und unbewußte Schichten), und seine begriffliche Fassung wird schwierig, droht »uferlos« zu werden, einen »weiteren Verlust ... an Präzision« zu bringen, die »begriffliche Schärfe« zu verlieren etc.[49].

Die skeptische Haltung der kritischen Soziologen gegenüber dem umfassend gesehenen Phänomen Utopie stützt sich auf Argumente, wie sie beispielsweise Jürgen Habermas formuliert hat. Wenn man fragt, weshalb eigentlich Habermas einen Antrieb verspürt, sich immer wieder — einmal treffend, das andere Mal bloß feuilletonistisch[50] — von der »episch« breiten Beschreibung des »utopischen Vorkommens« zu distanzieren, dann stößt man auf den Begriff des *»Bilderverbots«*. In einer Skizze über die Philosophie Theodor W. Adornos erklärt er, »für die

Utopie« gelte »das Bilderverbot so streng wie für die messianische Zukunft der Juden«. Dieses Verbot nennt er einen »Kordon« und bezeichnet es als »*Tabu* über dem erhofften Zustand«[51]. Also, um es möglichst drastisch zu sagen: *Du sollst dir, vom schlecht Vorhandenen aus, kein Bildnis machen von einer besseren Zukunft.*

Obgleich Habermas den Hinweis eher beiläufig macht und rasch zu anderen Zusammenhängen weitergeht, ist er für uns zum allermindesten ein Stichwort. Denn wenn dies wörtlich gilt, daß über der Utopie das Bilderverbot, das Tabu einer näheren Präzisierung der erhofften Vorstellungen liegt – dann sind gerade die Architekturutopien vom Verbot betroffen. Sie *sind* »Bilder«, *sind* Präzisierungen des »erhofften Zustandes«.

Habermas spielt auf die jüdische Tradition des Bilderverbotes an. Er könnte auch auf christlich-mittelalterliche und auf islamische Bilderverbote hinweisen, denn sie beziehen sich letztlich auf dieselbe Grundfrage. Vor allem aber könnte er, und das liegt dem Problemkreis der kritischen Soziologie ungleich näher, auf das Verhalten der Sozialkritiker des 19. Jahrhunderts hinweisen. Unter diesen Sozialkritikern – heißen sie nun Saint-Simon, Fourier, Owen, Babœuf, Cabet, Marx, Engels, bis hin zu den russischen Emigranten am Ende des Jahrhunderts – gibt es nämlich vor allem einen, der sich immer deutlicher ein »Bilderverbot« auferlegt hat: Karl Marx.

In den ›Pariser Manuskripten‹ des jungen Marx allerdings wird uns noch sehr genau gesagt, welche fünf Auswirkungen die »positive Aufhebung des Privateigentums« mit sich bringen wird, und zwar als Schlichtung oder Aufhebung von fünf Spannungen oder Entfremdungen[52]. Doch spätestens mit dem Beginn der Arbeit am ›Kapital‹ hat Marx sich dazu entschlossen, das Ausmalen von Zukunftsbildern zu lassen und zu ersetzen durch die exakte Analyse der Gegenwart, ihrer Produktionsverhältnisse und ihrer Tauschverhältnisse. Allerdings glaubt er, aus dem Herleiten der geschichtlichen Entwicklung bis zur Gegenwart ein *Gesetz* ableiten zu können. Ein Gesetz, das sich mit zwangsmäßiger Folgerichtigkeit in die Zukunft hinein abspielen wird, genau wie die Flugbahn eines Planeten, die sich vorher berechnen läßt, sich ›abspielt‹.

Von den Sozialkritikern des 19. Jahrhunderts ist Marx derjenige, der am deutlichsten auf ›Bilder‹ verzichtet. Er kann es nur, weil er am entschiedensten überzeugt ist, ein Gesetz für geschichtliche Abläufe gefunden zu haben, das der Zwanghaftigkeit eines Naturgesetzes nicht eigentlich nachsteht.

Zusammenfassend läßt sich sagen: der Bilder produzierende, episch ausmalende Utopist ist die Regel — seine Ausnahme heißt Karl Marx. Er ersetzt das Bild, Zukunftsbild durch ein Gesetz, dem er naturwissenschaftliche Strenge und Folgerichtigkeit zuspricht[53]. Sein Verzicht ist nicht einfach Askese, sondern Ersetzen des Zielbildes durch eine Bahn, ein Bahngeleise. Dieses Geleise läuft aus mehrstufigen Vergangenheiten durch seine (damalige) Gegenwart folgerichtig auf das Zielbild zu. Dieses selber aber, das Zielbild, braucht er — im Gegensatz zum ›normalen‹ Utopisten — eben gerade nicht auszumalen. Denn er hat das Geleise erkannt und damit die Gewißheit erlangt, daß dieses Ziel so oder so erreicht werden wird.

Da, wo der ›normale‹ Utopist durch ausgemalte Zielbilder eine *Anziehungs*kraft auslöst, erweckt Marx durch seine als Gesetz dargestellte Wegverheißung *Schub*- oder *Stoß*kraft.

Mit Recht hat ALFRED DOREN, der mit seiner Arbeit über ›Wunschräume und Wunschzeiten‹ (1927) eine der grundlegenden Studien zum *erweiterten* Begriff der Utopie geleistet hat, die »ungeheure Stoßkraft des marxistischen Sozialismus« betont und sie gerade *nicht* auf den »konkreten Inhalt des Systems selbst« zurückgeführt, das übrigens »kompliziert« und deshalb »nur wenigen wirklich zugänglich« sei. Vielmehr erklärt Doren sich diese Stoßkraft vorab daraus, »daß ein Zweifel an dem baldigen Eintreten des Wunschreichs nicht möglich schien, weil angeblich *exakte,* von Marx und seinen Jüngern entdeckte *Naturgesetze* dieses Eintreten erforderten, Gesetze, die nur die Kurzsichtigkeit der durch Klassenanschauung gebundenen und geblendeten bürgerlichen Wissenschaft nicht hatte sehen wollen«[54].

Ausgehend vom Stichwort ›Bilderverbot‹ haben wir die Sonderstellung von Karl Marx innerhalb der Reihe der Sozialutopisten zu umreißen versucht. Daß die kritischen Soziologen – um nochmals auf sie zurückzukommen – sich lieber auf diese Sonderstellung berufen, deshalb auch lieber mit ›Gesetzen‹ als nur mit ›Bildern‹ zu tun haben, ist leicht verständlich. Im selben Maße, wie sie sich eine Weiterentwicklung oder Präzisierung von ›Gesetzen‹ zutrauen, werden sie auch auf das Ausmalen von Zielbildern verzichten wollen oder sich sogar ein gänzliches ›Bilderverbot‹ auferlegen.

Was aber für die kritische Soziologie, die sich ausschließlich mit der Sozialutopie befaßt, gelten kann, das setzt nun den Architekturhistoriker, der sich mit Architekturutopien befaßt – also notgedrungen mit ›Bildern‹ – in Verlegenheit[55].

Er kann sich immerhin darauf berufen, daß *nicht nur der Kopfarbeiter, sondern auch der Handarbeiter sein ›Recht‹ auf Utopie beanspruchen darf.* Dasselbe ›Prinzip Hoffnung‹, das den Kopfarbeiter zu seiner Sozialutopie führt, die er mit Worten formuliert, führt den Handarbeiter zu einer Zeichnung, zu einem Plan, zu einer Raumordnung, kurz, zu einer Architekturutopie. Und diese ist mit Worten nicht hinreichend zu formulieren, sie erheischt räumliche Vorstellung und räumliche Ausgestaltung und kann nichts anderes ergeben als ein Zielbild. (Was auch dann noch gilt, wenn dieses Zielbild möglichst flexibel, als ständig veränderbare ›Prozeßarchitektur‹, vorgestellt wird. Sobald nämlich einige Striche gezogen sind, als Grundriß, Schnitt oder Ansicht, ist damit das Zielbild auch schon vorgestellt.) Überdies gehorcht die Architekturutopie anderen Regeln – Bildregeln –, die sich grundsätzlich unterscheiden von denen der Wortwelt, innerhalb der die Sozialutopie entworfen wird.

Nimmt sich jemand überdies vor, wie das hier der Fall ist, die Bildwelt der Architekturutopien mit Wörtern zu beschreiben, so steht er ständig (als zusätzliche Belastung sozusagen) vor der Schwierigkeit der Überbrückung der Kluft zwischen *gedachter* Wortwelt und *vorgestellter* Bildwelt. Die Beihilfe von Zeichnungen scheint deshalb unerläßlich. Sie ist als Versuch zur Überbrückung zu verstehen.

4 Sozialutopie und Architekturutopie

Es wurde schon darauf hingewiesen, daß die Umgangssprache eigentlich nur zwei Arten der Utopie kennt: die *Sozialutopie* und die *Architekturutopie*. Auch wer das erweiterte Begriffsfeld der Utopie für notwendig hält (um der durch alle Epochen und Weltanschauungen hindurch aufweisbaren Macht der »Träume nach Vorwärts« gerecht zu werden), kann sich nicht davor verschließen, daß es einen Sinn haben muß, wenn die Umgangssprache so auswählt. D. h., es muß einen Sinn haben, daß die Umgangssprache unter allen denkbaren Neuerungshoffnungen und Veränderungshoffnungen *nur* gerade die *Sozial*entwürfe und die *Architektur*entwürfe mit der Bezeichnung ›Utopie‹ belegt und dadurch auf ihre Weise auszeichnet. Durch diese gemeinsame Auszeichnung werden beide einander nähergerückt und wirken – *irgendwie, aber wie?* – als verkoppelt.

Man kann in der Tat sagen, daß die voll ›ausgewachsene‹, voll auskristallisierte Sozialutopie auf ganz natürliche Art zur Architekturutopie wird: wenn der Entwurf zu einem neuartigen Zusammenleben der Menschen wirklich präzis vorgestellt wird, dann ist diese Vorstellung notgedrungen auch eine *räumliche* Vorstellung – und damit bereits ein Stück architektonische (resp. städtebauliche) Organisation.

Der Utopist braucht dabei diese architektonische Organisation nicht zu zeichnen, es genügt, wenn er sie in Worten beschreibt. So ist es zum Beispiel möglich, die im Buch ›Utopia‹

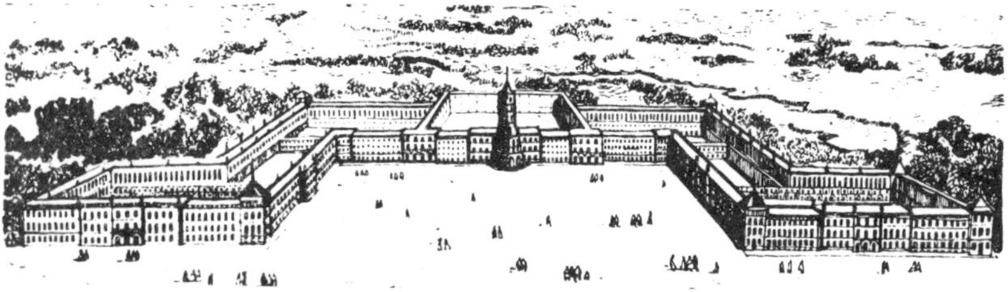

1 Fouriers Phalanstère, für 1800 Personen, 1830

(1516) von THOMAS MORUS beschriebene ›utopische‹ Stadt Amaurot als Stadtplan darzustellen. Dasselbe gilt von der ›Sonnenstadt‹ des TOMMASO CAMPANELLA (1602). Von den »drei großen Utopisten« der Zeit um 1800, Saint-Simon, Fourier, Robert Owen, bleibt der erste, SAINT-SIMON, ohne räumliche Spiegelungen, wogegen der zweite, FOURIER, den Aufbau und die Organisation der Kommune ›Phalanstère‹ immerhin auch räumlich entwickelt hat, so daß er einen Grundriß und eine Ansicht (entworfen vom Festungsingenieur Victor Considérant) von einer solchen, jeweils 1800 Personen umfassenden Wohneinheit

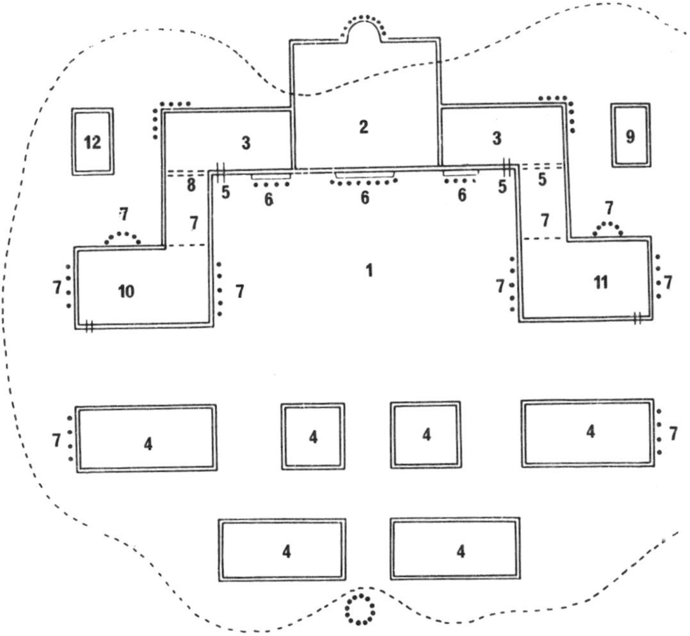

2 Plan des Phalanstère. 1 Paradeplatz 2 Haupthof für Spaziergänge im Winter (hier auch die Küchen) 3 Höfe zwischen den Wohnblocks (im linken Hof: die Pferdeställe) 4 Hof für landwirtschaftliche Arbeit 5 Vorhalle der Kirche 6 Portale 7 Säulengänge 8 Übergänge 9 Opernsaal 10 Herberge mit Unterkünften für Gäste 11 Tischlerei und Schlosserwerkstatt, Musikschule für Blasinstrumente 12 Küche

geben konnte (Abb. 1, 2). Da Fourier den von ihm selbst gezeichneten Plan (Abb. 2) im Jahr 1829 in ›Le Nouveau Monde‹ veröffentlicht hat, darf das Zustandekommen der Gesamtutopie Fourier-Considérant auf rund 1825—1830 angesetzt werden.

ROBERT OWEN schließlich hat — und hierin ist er in der Reihe der Utopisten eine einzigartige Persönlichkeit — seine Zielvorstellungen nicht nur beschrieben, er hat sie auch nicht nur als Grundriß, Aufriß, Ansicht räumlich gespiegelt, sondern er hat in den Jahren 1800—1829 eine Baumwollspinnerei mit Kommune in New Lanark (Schottland) erfolgreich geleitet, »mit einem Erfolg, der ihm europäischen Ruf eintrug. Eine allmählich auf 2500 Köpfe anwachsende, ursprünglich aus den gemischtesten und größtenteils stark demoralisierten Elementen sich zusammensetzende Bevölkerung wandelte er um in eine vollständige Musterkolonie, in der Trunkenheit, Polizei, Strafrichter, Prozesse, Armenpflege, Wohltätigkeitsbedürfnis unbekannte Dinge waren. Und zwar einfach dadurch, daß er die Leute in menschenwürdigere Umstände versetzte und namentlich die heranwachsende Generation sorgfältig erziehen ließ. Er war der Erfinder der Kleinkinderschulen und führte sie zuerst ein ... Während seine Konkurrenten (in der Baumwollfabrikation) 13—14 Stunden täglich arbeiten ließen, wurde in New Lanark nur 10½ Stunden gearbeitet. Als eine Baumwollkrisis zu viermonatigem Stillstand zwang, wurde den feiernden Arbeitern der volle Lohn fortbezahlt. Und dabei hatte das Etablissement seinen Wert mehr als verdoppelt und bis zuletzt den Eigentümern reichlichen Gewinn abgeworfen«[56].

Diese immerhin sehr anerkennende Beurteilung durch Friedrich Engels, der einen noch nicht »wissenschaftlich«, sondern nur »utopistisch« vorgehenden Sozialisten wie Owens ja grundsätzlich skeptisch beurteilen muß, macht hinreichend klar, daß Owens keineswegs zu den Tagträumern gehört, sondern zu jenen seltenen Sonderfällen, die ihre Bewährungsprobe in der »objektiv-realen Möglichkeit« bestehen und damit ein kleines, aber prinzipiell gültig bleibendes Stück »Weltveränderung« leisten. Wer die Sozialutopie derart konsequent in die Wirklichkeit überführt, der gelangt notgedrungen auch in den Be-

3 Owens Gemeinschaftssiedlung New Harmony, für 2000 Personen, 1825. Zeichnung von Stedman Whitwell

reich der Architektur. Deshalb ist es nur folgerichtig, daß Robert Owen seine Darstellung der ›Self-supporting Home Colonies‹ (London, 1841) als ein »Development of the *Principles* and *Plans*«, also als eine Entwicklung nicht nur von Prinzipien, sondern auch von *Plänen* publiziert. Auf zwei Faltbogen sind der Broschüre beigegeben: der Gesamtplan, der als Square, d. h. als Quadrat in Randbebauung ausgelegten Kommune für 2000 Personen, die Außenansicht einer der vier gleichen Fassaden, außerdem die Innenansicht von der Hofseite her und die verschiedenen Grundrisse zum typischen Wohnhaus. Das Konzept für die ›Self-supporting Home Colonies‹ von 1841 geht indessen zurück auf die Amerika-Jahre von Robert Owen. 1825 weilte er im Staat Indiana und erwarb Land beim Dorf Harmony, das er zur Gemeinschaftssiedlung New Harmony umbaute. Damals, um 1825, hat der amerikanische Architekt Stedman Whitwell die Zeichnung (Abb. 3) für New Harmony angefertigt[57]. Die Ausarbeitung der Gesamtutopie Owen-Whitwell ist also in dieselben Jahre 1825—1830 zu datieren, in denen auch die Gesamtutopie Fourier-Considérant entstanden sein muß.

Vermutlich ist sich Robert Owen dabei bewußt gewesen, daß er mit der architektonischen Präzisierung durch Pläne und Aufrisse seine Sozialutopie keineswegs nur *illustriert,* sondern daß er sie zugleich in erhöhtem Maße *sicherstellt.* Denn Architektur, dieses mehrschichtige Gebilde bietet ja nicht nur auf ihrer Zweckseite *Unterkunft,* auf ihrer Repräsentationsseite die Darstellung bestimmter *Zeichen* (etwa der Macht, der Legitimation usf.) – sie garantiert und fixiert auch *Abläufe.* Die Art und Weise, wie eine Privatwohnung ausgelegt, wie die Wege von ihr zu den Gemeinschaftsräumen beschaffen und bemessen, wie diese Gemeinschaftsräume in sich gegliedert sind: das alles legt einen Ablauf nahe, kann dadurch ein Verhalten aufdrängen, sogar aufzwingen und durch Wiederholung prägen.

Genau das meint ja wohl G. A. Gradow, wenn er schreibt: »Die Neugestaltung des Wohnbereichs bildet nicht nur passiv die äußere Hülle für die neue Lebensweise, sondern beeinflußt aktiv ihre Herausbildung«[58]. Mit anderen Worten: Architektur ist nicht nur äußere Hülle (die man beachten oder übersehen kann), sie wirkt auch aktiv, indem sie beispielsweise als *kanalisierende* Hülle ganz bestimmte Abläufe nahelegt, und durch dieses Nahelegen und Prägen (mittels engen und weiten, hohen und niedrigen Wegen, Treppen, Liften, Brücken usf.) kann sie sogar an der Herausbildung neuartiger Lebensformen entscheidend mitbeteiligt sein.

Dies gilt zum mindesten dann, wenn Architektur nicht nur als geschützter Ort, sondern stets auch als Wegnetz verstanden wird. Unnötig zu sagen, wie häufig dies historisch gesehen der Fall ist – die Architekturwege PIRANESIS belegen es für das 18. Jahrhundert, die Architekturwege durch die Thermen belegen es für die römische Antike, um nur zwei Beispiele herauszugreifen. Genau wie die Cäsaren und Imperatoren wußten, daß sie mit Architektur die dreifache Wirkung der Unterkunft, der Wegprogrammierung und der Zeichensetzung erfüllen können – genauso wissen das auch die wirklichkeitsnäheren (oder soll man sagen: nicht ausschließlich in der Wortwelt lebenden) unter den Utopisten. Aus dieser Einsicht resultiert, daß Architektur im Grenzfall geradezu eine *mäeutische Wirkung* erlangen kann: sie kann Geburtshelferin eines neuartig sich verhaltenden Menschen sein. Kein Zweifel, daß der sowjetische Utopist Gradow in dieser Richtung denkt. Für ihn ist Architektur nicht nur ein Mehr oder Minder an guter Unterkunft und schon gar nicht nur ein Mehr oder Minder an ästhetischer Gefälligkeit. Für ihn ist sie das *mächtigste Werkzeug,* um alte (nach seiner Meinung falsche) Zusammenlebensformen endlich schrumpfen und vergessen zu lassen und sie zu ersetzen durch neue.

5 Der Rückbezug auf die erste Stufe der sowjetischen Wohnutopie

Wie sieht nun die räumliche Hülle oder besser: *Matrize* der sowjetischen Veränderungshoffnung aus?

Wir halten uns an die einfachste Variante (Abb. 4, 5), die Gradow ausarbeitet, die Variante A. (Seine Varianten B, C, D und E sind Steigerungen in der Höhe des Wohnblocks, die zugehörigen Versorgungs- und Schuleinrichtungen bleiben aber im Prinzip verwandt.) Die leicht geknickte Scheibe beherbergt die Wohneinrichtungen (Ein-, Zwei- und Dreizimmerwohnungen) für 1186 Personen, ausgeteilt auf 12 Geschosse. *Vor* dieser Scheibe befindet sich der Speisesaal (darunter Eingangshalle, Küche, Wäsche-Annahme), *hinter* ihr der in der Symmetrieachse liegende Verbindungsgang zu den Kindereinrichtungen.

4 Gradows Variante A einer Gemeinschaftssiedlung

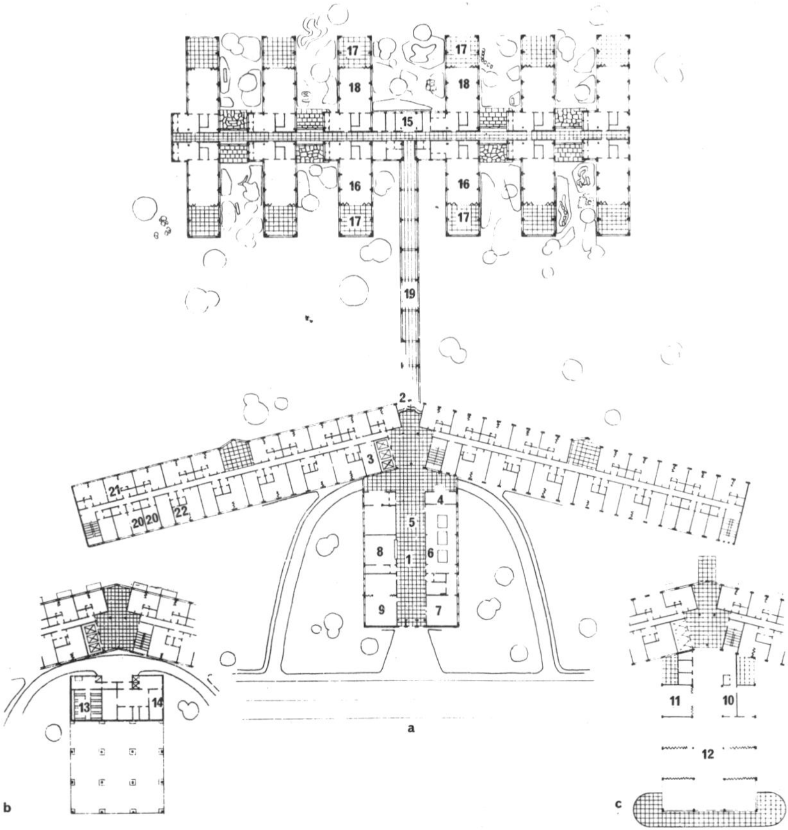

5 Gradows Variante A einer Gemeinschaftssiedlung, Grundriß

a Erdgeschoß b Sockelgeschoß c Obergeschoß 1 Eingangshalle 2 Dienstleistungsbüro 3 Fotolabor 4 Essenausgabe 5 Handelsautomaten 6 Zubereitungsküche 7 Café 8 Annahmestelle der Wäscherei 9 Hausgemeinschaftsleitung 10 Ausgabe für Selbstbedienung 11 Festraum für 25 Plätze 12 Speisesaal für 225 Plätze 13 Wäscheaufbewahrung 14 Kühlaggregat 15 Service für Kindereinrichtungen 16 Gruppenraum der Krippe 17 Schlafveranda 18 Gruppenraum, Kindergarten 19 überdachter Übergang zu den Kindereinrichtungen 20 Einraumwohnungen 21 Zweiraumwohnungen 22 Dreiraumwohnungen

Diese Kindereinrichtungen bleiben eingeschossig, sind mit Spielhöfen durchsetzt und zerfallen in die eine Zone der Krippe und die andere Zone des Kindergartens.

Durch diese Disposition glaubt Gradow sicherstellen zu können, daß der Anspruch auf privates, isoliertes Leben mit dem Anspruch auf Gemeinschaftsleben (Speisesäle) und mit dem Anspruch auf täglichen Kontakt mit dem eigenen Kind in ein Gleichgewicht zu bringen sei. Tritt das Kind in das eigentliche Schulalter, verläßt es diese nahe Zuordnung zu den Eltern und gelangt unter ein fremdes Dach, wenn auch im selben Revier: die Internatsschule. Ein Blick auf die Gesamtanlage würde zeigen, daß zur beschriebenen Grundeinheit (Wohnscheibe mit Versorgungstrakt, Speisesaal und Kleinkindertrakt) für einen Bezirk aus fünf solchen Einheiten folgende allgemeine Einrichtungen hinzukommen: 1. Internatsschule, 2. Altersheim, 3. Sportanlagen, Parks, Orangerie, 4. Kultureinrichtungen wie Kino, Freilufttheater. (Die medizinische Betreuung durch Kreiskrankenhaus, Prophylaktorium etc. tritt erst in der nächst höheren Größenordnung auf.) Das Neue an dieser sowjetischen Zukunftsvorstellung ist die Vollständigkeit der Planung (der Schulbau, der Spitalbau etc. werden detailliert einbezogen) und die möglichst wissenschaftliche Methode (wo immer möglich, werden statistische Unterlagen beschafft und verwertet). Was indessen nicht neu, jedenfalls nicht grundsätzlich neu ist, das ist die architektonische Erscheinung, der Bautypus, der sich herauskristallisiert. Das ›Déjà vu‹, das man vor Gradows Varianten empfindet, läßt zurückdenken an die ersten Jahre nach der russischen Revolution, die zwanziger Jahre.

Von den Kommune Entwürfen der zwanziger Jahre ist wohl keiner so eindrucksvoll wie derjenige von M. BARSTSCH und W. WLADIMIROW aus dem Jahre 1929 (Abb. 6). Auch er gestaltet den Wohnblock für Erwachsene als Scheibe, auch er hat ›Ausleger‹ für die Internate der Kinder. Doch die Dinge sind bei Barstsch und Wladimirow strenger, beinahe möchte man sagen: prinzipieller geregelt. Das Kreuz des Grundrisses (Abb. 7b) ist so geordnet, daß die eine volle Achse für die Erwachsenen, die andere für die Kinder vorbehalten ist, und zwar so, daß

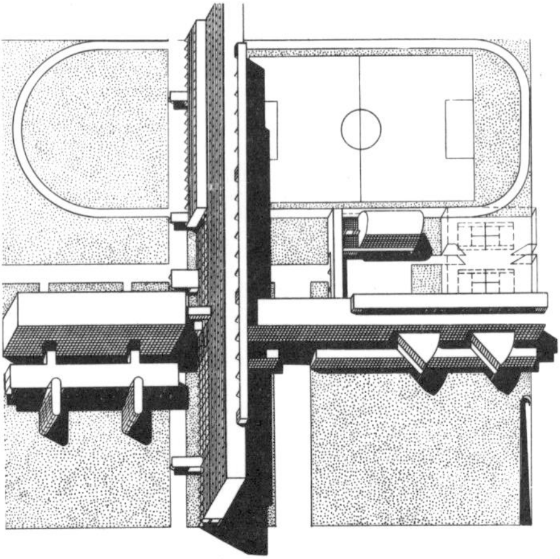

6 Projekt eines Kommunehauses von Barstsch und Wladimirow, 1929. Isometrie

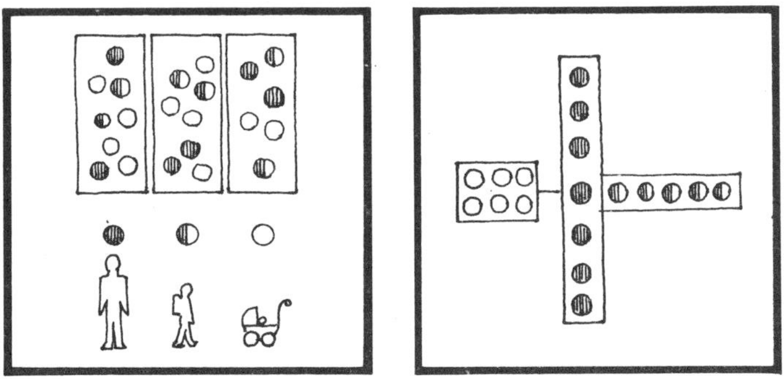

7 a b

die eine, kürzere Hälfte für das Kleinkind, die andere für den Schüler angelegt ist.

Unter allen bekannt gebliebenen Kommune-Entwürfen aus den zwanziger Jahren erscheint er als der klarste. (Was gerade nicht heißt, daß er auch der ›wohnlichste‹ geworden wäre – hierin übertrifft ihn das Projekt der Brüder Wesnin, 1930 [Abb. 8], bei weitem!) Der Vorsprung an Klarheit bei Barstsch und Wladimirow ist wohl darauf zurückzuführen, daß die Neugruppierung des gesellschaftlichen ›Moleküls‹ entlang dem

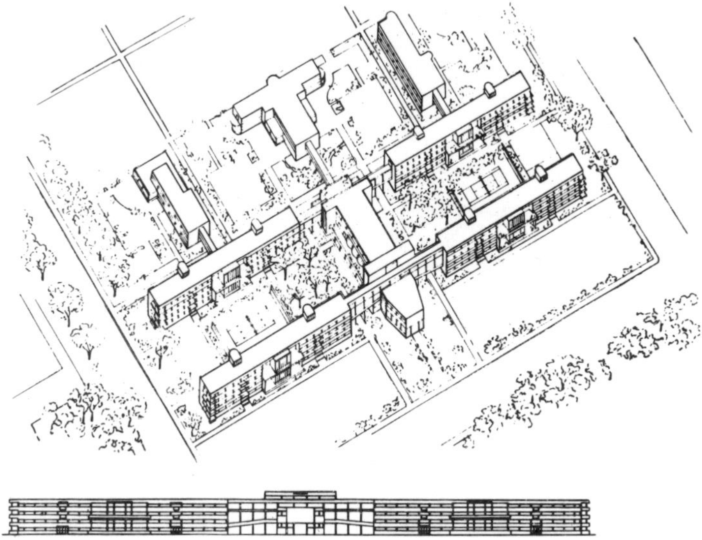

8 Projekt eines Kommunetyps für die Stadt Kusnezk, 1110 Personen, von A. und L. Wesnin

Achsenkreuz durchgeführt (Abb. 7b) und damit lapidar einsichtig ist. Was im traditionellen Wohnen durchmischt zusammenlebt, nämlich die drei Altersstufen Kleinkind, Schüler, Erwachsener (Abb. 7a), das wird hier ›aussortiert‹. Die Durchkreuzung der Bauachsen gewährleistet leichte und rasche Kontakte zur Kinderkrippe und zum Internat der Schüler. Alle speziellen Bedürfnisse der drei Altersklassen sind dem jeweiligen Trakt ebenso klar zugeordnet. So ist dem Kleinkindertrakt eine besondere Sonnenveranda vorgebaut. Das Schulinternat hat nicht nur Klassenräume, sondern auch zwei kühn aus dem Kubus hervorspringende Auditorien, außerdem sind die Sportanlagen von diesem Trakt her entwickelt. Die Wohnscheibe der Erwachsenen schließlich enthält nicht nur den großen Speiseraum, sondern auch Seminarräume (doch wohl als Klublokal, aber speziell zur Weiterbildung) und eine Bibliothek.

Im Gegensatz zu Gradows Kommunehaus, das sich dem Hoteltyp beträchtlich nähert (denn es unterscheidet sich ja, wenn man nur den Kleinkindertrakt wegdenkt, in nichts von einem per-

9, 10, 11 Kommunehaus von Barstsch und Wladimirow: Schlafstelle für zwei Bewohner; Speiseraum; Aufenthaltsräume

fekten Hotel), ist das Kommunehaus von Barstsch und Wladimirow weder in der Nähe des Hoteltyps noch auch in der Nähe des Kasernentyps. Am ehesten möchte man es als das *Klōster* einer neuartigen Lebensordnung bezeichnen, vorab deshalb, weil etwas so deutlich Asketisches – aber gerade nicht im spartanisch-militärischen Sinne – zum Ausdruck kommt.

Dieser Eindruck nun kann ja nicht vom Grundriß allein, ebenso auch nicht von der Gestaltung der Abläufe und Wegnetze allein zustande kommen. Er bildet sich zunächst am Einblick in das, was als Privatwohnung übrig bleibt (Abb. 9): eine Art Zelle oder Schlafstelle, die auch dann noch ›klösterliche‹ Züge trägt, wenn für Ehepaare zwei solche spröde Gemächer zu einer doppelten Zelle gekoppelt werden. Weitere Einblicke, der in den Speiseraum (Abb. 10) und der in die Aufenthaltsräume (Abb. 11), bestätigen dieselbe Beobachtung. Hier ist, aus der an und für sich nicht neuen, in der kleinen Ahnenreihe bis auf Engels, in der großen Ahnenreihe bis auf Platon zurückführbaren Sozialutopie, eine echte und das heißt: neuartige Architekturutopie entstanden. Strenge geometrische Körper, möglichst rein zum Ausdruck gebracht, gläserne Wände, Durchsicht von der einen Front zur andern, die Wirkung der Leichtigkeit und Schlankheit, die auch dadurch unterstützt wird, daß die Baukörper teilweise vom Boden abgehoben sind, als wären sie gewichtsfreie, schwebende Gebilde – das alles zusammen schließt sich zu einem Ganzen, das mit früheren Stilerscheinungen der Architektur nicht verglichen und nicht verwechselt werden kann.

Kurz: der alt-neue *Wein* (einer gesellschaftlichen Veränderungshoffnung) findet hier einen neuen *Schlauch*, eine neue Hülle, eine neue Matrize, wird zu einem neuartigen architektonischen Faktum, das als Faktum auch dann bestehen bleibt, wenn es nicht realisiert worden ist — und zudem auch noch dann bemerkenswert bleibt, wenn die dahinterstehende Sozialutopie nicht akzeptiert oder als irriges Unterfangen bewertet wird.

Daß es, historisch gesehen, durchaus nicht selbstverständlich ist, daß der neue Wein (der Sozialutopie) auch seinen neuen Schlauch (der adäquaten architektonischen Hülle) findet, sei hier zum ersten Mal vermerkt und mit einem Rückweis auf Owen und Fourier erläutert.

Im Falle von Fouriers ›Phalanstère‹ (Abb. 1, 2) wird man nämlich höchstens sagen dürfen, daß Fourier versucht, seinen neuen Wein in einem alten Schlauch unterzubringen. Denn seine Kommune für 1800 Personen wird einlogiert in eine Art Barockschloß, in einem modifizierten Versailles. Eine Abweichung von der damals für französische Verhältnisse durchaus konventionellen Architekturvorstellung bringt lediglich das Erschließungssystem im Innern des Gebäudes: Galeriestraßen und glasgedeckte Gänge verbinden die Wohnungen mit den Gemeinschaftsräumen. Mit anderen Worten: Fouriers Reformgedanken sind nicht bis zu jenem Punkt gediehen, wo Sozialutopie Architekturutopie wird, wo also neue Verhaltensformen von neuen Raumformen adäquat gespiegelt werden.

Robert Owens Kommune für 2000 Personen (Abb. 3) hingegen kommt auf dem Stufenweg der adäquaten architektonischen Spiegelung deutlich weiter, über das konventionelle ›Schloß‹ von Fourier hinaus. Selbstverständlich entlehnen die vom amerikanischen Architekten Whitwell entworfenen Giebelfolgen, Erkerfolgen und Kamine vieles aus der britischen Architektursprache der Zeit um 1825 (mit eingeschlossen die Anspielungen auf Antikes in den säulenförmigen Kaminen und auf Mittelalterliches in den Spitzgiebeln und in den Spitzbogen.) Dennoch ist ein ungleich bewußterer Schritt zur adäquaten Hülle vollzogen als bei Fourier, was aber wiederum nicht heißt, daß er und sein architektonischer Berater denselben Wurf ins Ganze erreicht hätten, der Barstsch und Wladimirow (unter wieder ganz anderen Generationsbedingungen) fraglos gelungen ist.

Wenn man sich fragt, weshalb die Umsetzung der Sozialutopie in Architekturutopie bei Fourier nur in Ansätzen, bei Owen immerhin halbwegs, bei Barstsch ganz gelingen konnte, dann neigt man dazu, die Begründung nicht einfach in der jeweiligen individuellen Begabtheit zu suchen. Es scheint, daß diese Umsetzung nicht leicht gelingt, daß sie einen besonderen ›Schub‹ der Zeitverhältnisse, eine eigene ›Grundwelle‹ der Faszination zur Voraussetzung hat. Wenn das zutrifft, dann taucht die Vermutung auf, daß diese ›Grundwelle‹ durch das Ereignis einer politischen Revolution ausgelöst sein könnte. Diese These würde erklären, weshalb Barstsch und Wladimirow prägnanter umzusetzen vermögen als Owen und Whitwell oder als Fourier und Considérant. Sie stehen im Jahr 1929 noch ungleich näher beim Ereignis der russischen Revolution von 1917, als Owen-Whitwell und Fourier-Considérant um 1825–1830 beim Ereignis der Französischen Revolution von 1789 stehen. – Auch wenn gilt, daß diese politischen Ereignisse für alle drei Architekturutopien einen nicht wegzudenkenden Faktor ausmachen.

6 Stadt-Vorstellungen für die Zeit um 2000

Diese These findet eine erste Bestätigung in der Vision der künftigen Stadt, die Gradow entwickelt (Abb. 12). Er zeichnet die Ansicht einer Kollektiven Stadt für 240 000 Einwohner als Gruppierung von Wohntürmen und Wohnscheiben, die auf großzügigen Grünflächen ausgeteilt sind und die den alten Begriff der Stadt als enge Verschachtelung an engen Straßenkanälen ablösen sollen. Auch diese Vision, die alle Züge einer wahrscheinlichen Entwicklung in sich trägt, erscheint nicht eigentlich als neu. Fragt man sich, wo man eine derartige Konzeption auch schon und womöglich als primären Entwurf an-

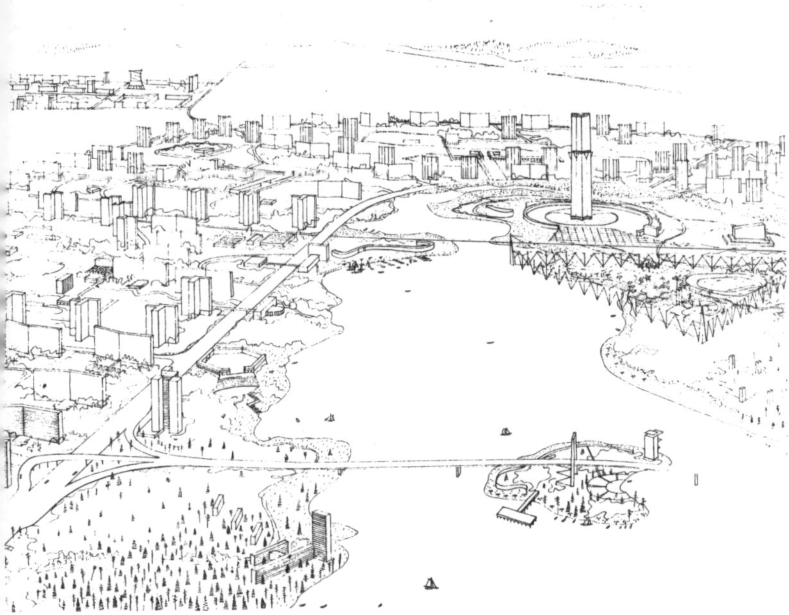

12 G. A. Gradow: Kollektive Stadt für 240 000 Einwohner

getroffen habe, so gelangt man etwa zu jener ›Ville contemporaine‹ (Abb. 13), die Le Corbusier 1922 vorgeschlagen und drei Jahre später, 1925, als ›Plan Voisin‹ (Abb. 14) auf Paris bezogen, ausgearbeitet hat.

Vergleichbar ist Gradows Stadt mit Le Corbusiers Stadt deshalb, weil beide die Überwindung der verschachtelten Stadt zugunsten der freiräumigen Stadt mit dem Mittel des Wohnhochhauses vollziehen. Sowohl die Einzelutopie des Kollektivhauses wie die Gesamtutopie der Kollektiven Stadt läßt sich somit bei Gradow auf Konzeptionen zurückführen, die zwischen 1920–30 ihre primäre Herausbildung erfahren haben.

Diese zweite Rückführung, die wir eben angedeutet haben, löst allerdings den Einwand aus, daß Le Corbusiers Architekturutopie nicht auf einer klaren und begründeten Sozialutopie aufruhe. Wenn Le Corbusier die Kühnheit hat, mitten in das

13 Le Corbusier: Eine zeitgemäße Stadt (Une ville contemporaine), 1922

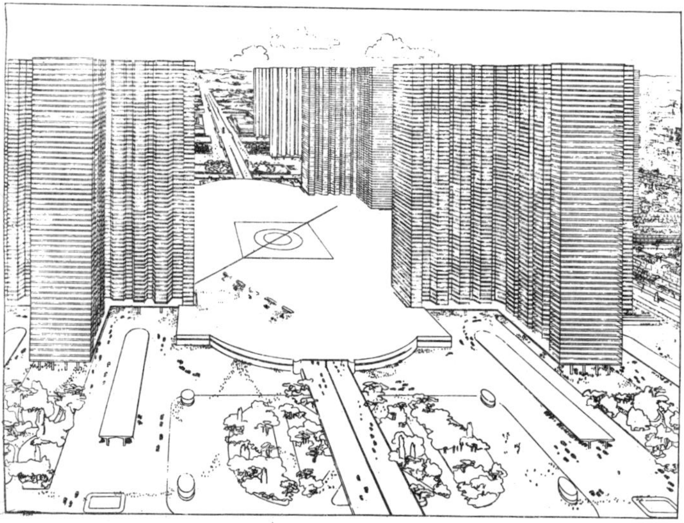

14 Le Corbusier: Der ›Plan Voisin‹ für Paris, 1925

Weichbild des alten Paris, zwar nicht auf der Rive droite, aber doch auf der Rive gauche, seine Wohntürme in (gegenwärtig durchaus immer noch) dichtest bebaute, verschachtelte Altquartiere hineinzustellen, dann spürt er selbst, daß sein Projekt am französischen Bodenrecht und an der Bodenspekulation scheitern müßte. Er macht sich den Ausweg aus diesem Dilemma, das heißt aus der Absenz einer tauglichen Sozialutopie, auf seine Weise leicht, indem er kurzerhand erklärt, es müsse eben ein Minister von der Machtfülle eines Colbert herbeigewünscht werden: »Nötig wäre ein Mann mit Faust, dem man das Mandat übergibt, das Problem der Stadt zu lösen. Ein Mann, der mit weitestgehenden Vollmachten ausgestattet wäre, ein Colbert. Man fordert einen Colbert!«[59]

Überdies verspricht er den Spekulanten, daß die Umgestaltung der verschachtelten Wohnquartiere in hohe Wohntürme zuletzt einen Gewinn von Milliarden erbringen müßte. Denn: »Urbanisieren heißt valorisieren. Urbanisieren heißt nicht, Geld ausgeben, vielmehr Geld verdienen, Geld machen. Das Zentrum der Großstädte bedeutet einen gewaltigen Bodenwert, der vervielfacht werden kann, weil die moderne Technik nun anstelle von 6 Geschossen 60 Geschosse möglich macht. Es gibt sonach im Zentrum der Großstädte eine Diamanten-Mine, die der Staat ausnützen könnte, wenn ...« Hier folgen drei Bedingungen allgemeinster Art, nämlich »geeignete Gesetzgebung«, ein »Programm«, eine »gesunde Doktrin«[60], das heißt Platitüden und Tautologien, wie er sie sich auf dem Gebiet der Architekturkonzeption nie gestatten würde, auf dem Gebiet der Sozialkonzeption indessen unbefangen hinschreibt.

Man fragt sich, ob man über diesen eher schon summarischen ökonomischen Überlegungen zum Schluß kommen dürfe, Le Corbusiers Vision einer künftigen Stadt sei das typische Beispiel eines ökonomisch und politisch unbelasteten Ästheten, der seine damals fast magisch wirkenden Stadtvisionen auf dem Sand der Naivität zu errichten gedenke. Tatsächlich wird man die Bedenken gegenüber der Solidität und Ernsthaftigkeit des ›Unterbaus‹, auf dem diese Türme errichtet sind, nicht leugnen. Wie aber kommt es dann, daß diese scheinbar bloß ästhetische Vision von 1922/25 sich derart hartnäckig behauptet, daß sie nun auch ein halbes Jahrhundert später den Zukunftsgedanken eines Sowjetarchitekten so deutlich zu Gevatter steht?

Die Antwort liegt zunächst darin, daß Le Corbusier seine Pariser Vision nicht umsonst als ›Plan Voisin‹ bezeichnet. Die Voisins waren damals hochgeschätzte französische Maschinenkonstrukteure, insbesondere von Automobilen und Flugzeugen. Le Corbusiers Herausforderung lag also nicht eigentlich im Sozialen, sondern im Technischen, bezogen auf die Utopie des modernen Verkehrs (die, das braucht nicht betont zu werden, sich inzwischen als eine wahrhaft realisierbare Utopie erwiesen hat). Die Basis für Le Corbusiers Konzeption bildet also die ›technische Utopie‹, die wir gerade darum, weil wir Ernst Blochs erweitertem Begriff des Utopischen folgen, ohne Mühe als wirklichen und wesentlichen Veränderungsfaktor gelten lassen können. (Der Umstand, daß Le Corbusier die Entwicklung der damals jungen Aviatik falsch beurteilt hat, indem er glaubte, Flughäfen mitten zwischen Hochhäusern anlegen zu können [Abb. 13], macht um so deutlicher, wie richtig er andrerseits die Entwicklung des Automobilverkehrs vorausgesehen hat[61].)

Zweitens muß man eingestehen, daß Le Corbusier – unter jenen Utopisten, die primär mit den Händen bilden und nicht primär in Wörtern denken – eine besondere Strahlungskraft seiner Zielvorstellung erreicht. Das eigentümlich Heitere, Helle und Klare, vergleichsweise Leichte, vergleichsweise Gehobene, das er für das zukünftige Leben verheißt, hat für visuell empfängliche Betrachter bis heute seine Wirkung bewahrt.

Unsere beiden Rückführungen der Konzeption Gradows auf primäre Entwicklungen bei Barstsch 1929 und bei Le Corbusier 1922/25 sind nicht einfach als Abwertungen dessen gemeint, was Gradow vorzuschlagen hat. Daß Gradow innerhalb dieser Neukonzeptionen von 1922/29 weiterdenkt, weitersucht, also eigentlich eher eine *Wiederaufnahme* von Architekturutopie leistet als einen ersten Wurf, das hat offenbar wiederum nichts mit der individuellen Begabtheit zu tun, sondern mit dem politisch-ökonomischen Schicksal der Generationen. Die Generation von Barstsch und Le Corbusier erfährt als prägendes Erlebnis den Ersten Weltkrieg und seine Folge: eine Grundwelle von Aufbruchs- und Erneuerungsbemühungen. Diese Grundwelle erzeugt ihre heftigsten Wogen in der Oktoberrevolution der Russen 1917 und in der Novemberrevolution der Deutschen 1918. Auch für die Architekten bricht diese Grundwelle neue Möglichkeiten auf – wobei das Verhalten des einzelnen Architekten innerhalb des Neuerungsschubs verschieden sein kann. So zeichnet es sich an unseren Beispielen bereits ab, daß Barstsch von der neuen Sozialutopie ausgeht und eine entsprechende Architekturmatrize sucht, während Le Corbusier eine neue Architekturutopie schafft und für sie eine entsprechende Sozialpatrize sucht[62].

7 Familie und Arbeit als ›Reproduktionskräfte‹

Es ist selbstverständlich, daß G. A. Gradow das, was er als »Glaubenssatz des Privateigentums« bezeichnet – nämlich die ursprünglich wohl britische Devise »Mein Haus ist meine Burg«[63] – als Anachronismus ohnegleichen bewerten muß. Es ist zudem wahrscheinlich, daß heute auch im Westen nur noch eine Minderheit der Architekten und Planer diese Devise für den Wohnungsbau prinzipiell verfechten würde. Wer aber auch nur einen bescheidenen Einblick hat in das, was die Psychologie seit Sigmund Freud nachzuweisen vermochte an menschlichen Verhaltensnormen, der weiß, daß derartige Auskünfte, weil sie das Intimverhalten betreffen, jederzeit von halbbewußten und unbewußten Reaktionen ›unterspielt‹ werden können. Und Wohnen ist ein Sammelname für mannigfache Arten von intimem Verhalten. Gerade deshalb ist es, von der Psychologie her gesehen, jederzeit möglich, daß bei scheinbar geringen äußeren (z. B. politischen) Veränderungen ein ›offenes‹ Haus sich verwandelt in eine ›Burg‹. Daß dies sowohl für den Westen wie für den Osten gilt, besonders für Zeiten der Diktatur, wäre leicht zu belegen etwa durch Zeugnisse aus Deutschland nach 1933 oder aus Rußland nach etwa 1935.

Dennoch, und mit Recht, muß Gradow darauf beharren, daß der Mensch sich verändern kann, daß er vielfach verändert worden ist – und warum eigentlich nicht zum Bessern? Deshalb ist er auch überzeugt, »daß die primitive Hauswirtschaft früher oder später zu einem überflüssigen Anachronismus wird, wie es seinerzeit auch die häusliche Unterrichtung der Kinder oder das Backen eigenen Brotes wurde«[64].

Nun, das trifft zu: Brot gebacken wird selten mehr im eigenen Haus, und der Hauslehrer gehört für uns bereits in die Romane aus dem 19. Jahrhundert. Ist aber das bäuerliche Brotbacken und ist das aristokratische Hauslehrerwesen – beides Bräuche, die sich erübrigt haben – kategoriell dasselbe, wie die »primitive Hauswirtschaft«? Mit anderen Worten: ist die »primitive Hauswirtschaft« auch nur ein Brauch, so wie Brotbacken ein bäuerlicher, Hauserziehen ein aristokratischer Brauch war? Sie ist mehr. Oder deutlicher: das, was Gradow, im Sinne des eingangs zitierten Lenin, unter »Primitiver Hauswirtschaft« oder »Kleiner Hauswirtschaft« versteht, ist weit mehr als eine Gruppe von überfällig gewordenen Bräuchen.

An unserem Schema (Abb. 7) hat sich gezeigt, daß schon die ersten sowjetischen Kommunehäuser die durchmischte kleine Gruppe (Familie) aussortieren wollten zu einem Kollektiv. Dieses ›Aussortieren‹ betrifft die drei Altersklassen Kleinkind – Schüler – Erwachsene. (G. A. Gradow ergänzt diese Aussortierung 50 Jahre später um eine vierte Gruppe: Alte, nicht mehr Arbeitsfähige, die er in Altersbauten ebenfalls isoliert.) Dieses Aussortieren soll die Frau von ihrer ›Sklaverei‹ der dumpfen Haushalt-Routine erlösen, gleichzeitig die Kinder und Schüler der Gemeinschaft übergeben zum Zwecke der Erziehung. Das erste ist, historisch gesehen, doch wohl neuartig[65], das zweite gilt seit Platons ›Staat‹ als die ›spartanische‹ Variante unter den Erziehungsmöglichkeiten.

Zu den heftigsten Vertretern dieser ›Aussortierung‹ gehören im jungrevolutionären Sowjetrußland L. Sabsowitsch und W. Kusnin. Im Jahr 1928 (also in der Entstehungszeit des Kommune-Entwurfs von Barstsch und Wladimirow) verkündet Kusnin, und zwar in der damals führenden Architekturzeitschrift ›Sowremennaja architektura‹: »Das Proletariat muß unverzüglich mit der Vernichtung der Familie als eines Organs der Unterdrückung und Ausbeutung beginnen. Im Kommunehaus wird die Familie nach meiner Auffassung eine rein kameradschaftliche, physiologisch notwendige und historisch unvermeidliche Verbindung zwischen dem arbeitenden Mann und der arbeitenden Frau[66].«

Derartige Forderungen werden nun in der rückschauenden Beurteilung von G. A. Gradow als »schwere Fehler und Überspitzungen« taxiert. Er erläutert uns allerdings mit keinem Wort, weshalb sie Fehler sind. Wahrscheinlich kann er deshalb keinen Erläuterungsversuch machen, weil diese »schweren Fehler« auf psychologischem Gebiet liegen – und Psychologie gehört nicht zu jenen neuen Aspekten, die Gradow in sein Standardwerk aufgenommen hat.

Kusnins ›Vernichtung der Familie‹ berührt übrigens nicht eigentlich die erotische und sexuelle Beziehung zwischen Mann und Frau, sondern sie berührt die vertikale Beziehung Eltern–Kinder, Mutter–Sohn, Vater–Tochter. Damit wird eine der heikelsten Beziehungen angesprochen, nämlich jene der Selbsterhaltung durch Reproduktion. Denn diese Beziehung Eltern–Kind ist ja doch die fundamentalste aller Reproduktionen, die das Leben bietet, als Wiederherstellung des eigenen, befristeten Lebens in einem jüngeren, selber erzeugten Leben. Damit ist das selbstverständlichste gesagt: daß derartige Beziehungen den Kern der Person betreffen. Soll sich die zeugende Person die Möglichkeit nehmen lassen, hier selber zum Rechten zu sehen, Schutz zu gewähren, Pflege angedeihen zu lassen? Da liegt eine hochempfindliche Grenze, da wird ein Tabu berührt. Denn die *Übereinstimmung* der Gemeinschaft, die in der Kommune erstrebt wird, geht teilweise notgedrungen auf Kosten der mütterlichen und väterlichen Vollmachten.

Gradow kennt die Opposition, die deshalb in Sowjetrußland sich gebildet hat gegen diese Umstrukturierung der Familie. Er weiß aus Erfahrung, daß die Voraussage von L. Sabsowitsch (»In der sozialistischen Gesellschaft ... wird es *kein* Problem ›Eltern und Kinder‹ geben«[67]) sich nicht bewährt hat.

Sein Ausweg ist nun der, daß er statt des ›klösterlichen‹ Gebäudes der zwanziger Jahre ein Hotel vorschlägt, statt der spartanischen Askese Hotelbequemlichkeiten verspricht. Was auf der Woge der Revolutionsbegeisterung in den Jahren um 1928/29 nicht zu erreichen war, soll dennoch »früher oder später zu einem überflüssigen Anachronismus« werden[68], also nicht erzwungen, sondern durch Wohlstand und unbehelligten Alltag verlockend gemacht werden. Vereinfachend möchte man sagen: Gradow selber verhält sich längst nicht mehr wie ein Klosteroberer, sondern wie ein Hotelier. Er offeriert seine bessere Wohnung nicht einem bereits gebesserten Menschen, sondern er offeriert sie, um ein besseres (bequemeres?) Leben anbieten zu können.

Dieses verbesserte Leben durch verbesserte Wohnung samt Dienstleistungen aller Art kann wohl kaum den einzelnen Menschen bessern, aber es kann, und das ist sicherlich Gradows feste Überzeugung, den Zusammenhalt der Gemeinschaft, die ›Übereinstimmung‹ der Gemeinschaft deutlich bessern. Mit andern Worten: Die Utopie der Kommune, die in den zwanziger Jahren eindeutig auch eine moralische, eine *ethische* Utopie vom *besseren* Menschen war, erscheint fünfzig Jahre später gerade in ihrem ethischen Gehalt *reduziert*. Denn Gradow erhofft nicht mehr den besseren Menschen, er erwartet bloß noch die bessere Übereinstimmung in der Gruppe, die er durch den anspruchsvollen ›Hoteltyp‹ sicherstellen will.

Um die zweite Stufe der sowjetischen Wohnutopie – so, wie wir sie in Gradows ›Stadt und Lebensweise‹ dargestellt sehen – in ihrem Gesamtumriß abschließend besser überblicken zu können, müssen wir mehr Abstand nehmen und die in seinem Konzept übriggebliebenen Thesen mit den ursprünglichen Thesen vergleichen. Es hat sich gezeigt, daß sowohl das einzelne Wohnhaus wie die gesamte Stadt, so wie sie Gradow entwirft, je an eine Vorstufe erinnern. Sein Wohnhaus ist eine Ableitung aus den Kommunegebäuden der zwanziger Jahre. Seine Stadtkonzeption ist eine Ableitung aus der ›Ville contemporaine‹ derselben zwanziger Jahre. Damit sind Gradows Vorschläge keineswegs entwertet, aber es ist damit ausgesagt, daß *das Novum dieser Art von Architekturutopie nicht in den sechziger, sondern in den zwanziger Jahren* des 20. Jahrhunderts zu suchen ist.

Weshalb aber ist die Sowjetarchitektur der zwanziger Jahre so ungleich interessanter als die später folgende Architektur desselben Staatswesens, mit eingeschlossen die Kollektiv-Stadt von Gradow, die aus einer Summierung von Hoteltypen besteht?

Offenbar haben die zwanziger Jahre ein echtes Novum zu formulieren vermocht, etwas *primär Neuartiges* zum Ausdruck gebracht. Wenn dies der Fall ist, dann reichen wohl auch die bisher besprochenen Postulate von der »Abschaffung des Kleinen Haushalts« und von der »Versklavung der Frau« nicht allein schon aus, um die Veränderungsbewegung erklärlich zu machen. Der größere Zusammenhang wird bereits deutlich an Kusnins Kritik der Familie. Er bewertet die alte Familie als »Organ der Unterdrückung und Ausbeutung« – und definiert die künftige Familie als »Verbindung zwischen dem *arbeitenden* Mann und der *arbeitenden* Frau«. Nicht zufällig wird hier durch Wortwiederholung hervorgehoben, daß sowohl Mann wie Frau primär als Arbeiter zu verstehen sind. Es läßt sich ohne Mühe belegen, daß die kleine Ahnenreihe, so wie wir sie bereits skizziert haben, ihr Vorhaben der Familienveränderung und Haushaltsabschaffung stets für einen Menschen plant, der in erster Linie als *Arbeitswesen* begriffen wird.

Friedrich Engels hat es geradezu drastisch formuliert, daß die »letzte Instanz« für ihn *Arbeit und Familie* heißt, und zwar deshalb, weil diese beiden zusammen die »Produktion und Reproduktion des unmittelbaren Lebens« sicherstellen. 1884 schreibt er: »Nach der materialistischen Auffassung ist das in letzter Instanz bestimmende Moment in der Geschichte: die *Produktion und Reproduktion des unmittelbaren Lebens.* Diese ist aber selbst wieder *doppelter* Art. Einerseits die Erzeugung von Lebensmitteln, von Gegenständen der Nahrung, Kleidung, Wohnung und den dazu erforderlichen Werkzeugen; andererseits die Erzeugung von Menschen selbst, die Fortpflanzung der Gattung. Die gesellschaftlichen Einrichtungen, unter denen die Menschen einer bestimmten Geschichtsepoche und eines bestimmten Landes leben, werden bedingt durch beide Arten der Produktion: durch die Entwicklungsstufe einerseits der *Arbeit,* andererseits der *Familie.*«[69]

Diese Stelle könnte allerdings den trügerischen Eindruck erwecken, daß für Engels und Marx so etwas wie Symmetrie bestehe zwischen den beiden »letzten Instanzen« Arbeit und Familie. Es ist indessen eindeutig, daß Marx sein Augenmerk vor allem der Arbeit zuwendet, dieser geradezu die Bedeutung eines ›Urphänomens‹ zusprechen will. Denn sie ist es ja, die menschliche Arbeit, die »eine von allen Gesellschaftsformen unabhängige Existenzbedingung des Menschen« darstellt. Deshalb hält sie Marx für eine »ewige Naturnotwendigkeit, um den Stoffwechsel zwischen Mensch und Natur, also das menschliche Leben zu vermitteln«. Diese Formulierung aus dem ›Kapital‹ (I. Bd. 1867) führt Georg Lukácz zu der für marxistische Optik zweifellos verbindlichen Feststellung, daß die Arbeitsfähigkeit des Menschen sein eigentliches primäres Kennzeichen sei: »Die Arbeit kann also als Urphänomen, als Modell des Gesellschaftlichen Seins betrachtet werden.« Der Vorrang der Arbeit ist schon im Frühwerk bemerkbar, in dem er sich mit Hegel auseinandersetzt und Hegel gerade deshalb und dort anerkennen kann, wo dieser »das Wesen der *Arbeit* faßt und den gegenständlichen Menschen, wahren, weil wirklichen Menschen, als *Resultat* seiner *eigenen Arbeit* begreift«. Der Mensch als Arbeitswesen – unterschieden vom Tier als Instinktwesen – steht beim jungen Marx derart im Mittelpunkt, daß er selbst noch den Geschlechtsakt als Arbeit interpretiert. Wenn er nämlich die Ursprünge der Arbeitsteilung erkundet, kommt er in allem Ernst zum Schluß, daß sie »ursprünglich nichts war als die Teilung der Arbeit im Geschlechtsakt«[70].

Obgleich wir uns ausschließlich mit den Einwirkungen des Marxismus auf die Architektur (und nicht mit Kritik am Marxismus als Theorie) befassen, scheinen hier zwei Anmerkungen nötig, als Folgerung und als Abgrenzung.

1. Zur *Abgrenzung:* die zentrale Bedeutung der Arbeit, wie sie Marx vertritt, erscheint der modernen *Anthropologie* fragwürdig. Mit Recht fragen Anthropologen, die sich auf ethnologische und psychologische Befunde stützen: »Sind menschliche Kommunikation, Eros, Diskussion, Spiel, Gestik, Traum, Kontemplation – sind Bürotätigkeit, Verwaltung, Kaufen und Ver-

kaufen, Hobbies usw. – kurzum ist alles das, was auch zur Selbstdarstellung des Menschen gehört, als ›Arbeit‹ zu bezeichnen?« Mit anderen Worten: zeigt nicht die Feldforschung des Ethnologen genauso wie die Verhaltensforschung des Psychologen, daß der Mensch, ob primitiv oder hochzivilisiert, keineswegs nur die Selbstverwirklichung in der Arbeit, sondern ebensosehr auch die *Selbstdarstellung im Spiel* braucht und vollzieht? (Wobei man das Sexuelle doch wohl näher beim Spiel als bei ›Arbeit‹ und ›Arbeitsteilung‹ sehen mag.)

Der Anthropologe beobachtet im Menschen ein Wesen, das ungewöhnlich lange spielt, bevor es Arbeit leisten kann, und zwar deshalb, weil der Mensch im Gegensatz zum Tier ein ungewöhnlich langes *Nesthockerdasein* führt. Als Nesthocker, der nicht nur aufrecht sitzen, sondern zudem aufrecht gehen lernen muß, ist der Mensch ein pflegebedürftiges Wesen, das auf die Kernfamilie ebenso ungewöhnlich lange angewiesen bleibt. Das Postulat des Marxismus, daß die alte Familie (verstanden vor allem als die bürgerliche Familie) vernichtet und das gesellschaftliche Molekül umgebaut werden müsse, stößt somit auf den Widerstand der hochgradigen Abhängigkeit des Nesthockers. Das mag erklären, weshalb in den 125 Jahren seit der Publikation des Kommunistischen Manifests die Überführung der Familie in die Kommune weder durchgreifend noch dauerhaft gelungen ist[70a].

2. *Folgerung:* Die eben skizzierte Kritik der Anthropologen am Marxismus, speziell am Arbeits- und Familien-Begriff des Marxismus, darf uns nun aber nicht davon abhalten, seine Einwirkung auf die Architektur möglichst objektiv zu registrieren. Bis jetzt (Teil I) hat uns der Versuch der architektonischen Überwindung des Kleinen Haushalts durch Entwicklung von Kommunegebäuden und Kollektivstädten beschäftigt. Da nun aber deutlich geworden ist, daß das Postulat des Umbaus des gesellschaftlichen Moleküls untrennbar verbunden ist mit der Arbeitstheorie von Marx, müssen wir überdies erwarten, daß die sowjetische Architektur – und vielleicht nicht nur sie – neben dem Motiv der Kommune auch das *Motiv der Arbeit* zum Ausdruck bringt (Teil V).

Zunächst allerdings bleibt noch die Frage offen, weshalb der Marxismus derart lange Zeit gebraucht hat, bis er sich – punkto Überführung der traditionellen Familie in die Kommune – endlich auch *architektonisch* ausgewirkt hat. Schon um 1847 hat Friedrich Engels in den ›Grundsätzen des Kommunismus‹ (dem sogenannten ›Katechismus‹) die Frage gestellt und beantwortet, »welchen Einfluß die kommunistische Gesellschaftsordnung auf die Familie ausüben« werde. Das ›Manifest der Kommunistischen Partei‹ von 1848, hauptsächlich von Marx verfaßt, nimmt diese Gedanken auf, prophezeit die »Aufhebung der Familie«, will »die Erziehung dem Einfluß einer herrschenden Klasse entreißen«, will »die Stellung der Weiber als bloßer Produktionsinstrumente aufheben«. Wenn diese Forderungen von 1848 an in immer mehr Sprachen übersetzt in alle Welt verbreitet wurden – weshalb konnte es dann beinahe 80 Jahre dauern, nämlich bis in die zwanziger Jahre unseres Jahrhunderts, bis eine Gruppe von architektonischen Entwürfen zum Kommune-Postulat zustande kam? Überdies: wieso sind diese Entwürfe lediglich in Rußland gehäuft nachzuweisen, im Westen aber nicht?

Auf diese Frage gibt es eine naheliegende Vermutung als Antwort. Es scheint, daß die Umsetzung des kommunistischen Sozialkonzepts in ein Architekturkonzept eines besonderen Schubes, einer besonderen Grundwelle bedurfte. Diese Grundwelle scheint die *Revolution selber* zu sein, als verdichteter, explosiv gewordener Prozeß. Deshalb interessiert uns nun die Auswirkung der Revolution von 1917, aber auch jene der Revolution von 1789 auf die Architektur (Teil II).

II Revolution und Architektur

»Aber jetzt heißt es: da es so ist, bleibt es nicht so.«

Bertolt Brecht: ›Leben des Galilei‹

8 Revolution als Hoffnungs-Explosion

Durch die bisherigen Erörterungen sind zwei oder drei große Fragen mit aufgeworfen. Etwa: Kann der Mensch sich ändern? Kann er durch Änderung besser werden? Welche Mittel, welche Ereignisse können ihn ändern? Die ersten beiden Fragen übersteigen unsere Beurteilungsmöglichkeit; wir lassen die Hände von ihnen. Die dritte Frage, nach den Mitteln oder Ereignissen, die allenfalls Veränderungen herbeiführen, reicht schon eher in unser Gesichtsfeld, doch können wir sie hier immer nur vom Architektonischen her und auf das Architektonische hin in Arbeit nehmen.

Um wieder auf das bereits verwendete Bild anzuspielen: Ob (und wann) neuer Wein neue Schläuche, ob umgekehrt neue Schläuche neuen Wein erzeugen, das ist unsere Frage. Die Sozialutopie braucht als Hülle, als Verfestigung, als Verräumlichung, als *Matrize* – in der sie überhaupt erst als ›Guß‹ sich selber verkörpern kann – die entsprechende Architekturutopie. *Sozialutopie verhält sich deshalb zu Architekturutopie wie Patrize zu Matrize.* Erst wenn sich beide entsprechen, sich ergänzen, so wie Schraube und Mutter sich gegenseitig bedingen, erscheint die Utopie als etwas Ganzes. Denn genauso, wie der Ameisenstaat nicht erkennbar ist ohne die Matrize des Ameisenhaufens, der Bienenstaat nicht ohne die Matrize der Wabenbauten, genauso bleibt die Sozialutopie so lange etwas Halbes, als sie nicht ihre Matrize in einem adäquaten Raumsystem gefunden hat. Nun sind derartige Gesamtutopien allerdings auch anspruchsvoll in der Beurteilung, und sei es nur deshalb, weil die Patrize der Sozialvorstellung aus der *Wortwelt* heraus konzipiert (mit allen Überschneidungen dessen, was ›Logos‹ bedeuten mag) – die Matrize der Architekturvorstellung hingegen aus der *Raum-* und *Bildwelt* heraus konzipiert ist. Wenn also der Grad der Übereinstimmung, der Zusammenschluß zu einem übergreifenden oder verzahnten Ganzen beurteilt werden soll, dann kann nicht einfach *entweder* nach dem sozialkritischen Maßstab *oder* nach dem ästhetischen Maßstab gemessen werden.

Um dies gleichzeitig zu erproben und zu überprüfen, wenden wir uns nochmals den bereits erörterten Beispielen von Architekturutopie zu. Weiter vorn haben wir uns befaßt mit Fouriers ›Phalanstère‹ von 1825–30 (Abb. 1, 2), Robert Owens' ›New Harmony‹ ebenfalls 1825–30 (Abb. 3), Le Corbusiers ›Plan Voisin‹ von 1922/25 (Abb. 14), Barstschs und Wladimirows Kommunehaus von 1929 (Abb. 6), G. A. Gradows Variante A von ungefähr 1967 (Abb. 4, 5). Wie lassen sich diese fünf Utopien je als Ganzes beurteilen, das heißt als ›Verzahnung‹ aus Patrize und Matrize? Versuchen wir, mit dem vollen Kreis die voll ausgereifte Vorstellung, mit Sektoren des Kreises eine nur teilweise ausgereifte Vorstellung zu versinnbildlichen. Dann ergibt sich für die fünf Beispiele folgende Schematisierung (Abb. 15):

Fourier 1825–30 (a) vermag mit Considérant zusammen aus einer voll entwickelten Sozialutopie nur eine unentwickelte, kümmerlich imitierende Architekturutopie (Schloß-Typus) abzuleiten, wie wir gesagt haben. Owen 1825–30 (b) erreicht mit Whitwell eine immerhin selbständige Raum- und Körpervorstellung, die zwar nicht den neuen Bautypus voll auszudrücken vermag, die aber doch sichtbare und greifbare Unterscheidungen, etwa vom Schloß, vom Klosterbau, erreicht. Bei Le Corbusier 1925 (c) liegt der Fall gerade umgekehrt: Ihm gelingt eine Architekturvision der Stadt, die über Jahrzehnte nachwirkt,

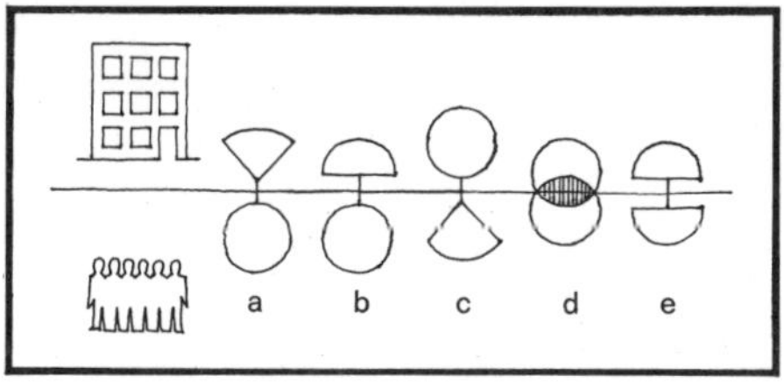

15

aber die Sozialutopie, auf die er sich als Basis zu stützen hätte, ist nur summarisch durchdacht und stellt keine voll ausgebaute Grundlegung dar. Barstsch und Wladimirow (1929) (d) hingegen wird man auch dann, wenn man der »Überwindung des Kleinen Haushalts« skeptisch gegenübersteht, attestieren müssen, erstens, daß sie sich auf eine voll ausgereifte Sozialutopie stützen, die in der kleinen Ahnenreihe bis zu Engels, in der großen Ahnenreihe bis zu Platons ›Staat‹ rückführbar ist. Zweitens, daß sie zu dieser Sozialutopie eine räumliche Entsprechung zu entwickeln vermögen, einen wirklichen ›neuen Schlauch‹ zu dem in Gärung sich befindenden ›neuen Wein‹. Die beiden Utopien, die gedachte und die vorgestellte, sind deshalb nicht nur voll entfaltet, sie stehen auch im Verhältnis der Entsprechung (was mit der Überschneidung der Kreise angedeutet ist). Gradow 1967 (e) schließlich hat die unfreiwillige Last und die unfreiwillige Erleichterung von fünfzig Jahren ›erprobter Utopie‹ zu bewältigen. Längst ist die Lehre von der Abschaffung des Kleinen Haushalts Allgemeingut und zugleich Resignationsgut geworden. – Man weiß, *wo* die Tabu-Grenze liegt, wenn man sich auch nicht Rechenschaft gibt, *weshalb* sie gerade mitten durch den ›Kleinen Haushalt‹ hindurch führt. Die Konsequenzen sind in beiden Zonen halbe Maßnahmen; der halben (gedämpften, gemilderten) Sozialutopie entspricht die halbe Architekturutopie: das Hotel als Kommune, die Kommune als Hotel.

Von den fünf Beispielen der Verzahnung zwischen Patrize und Matrize gehen die ersten beiden (a) und (b), eindeutig vom Sozialkonzept aus, (c) ist gewissermaßen die Umkehrung von (a), denn es geht vom Räumlichen aus, erreicht aber in der gesellschaftlichen Vorstellung keine Präzisierung. (d) und (e) können sich auf eine voll ausgearbeitete Patrize stützen, aber nur (d) erreicht eine neuartige räumliche Entsprechung. Bei (e) sind Patrize und Matrize insofern im Gleichgewicht, als beide nur oder nur noch eine Reduktionsstufe erreichen (›Hotel‹ statt ›Kommune‹, ›bequemer‹ statt ›besser‹). Man könnte (a) und (b) als soziozentrische Gesamtutopien bezeichnen, (c) als spaziozentrische, (d) und (e) als harmonisierte Gesamtutopien von je verschiedenem Rang.

Dieser Schematisierungsversuch ist ein Bewertungsversuch. Bewertet wird allerdings gerade nicht im üblichen trennenden Verfahren, das heißt *entweder* nach soziologischem oder aber architektonischem Rang, sondern nach dem Grade der Entsprechung beider. So bemessen, erscheint die Kommune von Barstsch in einem höheren Rang als die Stadtvision von Le Corbusier, obgleich kaum ein Zweifel darüber besteht, daß Le Corbusiers architektonisches Gesamtwerk nicht nur umfassender, sondern auch origineller ist als dasjenige von Barstsch. (Es wäre sogar, sobald nur die Architekturutopie – und nicht die Gesamtutopie – beurteilt wird, die Frage aufzuwerfen, ob nicht gerade Le Corbusiers Frühwerk auf Barstsch eingewirkt habe.)

Es ist also die *Qualität der Übereinstimmung zwischen Patrize und Matrize*, die uns an der Gesamtutopie als wesentlich erscheint – und diese ist kaum je die Leistung eines einzelnen, sondern fast stets eine Gruppen-, ja sogar eine Generationsleistung. Deshalb gilt für die Gesamtutopie womöglich noch viel deutlicher als für Einzelleistung und Einzelwerk, daß »nicht alles ... zu allen Zeiten möglich« ist[71]. Dasselbe formuliert Ernst Bloch in jener schon erwähnten Beobachtung, daß auch Utopien »*nicht beliebig,* nicht so gänzlich freisteigend« auftauchen, sondern ihren eigenen »*Fahrplan*« haben.

Darüber nun, *wann* diese Utopien ›steigen‹, *welches* ihr ›Fahrplan‹ ist, herrschen indessen offensichtlich verschiedene Meinungen. Sie variieren von ›beliebig‹ über Schattierungen dessen, was man als größere oder geringere Abhängigkeit vom ›Zeitgeist‹ bezeichnen kann[72], bis zur Überzeugung, daß sie notwendig von der ›Klassenlage‹ abhängig sind. Diesen letzten

Standpunkt vertritt Friedrich Engels. Für ihn mußten Saint-Simon, Fourier und Owen notgedrungen ›unreife‹ Sozialutopien produzieren, nicht etwa, weil sie selber ›unreif‹ gewesen wären, sondern weil sie Generationen angehören, die noch nicht in der Lage sind, Utopie in Wissenschaft überzuführen. »Allen dreien ist gemeinsam, daß sie nicht als Vertreter des inzwischen historisch erzeugten Proletariats auftreten. Wie die Aufklärer, wollen sie nicht zunächst eine bestimmte Klasse, sondern sogleich die ganze Menschheit befreien.«[73] Das erklärt sich für Engels daraus, daß »dem unreifen Stand der kapitalistischen Produktion, der unreifen Klassenlage, ... unreife Theorien« entsprachen[74]. Die ›Reife‹, das wird aus dem Zusammenhang völlig klar, stellt sich erst dort ein, wo Utopie in Wissenschaft überführt wird, und das geschieht mit Karl Marx und dessen Hauptwerk, dem ›Kapital‹.

Das heißt zugleich, daß Engels Sozialutopien wie die von Fourier und Owen ausschließlich als *Vorspiel* beurteilt, für ihn haben sie nur Sinn und Bedeutung im Hinblick auf das Jahr 1867, das Ersterscheinen des ›Kapitals‹, das eine neue – eben eine wissenschaftliche – Methode lehrt. Implizite heißt das auch, daß nach Marx keine tauglichen Sozialutopien mehr zu erwarten sind, denn er ist ja »der geniale einzelne Mann, der jetzt aufgetreten und der die Wahrheit erkannt hat«[75]. Sozialutopien *nach* 1867 sind demzufolge, wie es ja Winfried Schröder formuliert hat, für den orthodoxen, staatsoffiziell gewordenen Marxismus »anachronistisch«.

Der Architekturhistoriker, der sich von der Architekturutopie her für die Sozialutopie interessiert, kann nun aber diesen ›Fahrplan‹ von Engels nicht einfach übernehmen. Denn das historische Material, das ihm zur Verfügung steht, spricht eine andere Sprache – im doppelten Sinn dieser Wendung: Es spricht in der Raum- und Bildsprache, und die Daten, die sich aus ihm ergeben, empfehlen überdies eine andere Lesart.

Um dies zu erläutern, halten wir uns wieder an jene fünf Gesamtutopien, die wir ja deshalb ausgewählt haben, weil sie je ein (mehr oder minder bedeutendes) Ganzes aus Matrize und Patrize darstellen. Tragen wir diese fünf Utopien, mit den

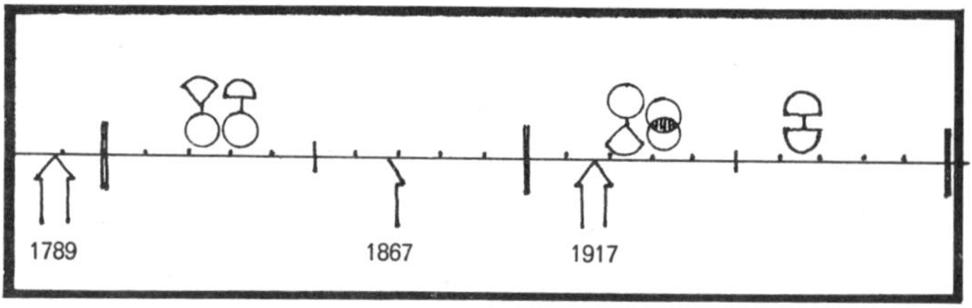

16

früher vorgeschlagenen Schematisierungen, auf einer Zeitskala ein, so ergibt sich folgendes Bild (Abb. 16).

Auch wer durchaus bereit ist, Marx' Umwandlung von Utopie in ›Gesetz‹, markiert mit dem Datum 1867, als bedeutungsvollen Wendepunkt anzuerkennen, kann die fünf auf der Zeitlinie eingetragenen Gesamtutopien sinnvoller Weise schwerlich auf das Datum 1867 beziehen. Und wäre es nur darum, weil er im 20. Jahrhundert neue, weitere, qualifizierte Utopien antrifft, die er nicht einfach als ›anachronistisch‹ abtun kann.

So ist die Lesart, die sich aus *diesem* Material ergibt, auf ganz natürliche Art auf die beiden Revolutionsherde von 1789 und 1917 bezogen. Dann nämlich erscheinen die Utopien von Owen und Fourier als ungefähr gleichzeitige Nachwirkungen der Französischen Revolution, genau so, wie die Utopien von Le Corbusier, Barstsch und Gradow als Nachwirkung der Revolutionsbewegungen von 1917/18 lesbar werden. Wobei die Tatsache, daß das Projekt von Barstsch (dem wir einen besonderen Grad von Entsprechung zugebilligt haben) in *näherem* zeitlichen Abstand zu 1917 steht, als Owen und Fourier zu 1789, einen Sinn ergibt und eine Vermutung auslöst. Die Vermutung nämlich, daß es die *großen Revolutionen selbe*r sind, die mit ihrer Ballung von emotioneller, denkerischer und vorstellungsmäßiger Antizipation das Zustandekommen von Gesamtutopien am ehesten fördern und ermöglichen.

Nicht daß, so gesehen, 1867 kein Datum mehr wäre – aber wo sind die Architekturprojekte und neuartigen Raumkonzeptionen, die ernsthaft und belegbar mit Marx' Theorie und Forderung in direkten Zusammenhang gebracht werden können, so wie die von uns diskutierten fünf Beispiele nachweisbaren Zusammenhang haben mit einer bestimmten Sozialutopie? So weit wir heute die zweite Hälfte des 19. Jahrhunderts überblicken, setzen »sozialreformerisch bestimmte und utopische städtebauliche Initiativen ... erst wieder um die Jahrhundertwende mit dem Beginn einer zunehmenden politischen Regulierung des Kapitalismus ein«[76]. Wenn also als letzte vormarxistische Stadtutopie etwa Etienne Cabets ›Icara‹ von 1840 gelten mag, dann setzen nachmarxistische Baukonzeptionen erst wieder um 1900 ein: 1897 entwickelt Ebenezer Howard die Idee der ›Garden Cities of Tomorrow‹, 1901 legt Tony Garnier den Generalplan zur ›Cité Industrielle‹ vor. Man kann deshalb annehmen, daß der frühe Marxismus wenn überhaupt, dann zunächst eher lähmend auf Architekten und Städteplaner eingewirkt hat. Hierfür gibt Mechthild Schumpp eine Begründung: »Dadurch, daß die marxistische Kritik auf der revolutionären Umwandlung der Gesellschaft insgesamt bestand – ehe stadtplanerische Maßnahmen wirksam werden konnten – und sich, wie zum Beispiel Engels, bewußt von Überlegungen dieser Art nicht nur distanzierte, sondern sogar eine Diskussion darüber ablehnte, entglitt dieser Tätigkeitsbereich einer kritischen emanzipatorischen Intention und dem Versuch ihrer Anwendung zu einer Humanisierung der Umwelt.«[77]

So sehen wir uns um so deutlicher auf die vorgeschlagene Lesart verwiesen: Es scheinen die großen Revolutionen selber zu sein – weil eher als die erst langsam sich auswirkenden Theorien – die durch ihre Erschütterung der ganzen Lebenssituation auch spontan auf die Architekten wirken. Von der ›Innenseite‹ her beurteilt (nicht von der Opposition her), ist ja jede Revolution eine Explosion von verdichteten Hoffnungen. Explosion als zeitlich komprimierte Umsetzung der Veränderungserwartung in Tat.

Derartige Explosionen scheinen nun auch jenen Funken abzugeben, der nötig ist, um das, was wir als Patrize und Matrize des Utopischen bezeichnen, in Entsprechung zu bringen. Deshalb müssen wir nun, um ›fündig‹ zu werden, in der Gegend von 1789 und in jener von 1917 auf die Suche gehen. Das sind

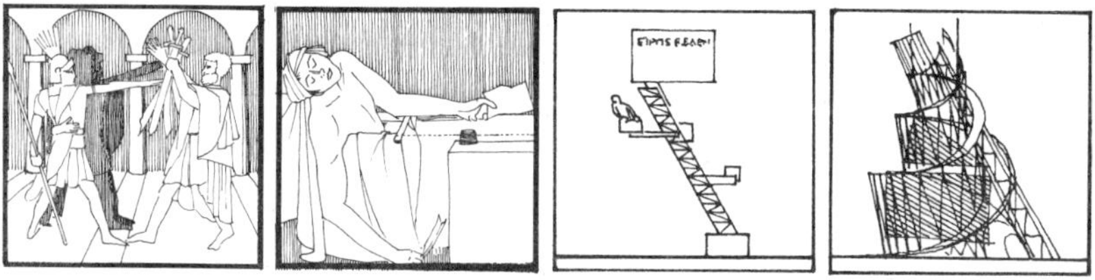

17 a b c d

ja, und nicht nur im breiteren Bewußtsein, die beiden eigentlich ›großen‹ Revolutionen der Neuzeit.

Denn es ist ja unsere Absicht, das ›utopische Vorkommen‹ in Sachen Architektur abzuklären. Das heißt, wir halten uns gerade nicht – entgegen der Forderung der kritischen Soziologie – an das ›Bilderverbot‹, denn das ›Bild‹, als die körperliche und räumliche Gestalt, als Hülle, als Matrize, bleibt unser Thema.

9 Weiße Flecken auf der historischen Karte

Fragt man nun nach den *architektonischen* Auswirkungen oder Einwirkungen der Ereignisse von 1789 und 1917, so entsteht zunächst eine nicht geringe Verlegenheit. Zwar weiß schon jeder Schüler, daß die Französische Revolution ihren Maler gefunden hat in Jacques Louis David, und er kennt auch die beiden frappantesten Revolutionsbilder Davids, nämlich den ›Schwur der Horatier‹ von 1783 und den ›Mord an Marat‹ von 1793 (Abb. 17a, b). Ob aber dieselbe Revolution auch ihren oder ihre Architekten gefunden habe, das ist schon als Frage weit weniger selbstverständlich. Obwohl doch gerade Architektur (als Hohlform, als Matrize, als Mutterform zum Guß des neuen Gesellschaftslebens) unentbehrlich ist. Doch das sind offenbar rein theoretische Erwartungen, und die Praxis, so will es scheinen, antwortet auf die Theorie mit einem weißen Fleck.

Ähnliches gilt für die Russische Revolution. Daß in ihren ersten Jahren Fotomontagen und Filme entstanden sind, dazu auch eine abstrahierende Malerei von weit mehr als regionalem

Belang, das ist bekannt. Wenn es eine Prägeformel gibt, die im Volksbewußtsein überlebt hat, dann ist es jener sprechend auf den Ellbogen aufgestützte ›Lenin‹, also der aufklärende, erläuternde Volksführer, so wie er zuerst von Revolutionskünstlern wie Rodtschenko und Lissitzky dargestellt (Abb. 17c), später in großen und kleinen Monumenten unzählige Male variiert worden ist. Gerechterweise wird man sagen müssen, daß die zweite Prägeformel, die zweite visuelle Etikette dessen, was als Russische Revolution erinnert wird, denn doch ein Architekturbeispiel ist: Tatlins Entwurf zu einem Monument der III. Internationale (Abb. 17d). Daß aber neben Tatlin und wenige Jahre nach Tatlin eine ganze große Revolutionsarchitektur entstanden ist, als Entwurfsleistung ohnegleichen in wenigen Jahren hingeworfen – das bleibt, genau wie in der französischen Parallele, weitgehend weißer Fleck. Und zwar gilt dies, dieses eigentümliche Vergessen, hauptsächlich für die Russen selber, (die beispielsweise den Tod des hervorragenden Revolutionsarchitekten I. I. Leonidow im Jahre 1959 kaum zur Kenntnis genommen haben). Worin wieder eine Ähnlichkeit liegt, denn auch die Franzosen haben, was belegt werden soll, ihre eigene Revolutionsarchitektur ungern im Gedächtnis behalten und erstaunlich spät zu bearbeiten begonnen.

10 Das Interesse für französische Revolutionsarchitektur

Zur *französischen* Revolutionsarchitektur: ihre Geschichte, ihre Topographie ist nicht von Paris aus, sondern zunächst von Wien aus bearbeitet worden, EMIL KAUFMANN (gest. 1953) war es, der als erster die französische Architekturgeschichte zwischen 1750 und 1800 als weißen Fleck erkannt, dieses Niemandsland mitten im Durch-und-durch-Bekannten des 18. Jahrhunderts ein Leben lang bearbeitet hat. Er hat dieser Zone mit der Bezeichnung ›Revolutionsarchitektur‹ schließlich auch den zutreffenden Namen gegeben, der sich seither eingebürgert hat. Kaufmanns wichtigste Titel: ›Von Ledoux bis Le Corbusier‹ (Wien 1933), ›Three Revolutionary Architects: Boullée, Ledoux, Lequen‹ (Philadelphia 1952), ›Architecture in the Age of Reason‹ (Cambridge/Mass. 1955).

Neben Kaufmann war es CARL LINFERT, der sich bereits 1931 mit den ›Grundlagen der französischen Architekturzeichnung‹ der Epoche befaßt und – als gewichtiger französischer Beitrag – GENEVIÈVE LEVALLET-HAUG, die 1934 eine Monographie über Ledoux vorgelegt hat.

Nach dem II. Weltkrieg schien sich das Interessenzentrum nach London verschoben zu haben. Von dort aus publizierten HELEN ROSENAU den Architektur-Traktat von Etienne-Louis Boullée (1953) und die Wettbewerbsarbeiten zu den Grands Prix der Akademie (1960), WOLFGANG HERRMANN seine fundamentale Arbeit über ›Laugier and eighteenth century french Theory‹ (1962), NIKOLAUS PEVSNER eine Gruppe von Studien, die für die englische wie die französische Entwicklung gleicherweise wichtig sind, u. a. ›The Doric Revival‹ (1948), ›The Egyptian Revival‹ (1956). Mit Ausnahme der unentbehrlichen Ledoux-Darstellung von MARCEL RAVAL und J. CH. MOREUX (1945) hat sich die französische Forschung erst eigentlich in den sechziger Jahren in größerem Umfang mit der eigenen Revolutionsarchitektur zu befassen begonnen: 1966 organisiert und kommentiert JEAN-CLAUDE LEMAGNY die Ausstellung ›Les Architectes visionnaires de la fin du XVIII e siècle‹, 1968 erscheint jener Traktat von Boullée, den Helen Rosenau bereits 1953 publiziert und englisch kommentiert hatte, mit französischem Kommentar von J. M. PÉROUSE DE MONTCLOS.

Inzwischen engagiert sich eine jüngere Forschergeneration für die Wiederentdeckung der vergessenen Architekturentwürfe: JOHANNES LANGNER bearbeitet die ›Erste Schaffenszeit‹ von Ledoux (1959), MICHEL GALLET die ›Demeures parisiennes‹ der Epoche (1964), GÜNTHER METKEN ›Jean-Jacques Lequeu ou l'architecture rêvée‹ (1965), JOHN HARRIS ›Le Geay, Piranesi and International Neoclassicism in Rome‹ (1967).

1969 erscheinen beinahe gleichzeitig eine Biographie und eine Monographie über Etienne-Louis Boullée, den Ältervater der französischen Revolutionsarchitektur: J. M. Pérouse de Montclos erarbeitet in seiner Biographie vor allen Dingen die Rekonstruktion der frühen Bauten, während meine Monographie über *›Boullées Newton-Denkmal/Sakralbau und Kugelidee‹*[78] jenes utopische Werk in den Mittelpunkt stellt, das Boullée selber als seine Haupt-Leistung betrachtet hat. Die beiden Arbeiten ergänzen sich nicht nur, sie unterscheiden sich auch in einem typischen Sinne voneinander. Für Pérouse steht im Vordergrund, was Boullée in seiner Jugend wirklich gebaut und allenfalls zum Stile Louis' XVI. beigetragen hat; für mich steht im Vordergrund, was Boullée in seiner zweiten Lebenshälfte an Neuartigem frei entworfen hat, eingeschlossen jene Entwürfe, die über die konkrete Utopie hinausgehen und mitunter zu jener rein künstlerischen Utopie werden, die man als gemalte Architektur oder architektonische Malerei bezeichnen könnte, Traum nach vorwärts, antizipierendes Bewußtsein. Es stehen sich also gegenüber der konventionelle zum Teil ein wenig modische, dafür aber *realisierende* junge Boullée hier – der alle Konvention abstreifende, für die Architekturstudenten begeisternde *träumende Neuerer* dort, das heißt der reife Boullée, der seine Freiheit zu Wunschbildern dadurch erkaufen muß, daß er auf das Bauen, die Verwirklichung verzichtet zugunsten des Entwurfs ›an sich‹. Selbstverständlich wäre es töricht, die Differenz zwischen dem konventionellen Verwirklicher und dem unkonventionellen reinen Entwerfer (oder Maler-Architekten, wie er sich selber verstanden hat) zu einer Alternative zuspitzen zu wollen. Beide, den einen wie den andern Boullée, hat es historisch nachweisbar gegeben, beide können und sollen wissenschaftlich bearbeitet werden.

Was hier an dem einen, allerdings führenden Revolutionsarchitekten Boullée verdeutlicht wurde, gilt für die ganze Epoche: Man kann sich auf die ausgeführten Bauten beschränken, dann bleibt der Begriff ›Neo-Klassizismus‹ ein beinahe ungestört verwendbarer Nenner, oder man kann die geträumten Antizipationen miteinschließen, dann eröffnet sich eine ernstlich veränderte Perspektive.

Derselbe Unterschied der Betrachtung, wie er an der Biographie Pérouse und der Monographie Vogt über Boullée deutlich wird, wiederholt sich knapp nachher in zwei Gesamtdarstellungen der Epoche: der Propyläen-Kunstgeschichte, Band ›18. Jahrhundert‹ (Berlin 1971) und der Ausstellung ›The Age of Neo-Classicism‹ in London (1972) als 14. Ausstellung des Europarates durchgeführt.

Im Propyläen-Band beschränkten sich Harald Keller und seine Mitarbeiter fast ganz auf *gebaute* Architektur, wogegen die *entworfene* Architektur nur beiläufig erwähnt und kaum abgebildet wird.

Auf diese Weise entsteht ein freundliches und zugleich trügerisches Bild des kontinuierlichen Überganges von der Königs-Reihe der Louis-Stile zu dem, was man Neo-Klassizismus nennt. Der leidige Unterbruch durch völlig andersgeartete Bau-Träume der Revolutionszeit schlägt bei Harald Keller nicht zu Buch, weil ja diese Entwürfe mit sehr wenigen Ausnahmen Entwurf geblieben sind, also zwar auf dem Papier, aber doch nicht auf der Erde stehen.

Ein völlig anderes Bild des nämlichen Ablaufes vermittelt die Londoner Ausstellung 1972, wie sie in der Architektursektion namentlich von JOHN WILTON-ELY und J. MORDAUNT CROOK gestaltet worden ist. In ihr werden alle jene Veränderungen in Italien, Frankreich, England, Deutschland, Dänemark usf. festgehalten, die damals mehr als nur eine Stilveränderung: einen eigentlichen Stilbruch riskieren, weil sie das spiegelnde Parkett der ›Geschmackskultur‹ verlassen und gegen völlig andere Wertvorstellungen vertauschen. Ein für diese Ausstellung neu angefertigtes großes Modell von Boullées kugelförmigem Newton-Denkmal 1784 (Abb. 24) führte vor Augen, wie sehr eine revolutionär erregte Generation dazu neigen kann, der Architektur ganz ungewöhnliche, weit über das üblich Repräsentative hinausgehende Aufgaben zu überbinden. So, als müßte nun plötzlich alles, was in gemächlicheren Phasen mit einem gemalten oder beschriebenen Wunschbild sein Bewenden findet, mit der herausfordernden Leibhaftigkeit des Dreidimensionalen auftreten.

11 Das Interesse für russische Revolutionsarchitektur

Die Selbstbeurteilung – das heißt: Russische Revolutionsarchitektur durch russische Augen gesehen – läßt sich zunächst wohl am einfachsten verfolgen durch einen Vergleich von El Lissitzkys Rechenschaft (1929) mit den beiden offiziellen Rechenschaften ›30 Jahre Sowjetische Architektur‹ (1947) und ›1917 bis 1967‹ anläßlich des 50. Sowjetjahres[79].

Lissitzky gelingt 1928/29 eine Darstellung von jenem ersten Jahrdutzend sowjetischen Planens und Bauens, die an Klarheit und Prägnanz meines Wissens nicht übertroffen wurde und das Bild der Ereignisse erstmals so geordnet hat, wie es auch heute noch ungefähr gelesen wird. Seine Argumentation im einzelnen wird uns deshalb ohnehin noch beschäftigen. Obwohl Lissitzky ein genaues Gefühl hat für den Unterschied zwischen möglicher und illusorischer Utopie, ist er 1929 noch ganz erfüllt von der Hoffnung, daß die Revolutionsentwürfe, sobald einmal die Bau-Misère der Wirtschaftsnot überwunden sein werde, verwirklicht werden könnten.

Die offizielle Rechenschaft von 1947 bietet ein vollständig verändertes Bild. Aus den vielen Entwürfen und wenigen Realisierungen der zwanziger Jahre werden nur das Lenin-Mausoleum an der Kreml-Mauer von A. W. Schtschussew (1930) und einige wenige frühe Wohnbauten gewürdigt. Im übrigen entsteht durch diesen Band der Eindruck, die Sowjetarchitektur beginne mit dem schloßartigen Gebäude des Hotels ›Moskwa‹ am Manegeplatz in Moskau, 1935–38, vom selben A. W. Schtschussew errichtet. Es gibt in diesem gewichtigen Band nur eine einzige Aufnahme, die nicht Verwirklichtes, sondern ein Modell betrifft – doch es ist nicht ein Modell von Tatlin, von den Brüdern Wesnin oder von Leonidow, sondern B. M. Iofans Modell zu jenem Palast der Sowjets, der als größter Bau der Hauptstadt mit einer riesengroßen Skulptur Lenins hätte gekrönt werden sollen (Abb. 18 c). – Ein Vorhaben übrigens, das man werkwürdigerweise als eine ›Summe aus New York‹ bezeichnen kann, denn es wird ja von Iofan die Idee des ameri-

18 a b c

19 a b c

kanischen Wolkenkratzers mit der Erinnerung an die amerikanische Freiheitsstatue kombiniert und umgesetzt (Abb. 18 a–c).

Im Rückblick auf das Halbjahrhundert 1917–1967 sind derartige Ambitionen nicht mehr vertreten, es ist der Siedlungsbau, der im Vordergrund steht. Leitbild ist jene Kongreßhalle des Kreml (Abb. 19 c), die ein Architektenteam unter M. Possochin 1961 begonnen hat im Hinblick auf die Halbjahrhundertfeiern von 1967. Diese Kongreßhalle als repräsentativer Versammlungsbau am zentralen Ort, ist eine späte Antwort und endliche Realisierung alles dessen, was von 1923 an zunächst als ›Palast der Arbeit‹ (Abb. 19 a), dann als ›Palast der Sowjets‹ (Abb. 19 b) zur Diskussion stand und unzählige Entwürfe mit sich brachte.

In der Tat ließe sich die sowjetische Architektur insgesamt an diesem einen neuartigen Bauvorhaben, das ursprünglich ›Palais der Arbeit‹ hieß, wie an einem roten Faden reihen und gruppieren. Das, war das Schloß für feudale Epochen, das Ratshaus für das Bürgertum, sollte nun das ›Palais der Arbeit‹ werden: ein architektonischer Zeichenträger ersten Ranges. Der dreifachen Bedeutungswandlung ›Palais der Arbeit‹ – ›Sowjet-Palast‹ – Kongreßhalle entspricht eine dreifache Formwandlung. Und gerade diese Formwandlung ist exemplarisch deutlich, man möchte beinahe sagen, dramatisch deutlich.

Der dritte Rechenschaftsbericht von 1967 läßt genau wie der zweite (von 1947), die eigentliche Revolutionszeit der zwanziger Jahre ganz beiseite. Vielleicht nicht einmal mehr aus Ablehnungsgefühlen jenen gefährlich-phantastischen Utopien gegenüber, vielmehr aus Abstand gegenüber allem dem, was nicht in die systematisch geplante Realisierbarkeit hinein paßt. Der Stolz auf die große Bauleistung, durchaus nicht auf Zentren wie Moskau, Leningrad oder Kiew begrenzt, sondern weit in die fernste Ostprovinz hinaus vorgerückt, bestimmt diese Rechenschaft. Die Revolutionsarchitektur der zwanziger Jahre ist für sie weiterhin ein weißer Fleck. Die Frage, ob diese utopische Vorstufe nicht doch ihr eigenes Gewicht hatte, als Herausforderung, als Anregung, als neuartiges Konzept, scheint die Autoren dieses offiziellen Bandes von 1967 gar nicht zu berühren.

Nun, dieses Bild trügt immerhin, denn von etwa 1960 an melden sich doch erste Stimmen, die ein neues Interesse an den zwanziger Jahren bekunden. Nur ist es interessant genug (und eine Parallele zur französischen Revolutionsarchitektur), daß diese ersten Stimmen – soweit ich das überblicken kann – nicht aus Rußland selbst, sondern aus Ungarn und aus Polen kommen.

Im Verlag der Ungarischen Akademie der Wissenschaften hat M. MAJOR 1960 den dritten Band seiner ›Geschichte der Architektur‹ als »Unternehmen ... in materialistischer Sicht« publiziert. Er setzt mit der Französischen Revolution ein und beschreibt einerseits die »Architektur der kapitalistischen Gesellschaften«, andererseits die Architektur in der Sowjetunion, wobei die Revolutionsarchitektur mitberücksichtigt ist und ernst genommen wird, wenn auch unter dem kritischen Vorbehalt, daß sie ein »Grundgesetz der Dialektik« mißachte, indem sie nicht »sämtliche wesentlichen Umstände« in Betracht ziehe, sondern nur eine »Form-Revolution« vollziehe[80].

Trotz diesem kritischen Vorbehalt gegenüber einer bloßen »Form-Revolution« – der übrigens berechtigt genug erscheint und uns selbstverständlich noch beschäftigen wird – bekundet

Major einen gewissen Appetit auf die neuen Formen eben der »Inspiration dieses Irrtums« und versucht ihnen, wenn auch schematisierend und verkürzend, möglichst großzügig gerecht zu werden.

Indessen ist, soweit ich sehe, nicht der Ungar M. Major, sondern der Pole EDMUND GOLDZAMT der erste, der wirklich das Eis bricht nach dem Ende der Ära Stalin (1953) und nach jenem XX. Parteitag (1956) unter N. S. Chruschtschow, der nun auch neue Perspektiven in der Architektur freigibt. Goldzamt publiziert 1962 in der Warschauer Zeitschrift ›Architektura‹ einen großen Aufsatz, der die russischen zwanziger Jahre kompetent, klar und sorgsam in den Rahmen der vorrrevolutionären Entwicklung und des nachrevolutionären Umschwungs unter Stalin einfügt. Erstmals werden die Konstruktivisten nicht mehr einfach als Phantasten, sondern als sachlich ernst zu nehmende »Neuerer« behandelt, deren Konflikt mit den Akademikern grundsätzliche Bdeutung hatte, deren Städtebaukonzept überdies von bleibender Bedeutung ist.

Im selben Jahr 1962 nimmt ein Russe selber, S. O. KHAN-MAGOMEDOW, die Wiederkehr eines Geburtstages zum Anlaß, um die Wiederentdeckung der eigenen Vergangenheit einzuleiten. Der Architekt und Theoretiker M. J. Ginsburg (1892 bis 1946) wäre 1962 siebzig geworden, und Khan-Magomedow nützt das Datum, um auf den Mann aufmerksam zu machen, der in den zwanziger Jahren den »Kampf an zwei Fronten« angeführt hat, nämlich »gegen die konservativen Tendenzen« der Eklektizisten und gleichzeitig auch »gegen den ›linken‹ Formalismus«[81]. Überdies war Ginsburg auch der erste, der den Unterschied zwischen Sowjetarchitektur und westlicher Architektur klar herauszuarbeiten vermochte, besonders in einem Briefwechsel mit Le Corbusier.

Auch in Westeuropa meldet sich im selben Jahr 1962 eine erste Stimme: Die Redaktion der Mailänder Zeitschrift ›*Casabella*‹ widmet Rußland ein ganzes Heft (April 1962, Nr. 262). In Form einer großen Collage aus Bildern und Dokumentartexten wird der Weg von Tatlins Turm bis zu Possochins eben entstehender Kongreßhalle skizziert.

Mit diesen drei Äußerungen aus Warschau, Moskau, Mailand, alle 1962 publiziert, war der Bann im Osten wie im Westen gebrochen. Wie gründlich, um nicht zu sagen: hermetisch, dieser Bann gewesen war, auch im Westen, zeigt ein Blick in die wichtigsten Epochendarstellungen seit Kriegsende 1945. Die führende, doch wohl am längsten wirksame Epochendarstellung des Westens, SIGFRIED GIEDIONS *›Space, Time and Architecture‹* (1941) will, wie es im Untertitel heißt, »die Entstehung einer neuen Tradition« darstellen, und sie kommt bei dieser Darstellung durchweg aus ohne den russischen Beitrag[82]. BRUNO ZEVIS *›Storia dell'architettura moderna‹* (1950) deckt zwar ein deutlich anderes Feld ab als Giedion, beschreibt unter anderem nicht nur, wie Giedion, die finnische, sondern auch die schwedische Leistung, kann aber ebenfalls auf den russischen Beitrag verzichten. HENRY-RUSSEL HITCHCOCKS *›Architecture, Nineteenth and Twentieth Centuries‹* (1958) schließt sich dieser Topographie von Giedion und Zevi an, denn auch für ihn geht die Ostgrenze dessen, was er als architektonisches Feld berücksichtigt, etwa durch Helsinki und Wien.

Die Rußland-Blindheit dieser eigentlichen Nachkriegswerke ist aus der damaligen Generationslage weit eher verständlich als die Tatsache, daß selbst noch im Jahr 1960 zwei wichtige Epochendarstellungen erscheinen, die in ihrem Kalkül beinahe ganz ohne Rußland auskommen: REYNER BANHAMS *›Theory and Design in the First Machine Age‹* behandelt nacheinander Italien, Holland, Paris und Deutschland, kommt aber mit ganz vereinzelten Hinweisen auf die Russen aus, und LEONARDO BENEVOLO, in der *›Geschichte der Architektur des 19. und 20. Jahrhunderts‹* begnügt sich mit wenigen Seiten.[83]

Mit dem Jahr 1962 treten nun auch Publikationen auf, die nicht nur hinweisenden oder essayistischen Charakter haben, sondern wissenschaftliche Bearbeitungen sind. Dies gilt zunächst für CAMILLA GRAYS *›The Great Experiment. Russian Art 1863–1922‹* (London 1962), eine chronologisch erstaunlich exakte Darstellung der Malereigeschichte (mit deutlichem Interesse für jene »Architektonisierung« der Künste, die in der Revolutionszeit geschieht). Es gilt aber auch für den ersten eigentlichen Dokumentenband der Akademie, bearbeitet von K. N. AFANASJEW und V. E. KHAZANOWA: *›Iz istorii sovjetskoj Architekturi 1917–1926, Dokumenti i materiali* (Geschichte der Sowjetarchitektur 1917–1926, Dokumente und Materialien), Moskau 1963. Auf diese beiden Bände folgen im Osten:

- ungefähr 1967 G. A. GRADOWS *›Stadt und Lebensweise‹*, das, wie bereits erörtert worden ist, einen qualifizierten architekturhistorischen Teil einschließt[84];
- 1968 eine Gesamtdarstellung von LISSITZKYS Lebenswerk, zusammengestellt von seiner Witwe, E. Lissitzky-Küppers, ausnehmend gut illustriert;
- 1970 der *II. Band Dokumente und Materialien* der Sowjetakademie, Zeitraum 1926–1932, wiederum hauptsächlich betreut von K. N. Afanasjew und V. E. Khazanowa.

Und im Westen:

- 1963 *›URSS-architettura 1917–36‹* von VITTORIO DE FEO, die erste Gesamtdarstellung mit ausreichenden Bildbelegen (Mailand);
- 1966 der kleine Band über die *›Architettura Sovietica Contemporanea‹* von VIERI QUILICI (Rocca S. Casciano);
- 1967 *›Ville et révolution/Architecture et Urbanisme des Années Vingt‹* von ANATOLE KOPP (Paris), eine betont persönlich gestaltete Gesamtdarstellung, mehr an der künstlerischen Ausformung als an der theoretischen Grundlage interessiert;
- 1969 *›L'architettura del costruttivismo‹*, eine Anthologie der wichtigsten russischen Texte, zusammengestellt von VIERI QUILICI und GIORGIO KREISKI (Bari).

Eine Art von Zusammenfassung aller dieser Bemühungen seit 1963 ist von der Zeitschrift ›Architectural Design‹ (II/1970) in die Wege geleitet worden: die englische Redaktion hat den Russen O. A. SHWIDKOWSKY ersucht, mit einer Gruppe von Forschern aus dem Institut für Geschichte und Theorie der Architektur in Moskau und aus dem Kunsthistorischen Institut in Moskau die Zeit von 1917 bis 1932 darzustellen[85]. Die Hauptarbeit hat der schon erwähnte S. O. KHAN-MAGOMEDOW geleistet, der einen Überblick und kurze Monographien zu Ladowskij, Miljutin, Ginsburg, vor allem aber auch – und das hat einigen prinzipiellen Belang – zu Leonidow verfaßt hat.

Ein erster Versuch, die avantgardistische Phase von 1917–32 nicht nach individuellen Leistungen, sondern nach Berufsorganisationen gruppiert darzustellen, ist vom Russen KYRILL N. AFANASJEW durchgeführt worden (deutsche Ausgabe: *›Ideen – Projekte – Bauten‹*, Dresden 1973). Da der Autor nicht nur, wie S. O. Khan-Magomedow, bei den Gebrüdern Wesnin selber noch mitgearbeitet hat, sondern auch Schüler von Sholtowski war, kann er einerseits manchen wichtigen Hinweis aus enger Vertrautheit mit den Verhältnissen vermitteln. Andererseits vermag er den Gegensatz zwischen dem, was die Wesnins und dem, was Sholtowski vertreten hat, nicht voll auszuarbeiten; die erwünschte Differenzierung bleibt aus.

Mit den genannten Arbeiten ist ein Kenntnisstand erreicht; der noch immer provisorisch genug ist. Mehr als ein tauglicher Überblick wird nirgends geboten. An Deklarationen und Beschlüssen, an theoretischen Gedankengängen mag das Wichtigste nun zusammengestellt sein – was aber nach wie vor fehlt, das ist eine ausführliche Darstellung und Chronologie der Entwürfe selbst, der Zeichnungen, der Grundrisse und Perspektiven selber. Wie weit Originalzeichnungen überhaupt erhalten und archiviert sind, ist schwer abzuklären, und so lange diese Quellen nicht zu fließen beginnen, werden auch künftige Publikationen sich alles in allem mit dem begnügen müssen, was ursprünglich vorab in den fünf Jahrgängen der avantgardistischen Zeitschrift ›Sowremennaja Architektura‹ (1926–30) bekannt gemacht worden ist.

Gerade aus dem Mangel und der Undeutlichkeit der Bildbelege mag sich das Bedürfnis zu Ausstellungen entwickelt haben:

- 1968 hat das Moderna Museet in *Stockholm* eine *Wladimir Tatlin-Ausstellung* durchgeführt;
- 1971 hat der British Arts Council in der Hayward Gallery *London* ›Soviet Art and Design since 1917‹ dargestellt unter dem Titel ›Art in Revolution‹.

Der Schritt vom essayistischen Überblick einerseits, von der reinen Dokumentenpublikation andererseits zur speziellen und präzisierten Darstellung wird offenbar gegenwärtig in Rußland vollzogen. Im Westen ist es die Forschergruppe um das Istituto die Storia dell'Architettura in *Venedig*, die dieser zweiten Stufe der Abklärung am nächsten kommt. Historiker und Kritiker wie Tafuri, Dal Co, Ciucci, Cassetti, de Michelis u. a. haben Sonderaspekte ausgearbeitet im Sammelband ›*Socialismo, città, architettura URSS 1917–37*‹ (Rom 1971), auch in einer Sondernummer der französischen Zeitschrift ›*VH 101*‹ (No 7–8, 1972, Paris).

Abschließend muß auf eine besondere Gruppe von Partnern oder Zeugen hingewiesen werden, nämlich auf jene Architekten oder Theoretiker, die vom Westen aus aktiv an dem teilgenommen haben, was Camilla Gray das »Russische Experiment« nennt. Die praktische arbeitsmäßige Teilnahme am Russischen Experiment beruht auf ganz verschiedenen Motiven, bei den einen vorwiegend auf künstlerischen Hoffnungen, bei den andern auf politischen Erwartungen, bei den dritten auf technologischer Kompetenz. So oder so, unter den profilierteren Architekten-Namen der späten zwanziger und frühen dreißiger Jahre sind fast alle einmal oder mehrmals in lose oder dichte Berührung mit dem neuen und neuartigen Phänomen ›Sowjetarchitektur‹ gekommen. Am häufigsten die Deutschen, was wohl zunächst auf die geographische Nähe und auf die traditionellen Kulturkontakte zwischen Petersburg/Moskau und Berlin/München zurückzuführen ist. Neben den Deutschen sind es aber auch Schweizer, Holländer, Franzosen, vereinzelt auch Engländer und Amerikaner. Die Stufenleiter der Verpflichtung und des Engagements beginnt bei der bloßen Teilnahme an Sowjetkongressen (Frank Lloyd Wright, 1937), führt zur Teilnahme an den international ausgeschriebenen Wettbewerben, kann sogar zur Realisierung einzelner Bauten gelangen, wie im Fall des Wettbewerbs für ein Gebäude des Zentrosojus (Zentralverband der Konsumgenossenschaften der UdSSR) in Moskau (1928), gewonnen von Le Corbusier, ausgeführt nach seinen Plänen ab 1929 durch den russischen Architekten Nikolai Kolli.

Darüber hinaus aber gibt es Architekten, die ein eigentliches Anstellungsverhältnis mit den Sowjetbehörden akzeptiert haben, unter ihnen Hannes Meyer, Bruno Taut, Ernst May, Werner Hebebrandt, André Lurçat. Wichtige Präzisierungen zur Wirkung dieser Gruppe hat KURT JUNGHANNS mitgeteilt[86]. Ein Sonderfall innerhalb dieser Gruppe ist der Schweizer HANS SCHMIDT (1893–1972), der nicht nur jahrelang in Moskau an der sowjetischen Planung im Städtebau mitgewirkt hat (1930–37), sondern später, anschließend an die vorübergehende Rückkehr in die Schweiz, auch am entsprechenden Aufbau in der DDR mitbeteiligt war (1956–64). Hans Schmidt gehört somit zu den wenigen westlichen Architekten – oder ist sogar der einzige –, für die die architektonische Zusammenarbeit mit dem Sowjetstaat und dessen Einflußzone nicht einfach mehr oder minder wichtige Episode blieb, sondern eigentliches Lebensproblem wurde. Da Schmidt über mehrere Jahrzehnte hin Rechenschaft abgelegt hat in Form von Aufsätzen, ist damit ein wichtiger Kommentar über die Entwicklung der beiden Bauwelten entstanden[87].

12 Weiße Stelle oder blinder Fleck?

Der eben skizzierte Forschungsüberblick betreffend die Wiederentdeckung der vergessenen oder verdrängten Tatbestände von 1789 und 1917 könnte die Illusion erwecken, alles sei zum Besten bestellt und die Bewältigung dieser sehr speziellen Art von Vergangenheit sei nur noch eine Sache von einigen wenigen Jahren. Das scheint auch S. O. Khan-Magomedow zu bestätigen, wenn er seinen (russischen) Lesern sagt: »Heute, da sich unsere Architekten in zunehmendem Maße mit der Entwicklungsgeschichte der sowjetischen Architektur beschäftigen, wäre es notwendig, die Schaffensrichtungen der ersten Jahrzehnte nach der Oktoberrevolution eingehender zu analysieren. Besonders wichtig wäre es jedoch, den Beitrag, den die sowjetische Architektur der zwanziger Jahre zur Entwicklung der Weltarchitektur geleistet hat, objektiv einzuschätzen. Selbst ausländische

Autoren versagen ihm nicht ihre Anerkennung. Wir selbst vergessen das leider oft genug, obwohl der Ursprung so mancher Errungenschaft der ausländischen Architektur in der sowjetischen Architektur zu suchen ist«[88].

Wenn dennoch bisher die Architekturgeschichte des 18. Jahrhunderts immer wieder *ohne* Französische Revolutionsarchitektur, die des 20. Jahrhunderts *ohne* Russische Revolutionsarchitektur geschrieben wird, dann scheinen diesem ›Ding‹ doch einige Bedenken oder Schwierigkeiten entgegenzustehen, die ernst zu nehmen sind.

Vereinfacht gesagt: Das durchschnittliche historische Bewußtsein hat sich, was Europa betrifft, mit allen Stilstufen soweit abgefunden, daß es sie ohne Gegenfrage gelten läßt und lediglich nach bedeutendem oder unbedeutendem Rang innerhalb einer Stilschicht fragt. Beispiel: Das Rokoko an sich wird nicht strittig gemacht, höchstens nach höheren oder minderen Qualitätsgraden unterschieden, genau wie etwa Werke aus dem Hellenismus oder aus der Romanik. Nicht so die französische und russische Revolutionsarchitektur: sie erweckt Reaktionen. Sie wird in ihrer *Berechtigung* bezweifelt, nicht nur im Mehr oder Minder der jeweiligen Qualität. Sie löst also, mit einem Wort, *Irritationen* aus, die vor den übrigen Stilstufen der europäischen Geschichte kaum mehr bemerkbar werden.

Nun gibt es aber Irritationen von verschiedenem Grad, oder besser: Irritationen mit verschiedener Wurzeltiefe.

Eher einfach erklärbar ist zum Beispiel der schon erwähnte Fall des *Propyläen-Bandes ›XVIII. Jahrhundert‹* (Berlin 1971), herausgegeben von HARALD KELLER. Da sieht ein Kunsthistoriker ein Jahrhundert vornehmlich als Ereignis der »Geschmackskultur«, beharrt auf den aristokratischen Obertönen des zu Ende gehenden Ancien Régime und will die ganz anders klingenden Untertöne der Epoche nicht in seinem Bild haben (was wörtlich gemeint ist: will sie allenfalls erwähnt, aber auf alle Fälle nicht abgebildet haben). So wird in diesem Buch der Revolutionsmaler im engeren Sinne, Jacques-Louis David, in einem Damenbildnis und in einer (köstlichen) Landschaft vorgestellt, aber von den beiden eigentlichen ›Signalbildern‹ der Revolutionszeit, dem ›Schwur der Horatier‹ (1784) und dem ›Tod des Marat‹ (1789) bekommen wir nur gerade das erste zu sehen. Der Fall David wird dadurch harmlos – der Fall Boullée und Ledoux schon gar nicht erst zur Debatte gebracht. Denn von der »neuen architektonischen Gesinnung« (gemeint ist die Revolutionsarchitektur) heißt es zwar nicht ohne Treffsicherheit, sie sei »förmlich besessen« gewesen von zwei Prinzipien, dem der »Isolierung des Bauwerks« und dem der »einfachsten starren Formen der niedrigen Stereometrie« (»Kubus setzt sich nun ungesellig neben Kubus«)[89]. Doch wie diese »niedrige Stereometrie« als Architekturentwurf sich präsentiert hat, das wird uns durchweg vorenthalten[90].

Auf diese Weise gelingt es Harald Keller, die Revolutionsmalerei und Revolutionsarchitektur der Franzosen zur nahezu perfekten *weißen Stelle* zu machen. Die ›Propyläen-Kunstgeschichte‹ läßt damit das Künstlerische am Revolutionsereignis ganz einfach aus, notiert es nicht, denn der früher erschienene Band ›19. Jahrhundert‹ (Berlin 1966), herausgegeben von Rudolf Zeitler, konnte notgedrungen nicht hinter 1800 zurückgehen und wurde in der berechtigten Annahme disponiert, die Geschehnisse von 1789 würden dann im Vorläuferband geschildert. So leicht und so einfach können weiße Stellen im Geschichtsbild, obgleich seit einer Generation lebhaft bearbeitet, weiterhin als Niemandsland deklariert werden.

Ungleich irritierender indessen wird der Fall, wenn ein Architekturkenner vom Format ERNST BLOCHS über die zweite Revolutionsarchitektur, die russische – die ihn als Marxisten doch speziell interessieren muß –, auf eine Weise schweigt, daß der Verdacht aufkommt, er lehne sie ab, oder doch, er wolle sich auf diese Konfrontation nicht einlassen.

Ernst Blochs Darstellung der architektonischen Utopien geht unter dem Titel *›Bauten, die eine bessere Welt abbilden‹* (Prinzip Hoffnung, Kapitel 38), und die zweite Hälfte dieser Darstellung (›Die Bebauung des Hohlraums‹) ist eine ebenso dicht wie heftig formulierte Auseinandersetzung mit Hausbau und Städtebau des 20. Jahrhunderts. Dabei zeigt es sich, daß der Philosoph verblüffend gut bewandert ist nicht nur in der Architektur der zwanziger Jahre mit ihrem »neuen bauen«, sondern auch in der französischen Revolutionsarchitektur, speziell was Ledoux betrifft. Nun vergleicht er aber nicht etwa französische mit *russischer* Revolutionsarchitektur, sondern ausschließlich mit der Avantgarde von *West*europa[91]. Dieser Avantgarde wirft er vor, sie habe lediglich »kahlklare Häuser und Geräte« hervorgebracht, die »unbestreitbar ... sauber, nämlich staubsaugerisch gemeint, gewesen« seien. »Seit über einer Generation steht darum dieses Stahlmöbel-, Betonkuben-, Flachdachwesen geschichtslos da, hochmodern und langweilig, scheinbar kühn und echt trivial, voll Haß gegen die Floskel angeblich jedes Ornaments und doch mehr im Schema festgerannt als je eine Stilkopie im schlimmen neunzehnten Jahrhundert«[92]. Das, was Jürgen Habermas als Ernst Blochs »Affront gegen moderne Kunst« bezeichnet[93], gipfelt, was die Architektur betrifft, in den drei aggressiven Charakterisierungen »Extreme Kiste«, »Schwindelfrische«, »Lichtkitsch«[94].

Ganz abgesehen davon, daß diese Kennzeichnungen eher schon Tiefschläge sind, die erst verschmerzt sein können, wenn sie gründlich verarbeitet sind, bringt uns der Blochsche Zornesausbruch in dreifache Verlegenheit. Zunächst: ist es nicht doch so, daß Bloch den Sack schlägt, aber den Esel meint? Das heißt, die westliche Avantgarde so hart angreift, um nur die sowjetrussische Avantgarde nicht nennen zu müssen? (Denn daß auch die Sowjetrussen, und keineswegs minder intensiv, von der »Extremen Kiste« geträumt und mit ihr »Lichtkitsch« erhofft haben, wird leicht zu belegen sein.) Denn: widerspricht Bloch in seiner Attacke auf moderne Architektur nicht gerade jenem echten Anteil am »Prinzip Hoffnung«, der in dieser Architektur tatsächlich steckt? Sie war ja doch wirklich »Traum nach vorwärts«, war buchstäblich »antizipierendes Bewußtsein«! Wieso wird sie nun ausgerechnet von *dem* Mann abgelehnt, der das »Prinzip Hoffnung« insgesamt als legitimes Lebensverhalten umfassend herausgearbeitet hat? Widerspricht sich hier, in diesem Kapitel 38, nicht der Teil mit dem Ganzen innerhalb der Blochschen Konzeption? Und schließlich: auch wir selber müssen uns, mit Bloch, in eine gewisse Verlegenheit hereinpraktiziert sehen. Denn wer, wie ich, Bloch beistimmt in seiner grundsätzlichen Deutung des Utopischen und diese Deutung gegen jene der orthodoxen Marxisten verteidigt (Kap. 3), der darf sich nun, was den Einzelaspekt Architektur betrifft, zunächst einmal im Stich gelassen sehen. Womit sich die Frage stellt, ob nicht bei Ernst Bloch etwas völlig anderes als eine weiße Stelle zum Vorschein komme, nämlich ein blinder Fleck.

III 1917 und 1789 – Vergleich

»Zuerst das erste: Beschreibung.«

Bertolt Brecht: ›Galilei‹

13 Werkreihen durch die beiden Revolutionsherde

Eine chronologische Reihe jener Werke, die entweder als typisch oder als markant gelten dürfen, soll zwei Bedingungen erfüllen:

- Sie muß dem Architektur-Entwurf den gleichen Belang zubilligen wie dem ausgeführten Bau.
- Sie soll in ihrem zeitlichen Spielraum so großzügig bemessen sein, daß der volle Verlauf, das volle Profil deutlich zum Ausdruck kommt. Deshalb räumen wir je eine Phase von ungefähr einem halben Jahrhundert ein, und zwar von rund 1770 bis 1820 für die Französische Revolution, von rund 1900 bis 1950 für die Russische Revolution.

Die Wahl des einzelnen Werkes und der speziellen Bau-Gattung bleibt notgedrungen ein subjektiver Entscheid. Dennoch ist eine Art Währschafts-Probe der getroffenen Auswahl möglich: die *typischen* Beispiele müssen leicht auswechselbar, ersetzbar sein durch ähnliche; die *markanten* Beispiele müssen nachweisbare Strahlungskraft, d. h. Auswirkungskraft auf ihre Umgebung gehabt haben. Die aus solchen Erwägungen sich ergebenden beiden Reihen sind hier (Abb. 20 und 21) als *Collagen* gestaffelt, die je von links oben nach rechts unten zu lesen sind (A bis N und a bis n).

Gesehen aus möglichster Distanz, das heißt zunächst ohne Interesse für die spezielle Bauaufgabe und den speziellen Autor, ergibt sich folgender Ablauf bei den *französischen Beispielen* (Abb. 20, A–N):

Traditionelle Säulenordnungen und Fensterprofile schmücken einen bereits recht deutlich, d. h. ›geometrisch‹ hervortretenden Bau-Würfel (A) oder fallen nahezu ganz weg, um desto deutlicher den Kreis des Grundrisses und das Kugelsegment der Kuppel sprechen zu lassen (B). Selbst die Säule wird umgedeutet zu einem möglichst streng geometrischen Körper, tritt auf als glatter Zylinder ohne Schwellung im Schaft (C). Diese Tendenz zur »niederen Stereometrie« meldet sich in der Innenarchitektur (C ′) als Mut oder Bedürfnis zur kahlen, nackten Raumbegrenzung, hier als messerscharf entzweigeschnittenes Pantheon; in der Außenarchitektur (D) meldet sich dieselbe Tendenz an den zwei völlig glatten Kuppeltrommeln und an der perfekten Halbkugel darüber. Serienbauten (E) tauchen auf, die nicht (wie ein Barock-Schloß zum Beispiel) auf die Mittelachse bezogen, sondern als endlose Reihe konzipiert sind, wobei sie wirken wie aus Karton ausgeschnitten.

Geometrischer Symbolismus (F), hier durchweg auf den Kreis bezogen, bleibt irritierend und eigentlich unlesbar, solange der Zweck des Baues unbekannt ist. Sicher ist lediglich, daß Begriffe wie ›Haus‹ oder ›Unterkunft‹ durch eine solche Konzeption verlassen oder verschoben werden. Dieser geometrische Symbolismus kann sogar die letzte, das heißt reinste stereometrische Form, die Kugel (G), für die Architektur beanspruchen. Wobei das, was unlängst noch als Kolossalsäule (C) oder Säulenwald (D) oder endlose Säulenreihe (E) auftrat, nun als Baumreihe auftritt. Die Faszination des architektonisch bisher kaum Denkbaren (G) findet Nachahmung (H). Neben der Kugel erscheint die Pyramide als Vorzugsform, und zwar nicht mehr nur als Todeszeichen, sondern in die Arbeitszone, die Industriezone (J) herübergezogen.

Abgesang der Kugel-Utopie (K), Abgesang der Würfel-Utopie (L): die Grenzfälle reiner Stereometrie werden nun wieder umhüllt von traditionellen Kolonnaden und damit aufgefangen oder abgedämpft in ihrer Ungewohntheit. Die »niedere Stereometrie« tritt gewissermaßen in das ›Futteral‹ der Säulenordnungen zurück. Der antike, das heißt altrömische Triumphbogen (M) taucht auf, aber ins Riesenhafte, Über-Römische, vergrö-

20 Die Form-Verwandlungen der französischen Architektur im Halbjahrhundert 1770–1820, (Collage), s. S. 82.

A 1764–68	Petit Trianon Versailles	J. A. Gabriel	Gesellschaftsbau für den Hof
B 1763–66	Halle aux Blés Paris	Le Camus de Mézières	Getreidehalle
C 1769 beg.	Ecole de Médecine Paris	J. Gondoin	Schulbau
C 1769 beg.	Amphithéatre de Chirurgie dito	J. Gondoin	Schulbau
D um 1781	Métropole (Entwurf)	E. L. Boullée	Sakralentwurf (ohne Auftrag)
E 1792	Les Maisons Hosten	C. N. Ledoux	Wohnungsbau 1793
F nach 1780	Atelier des Cercles	C. N. Ledoux	Werkstätte
G 1784	Newton-Denkmal	E. L. Boullée	Erinnerungsmal mit Leergrab
H 1785	Maison d'un Cosmopolite	Vaudoyer	Wohnbau
J nach 1780	Forge à canons (Waffenschmiede)	C. N. Ledoux	Industriebau
K 1802	Panthéon français	J. N. L. Durand	Sakralentwurf (ohne Auftrag)
L 1809	Börse Paris	Brongniart	Öffentlicher Bau
M 1806–36	Arc de Triomphe de l'Etoile Paris	J. F. T. Chalgrin u. a.	Repräsentationsbau
N 1807 beg.	La Madeleine, Paris	Pierre Vignon	Repräsentationsbau später Sakralbau

21 Die Form-Verwandlungen der russischen Architektur im Halbjahrhundert 1900–1950, (Collage), s. S. 83.

a 1894	Villa Morosow, Moskau	Y. Mazérini	Einzelwohnhaus
b 1919	Denkmal für die III. Internationale (Entwurf)	W. Tatlin	Monument und Regierungsgebäude
c 1928	Lenin-Bibliothek (Entwurf)	Gebrüder Wesnin	Bildungsbau
c' 1928	Einganghalle (Entw.)	Gebrüder Wesnin	Bildungsbau
d 1926	Klub der Kommunalarbeiter, Moskau	Ilja Golosow	Bildungsbau
e 1929	Kommune-Wohnhaus	M. Barstsch V. Wladimirow	Wohnbau
f 1924	Der Wolkenbügel	El Lissitzky	Verwaltungsbau
g 1927	Lenin-Institut (Landesbibliothek)	I. I. Leonidow	Bildungsbau
h ?	Sitz der Komintern Moskau	L. Komarowa	Verwaltungsbau
i 1929	Staudamm am Dnjepr	V. Wesnin, N. Kolli u. a.	Industriebau
k 1928	Theater Nowosibirsk	A. Grünberg	Theaterbau
l 1933–34	Intourist-Ministerium	I. Sholtowski	Verwaltungsbau
m 1937	Palast der Sowjets	B. M. Iofan V. G. Helfreich, V. A. Schtschuko	(mit Repräsentations- und Verwaltungsbau)
n 1939	Stadttheater Sotschi	Schtschuko, Helfreich	Theaterbau

A
B
C'
D
G
E
G
H
F
K
J
L
M
N

a
b
C
B
d
e
f
k
l
n

ßert. Ebenso der altrömische Tempel (N), auch er größer, als vermutlich je ein hellenistischer oder römischer Tempel war.

Fazit: Es spielt sich etwas ab in der Architektur dieses Halbjahrhunderts 1770–1820, was man am ehesten als eine *Mutation zur Klarheit* bezeichnen möchte. Darf man indessen von ›Mutation‹ sprechen, wenn der Sprung so rasch wieder vertuscht, zurückgenommen und abgefangen wird? Aus dem ›Mantel‹ oder ›Futteral‹ der Säulenordnungen tritt für eine Weile die eigentliche, die reine Körpergeometrie hervor – und zwar so deutlich, daß man mit guten Gründen von einer »Glorifizierung der Geometrie« in der Architektur gesprochen hat[95] –, um dann wieder zurückzutreten entweder in den Mantel der hergebrachten Säulenordnungen oder in den Spiegel exakter Kopie alter Vorbilder.

Also eine Art von *Erhebung* aus dem heraus, was man als Neoklassizismus bezeichnet, Erhebung zur Regularisierung, zur Bereinigung – und hierauf Abgesang und Zurücktreten ins Altgewohnte, wobei dieses Altgewohnte (eben weil die Erhebung geschah) nicht mehr das Selbe, Einstige ist. Da diese Erhebung oder Mutation zur Klarheit auf das Geometrische zielt, also etwas zunächst Gedankliches betrifft, scheint in der Revolutionsphase sogar im Architektonischen das einzutreten, was Hegel formuliert: »daß der Mensch sich auf den *Kopf*, das ist auf den *Gedanken* stellt und die Wirklichkeit nach diesem erbaut[96].«

Die *russischen* Beispiele (Abb. 21 a–n) reihen sich zu einem vergleichbaren Verlauf, doch die ersten Schritte sind ungleich abrupter. Aus dem, was man Stilpluralismus mit exotisierender Würzung nennen kann (a), also Hausbau im bürgerlichen Sinn, aber mit unbürgerlichen Requisiten, erhebt sich unvermittelt jener schiefe Turm (b), der inzwischen zu so etwas wie dem visuellen Zeichen für die Revolution von 1917 geworden ist. Ernstzunehmende Säulen- oder Profilordnungen sind allerdings längst nicht mehr zu überwinden. Aber der Sprung (a–b oder a–c) ist dennoch denkbar groß, er geht von Stein zu Eisen, von Massivem zu Durchsichtigem, von vergleichsweise beider Statischem zu provozierend schräg oder hoch ragend Dynamischem.

Es folgen (c und d) Bauten, die auf derartige Provokationen verzichten, jedoch die »Glorifizierung der Geometrie«, und zwar der »niederen Stereometrie« um so deutlicher wieder aufnehmen: Vorrang eines mächtigen Zylinders hier (d), von reinen Quadern dort (c). Auch im Innenraum (c ') wird diese »Geometrisiertheit« deutlich genug fühlbar gemacht, einerseits durch Auszeichnung der Orthogonalen, andererseits (ähnlich wie in C ') durch eine Überfülle von Licht. Neuartige Wohnbauten (e) dürfen nun ungewohnte dynamische Motive zeigen (z. B. herausragende Segmente von Kreisscheiben), und sie wirken insgesamt wieder wie aus Karton oder weißer Pappe geschnitten. Auf Stelzen hochgehobene Bürotrakte (f) – ohne Kenntnis der Bauaufgabe so schwer zu lesen wie schon (F) es war – suggerieren oder simulieren eine Leichtigkeit des Baus, wie sie gerade durch den Vergleich mit Karton oder Pappe schon mitausgesprochen ist. Daß in dieser Welt aus geometrischer Regularität und scheinbar gewichtsloser Leichtigkeit nicht nur ein hochragender Quader als Gittergeflecht, sondern auch noch eine von der Erde abgehobene, von einem Gitter-Trichter getragene, deshalb schwebend wirkende Kugel (g) auftaucht – das empfindet man nun als Beispiel (G) auch in der ersten Werkreihe aufgetreten ist. Spiegelungen, Variationen zum Kreis- und Kugelthema zeigen (h) und (k), während (i) wiederum rein geometrische Würdeformen aus der Repräsentationszone übernimmt und in die Arbeitszone versetzt.

In (l), (m) und (n) zeigt sich ein Umschwung an, der an den Vorgang in der ersten Werkreihe erinnert: was sich eben noch als reine reguläre Form zeigen durfte, wird jetzt wieder in einen Mantel von Säulen gehüllt, wobei die Anknüpfung an die alte Ordnung entweder als Über-Vergrößerung eines historischen Musters (l), oder als Säulen-Orgie in horizontaler und vertikaler Staffelung (m), schließlich als scheinbar schlichte Variante zum Thema Tempelbau (n) auftritt.

Wieder vollzieht sich – wenn auch gewiß unter reichlich anderer Voraussetzung und unter gänzlich anderem Himmelsstrich – jene ›Erhebung‹ zur Bereinigung, die man sehr wohl im Sinne der Definition Le Corbusiers verstehen darf. Le Corbusier hat ja die oft zitierte Formel geprägt von der Architektur als dem »jeu savant, correct et magnifique des volumes assemblés sous la lumière«[97]. Dabei hat er klargemacht, was er unter »volumes« versteht und wie er diese bewertet: »Les cubes, les cônes, les sphères, les cylindres ou les pyramides sont les grandes formes primaires que la lumière révèle bien ... C'est pour cela que ce sont *de belles formes, les plus belles formes*[98].« Auf diese Formulierungen bezogen ließe sich sagen, daß beide Werkreihen, sowohl A–N wie a–n, ihre Kulmination finden in der Komposition von »grandes formes primaires«.

In der Tat scheinen sich einzelne der herangezogenen Beispiele in den beiden Reihen, obgleich sie über 130 Jahre und Tausende von Kilometern getrennt entstanden sind, beinahe als *antwortende Gegenbilder* zu verhalten – besonders dann, wenn man sie (mit der eben zitierten Optik eines Le Corbusier) auf ihren Geometrie-Gehalt hin betrachtet. Das gilt etwa für (D) und (d), deren gemeinsamer Nenner der Zylinder ist, für (G) und (g), was die Kugel betrifft, für (H), (K) und (h), (k), was Variationen oder Segmente vom Kugelmotiv betrifft. Aber es gilt auch für (N) und (n), was das völlig andere Ziel der Wiederaufnahme von antiken Bautypen betrifft.

Nun ist der Einwand unvermeidlich geworden, daß die beiden Werkreihen eben eine Auswahl darstellen, die vom Autor auf Ähnlichkeiten angelegt ist. Vorgefundene Ähnlichkeit oder arrangierte Ähnlichkeit? Eine vorgefundene Ähnlichkeit erweisen zwei Felder wie die von uns betrachteten Revolutionsfelder erst dann, wenn verschiedene, abweichende Spuren durch sie hindurch ein jeweils deutlich ähnliches Profil ergeben. Mit anderen Worten: die *typischen* Beispiele (zu denen wir etwa C, E, K, L, N und entsprechend c, d, h, k, l, n rechnen) müssen leicht und mehrfach ersetzbar sein. Daß dies der Fall ist, wird sich an später darzustellenden Beispielreihen (Teil V+VI) ablesen lassen. Was aber die markanten Beispiele, das heißt die originalen Formulierungen betrifft etwa (B, D, F, G, resp. b, e, f, g), so muß, wie früher schon gesagt, ihre Auswirkungskraft aufgewiesen werden, und zwar nicht nur die historische, sondern auch die damals aktuelle. Belege hierfür werden sich ergeben.

Ein zweiter Einwand wird die Tatsache betreffen, daß hier zunächst Formen – und lediglich als Formen – verglichen worden sind. Also Endresultate von Arbeitsprozessen, deren Motive, deren Zweck noch gar nicht zur Kenntnis genommen sind. Selbstverständlich muß ein zweiter Blickpunkt, von der Aufgabe her, zum jetzigen Blickpunkt hinzutreten. Doch auch dann wird die Tatsache bestehen bleiben, daß der Architekt – sei es für Unterkünfte, sei es für Zeichen – Körper und Räume bildet, und beider Begrenzung heißt Form. Im selben Grade, wie wir den Schriftsteller beim Wort nehmen, dürfen wir den Architekten bei der Form nehmen. Sie ist, so oder so, sein Produkt, für das er verantwortlich zeichnet, gleichgültig, ob er sich dabei selber als Ingenieur, als Sozialfürsorger oder als Künstler empfindet.

14 Meßbares an den Abläufen

Von den Formen her also zeigt sich deutlich, daß die Entwicklungen und Verwandlungen der Baukonzeption durch die beiden Revolutionszeiten hindurch Vergleichbares, ja sogar einen ähnlichen Prozeß der progressiven Entwicklung, des Umschlags und der konservativen Gegenströmung zeigen. Nun fragt es sich, ob diese mehr oder minder parallelen Abläufe irgendwie gemessen werden könnten, wenigstens in ihren Eck- oder Grenzwerten.

Was die *geometrisierende Tendenz* betrifft, erinnern wir uns zunächst daran, daß Le Corbusier als erstrebenswerteste Formen »les cubes, les cônes, les sphères, les cylindres ou les pyramides« aufzählt. Diese Aufzählung ist nicht systematisiert, obgleich eine Systematisierung innerhalb der »niederen Stereometrie« sehr wohl möglich ist, nämlich dann, wenn man diese Körper einordnet nach den ihnen eigenen Grad an Regularität. Dann ergibt es sich, daß die Kugel als *letzter*, weil nicht mehr überbietbarer Regulärkörper einzustufen ist. Und daran hat sich Le Corbusier übrigens, anders als in der eben zitierten Aufzählung, selber auch gehalten in jener Zeichnung von 1923, in

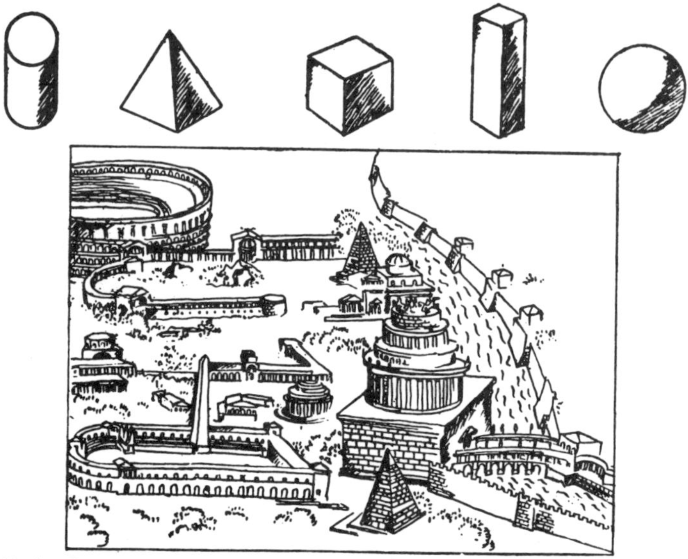

22 Le Corbusier: Skizze von Alt-Rom unter einer Reihe von fünf elementaren Körpern, 1923

der er Alt-Rom auf seinen Gehalt an geometrischer Volumenreinheit hin zu überprüfen versucht (Abb. 22). In dieser Zeichnung beobachtet er, was zwischen Colosseum und Engelsburg wahrzunehmen ist an verkleideten und unverkleideten geometrischen Volumen, wobei er die reinen Formen selber als Reihe über die Stadtskizze setzt, beginnend mit dem Zylinder, endend mit der Kugel.

Was also die geometrische Tendenz betrifft, sind ohne Zweifel die Kugelentwürfe der extreme Fall, und aus der bisher bekannten Gruppe französischer Kugelentwürfe, die ich anderswo zusammengestellt habe[99], wähle ich jene beiden aus, die mir als die eigentlich markanten, repräsentativen erscheinen: Boullées kugelförmiges Newton-Denkmal, datiert 1784[100] und Ledoux' kugelförmigen Andachtsraum im Friedhof für Chaux, undatiert, jedoch auf etwa 1790 anzusetzen[101] (Abb. 23 a, b, 24 a–d, 25 a, b).

Die Extremwerte auf der Gegenseite, der *klassizistischen* Tendenz, treten dort auf, wo sich der Architekt dem alten Vor-

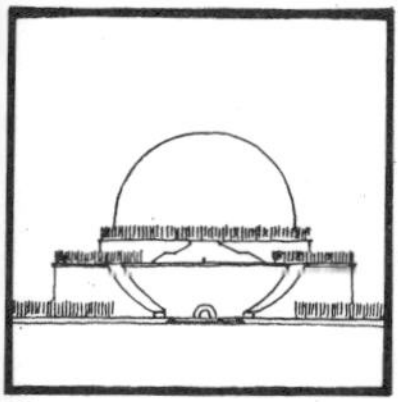
23 a

c

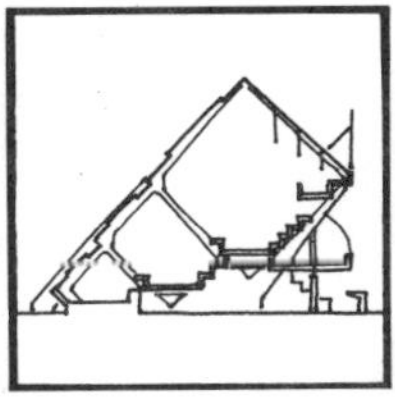
e

g

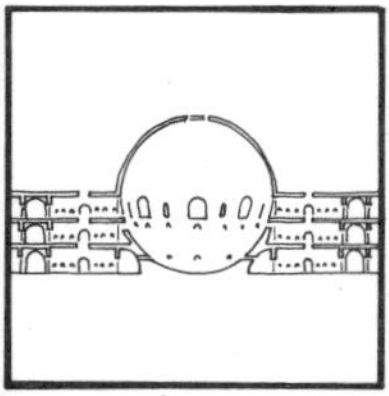
b

d

f

h

24 a

b

c

d

24 a E. L. Boullée: Projekt zu einem Kenotaph (Leergrab) für den Naturforscher Isaac Newton, 1784, Außenansicht bei Mondlicht
b Newton-Denkmal, 1784, Schnitt
c Newton-Denkmal, 1784, Frontalansicht (Modell von M. Sewell, London 1972)
d Newton-Denkmal, 1784, Seitenansicht (Modell von M. Sewell, London 1972)

a

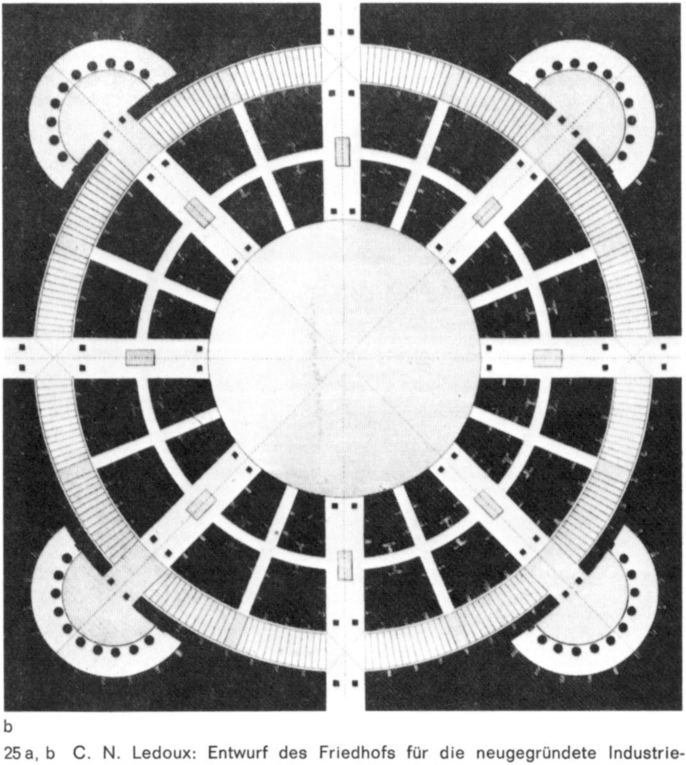

b

25 a, b C. N. Ledoux: Entwurf des Friedhofs für die neugegründete Industriestadt Chaux, nach 1784, Schnitt und Grundriß

c

d

25 c C. N. Ledoux: Entwurf zu einem Wandbild für den Friedhof der Stadt Chaux – die Erdkugel mit Planeten, von unten beleuchtet
d C. N. Ledoux: Kugelförmiges Haus für Flurwächter und Knechte eines französischen Landgutes

bild gegenüber nicht mehr frei variierend verhält, sondern exakt, buchstäblich kopierend. Dieser kopierende Klassizismus, der sein Muster wortwörtlich und als Ganzes nachbilden will, ist in der Tat sowohl nach der französischen wie nach der russischen Revolution aufgetreten.

Einen römischen Triumphbogen und einen römischen Tempel erstmals wortwörtlich nachgebildet zu haben, nämlich als nichts als das und zum selben Zweck – Triumphbogen als Triumph-

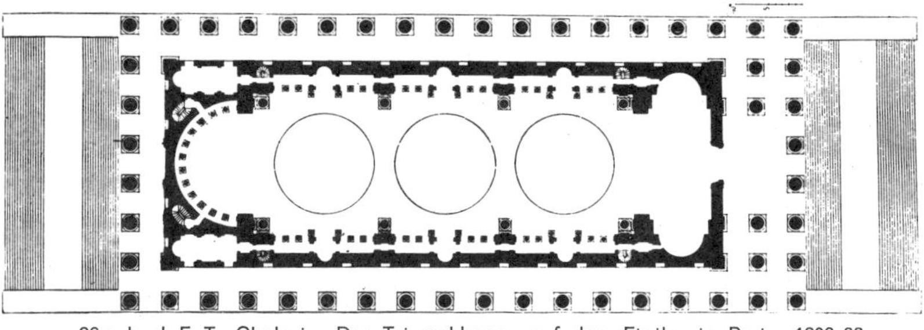

26 a, b J. F. T. Chalgrin: Der Triumphbogen auf der ›Etoile‹ in Paris, 1806–36, Entwurf und Ansicht

27 a, b P. Vignon: Die Madeleine-Kirche Paris, beg. 1807, Ansicht und Grundriß

bogen, Tempel als Tempel –, das scheint der *Ära Napoleons* vorbehalten gewesen zu sein. Verglichen mit der Freiheit, mit der etwa Leon Battista Alberti oder Palladio in der Renaissance das antike Triumphbogenmotiv aufnehmen[102], sind die Architekten des Arc de Triomphe du Carrefour und des Arc de Triomphe de l'Etoile bloße Kopisten, aber auch *bewußte* Kopisten[103] (Abb. 26 a, b). Denn Napoleon leidet insofern einen direkt widerspiegelnden Klassizismus ein, als seine Architekten sich vom jeweiligen Muster nur noch in *einem* Punkte unterscheiden sollen: Sie dürfen größer sein im Maßstab.

Ähnlich wie der Arc de Triomphe de l'Etoile (Abb. 23 c) ein vergrößertes Selbes ist (und nicht eine Variation zum Thema, für andere Zwecke sinngemäß umgewandelt wie bei Alberti und Palladio), ist es auch die ›Madeleine‹ in Paris (Abb. 23 d, 27 a, b), wenigstens in ihrer Außenerscheinung – perfekte Wiederholung des antiken Musters, aber vergrößert. Pierre Vignons Werk – er hatte, auf Anordnung Napoleons, trotz anders lautenden Wettbewerbsergebnissen, die Ausführung der ›Madeleine‹ zugesprochen erhalten – ist von Hautecœur nicht ohne Witz wie folgt bezeichnet worden: »Vignon logeait Caracalla (d. h. die Wölbungen der Caracalla-Thermen) dans la Maison carrée de Nîmes, agrandie à l'échelle de Napoléon«[104]. Also: im Äußeren die ›Maison carrée‹, im Inneren die Thermen, aber beides auf jenen Maßstab gebracht, der allein Napoleon zu genügen vermochte.

Von der Typengeschichte her gesehen, ist es deshalb möglich zu sagen: die als *binäres Feld* betrachtete französische Revolutionszeit von etwa 1770–1820 bringt als Extremtypus in der progressiven Phase den Kugelentwurf hervor (Boullées Newton-Denkmal 1784, Ledoux' Friedhof für Chaux, wenige Jahre später); als Extremtypus in der konservativen Phase bringt sie vollständige, nicht variierte, nur vergrößerte Wiederholungen antiker Muster hervor (Arc de Triomphe de l'Etoile 1806 beg., La Madeleine, 1807 beg.).

Beobachtet man die russische Revolutionszeit aus dem selben Aspekt, so taucht als Extremtypus in der *progressiven* Phase ebenfalls ein Kugel-Entwurf auf: Leonidows kugelförmiges,

28 a I. I. Leonidow: Projekt zum Lenin-Institut (Landes-Bibliothek) in Moskau, 1927 (Modell London 1971)

von der Erde abgehobenes Auditorium für die Zentralbibliothek des Landes (sog. Lenin-Institut) aus dem Jahr 1927 (Abb. 23 f. und 28). Es ist durchaus denkbar, daß weitere Kugelentwürfe aus dieser Zeit bestehen, jedoch nicht bekannt geblieben sind. Jedenfalls gibt es manche Arbeit, die sehr nahe an den Kugelgedanken herankommt, beispielsweise A. Nikolskis Badeanstalt für Leningrad (Abb. 29) mit ihrer puren gläsernen Halbkugel oder A. Grinbergs Theater für Nowosibirsk (Abb.

28 b Gesamtansicht Lenin-Institut 1927. V.l.n.r.: Arbeitsräume, Geleise der Hochbahn, Hochhaus mit Bücherdepot, dahinter Bahnstation, Kugelhaus als Auditorium und Planetarium, Beamtenhäuser

c ›Koordinatenkreuz‹ der Bibliotheksgebäude und (l.) der Hochbahn-Station

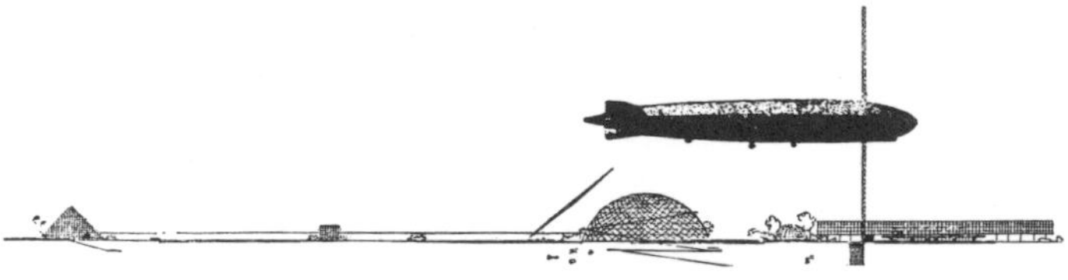

28 d I. I. Leonidow: Wettbewerbsentwurf für einen ›Kulturpalast‹, Moskau 1930, eingeteilt in vier Zonen (v. l. n. r.): 1. Leibesübungen, mit Pyramide als Trainingshalle; 2. Massenaufmärsche, mit Quaderbau; 3. Sportwettkämpfe in gläsernen Halbkugeln; 4. wissenschaftl. Forschung im Längsblock auf Stützen

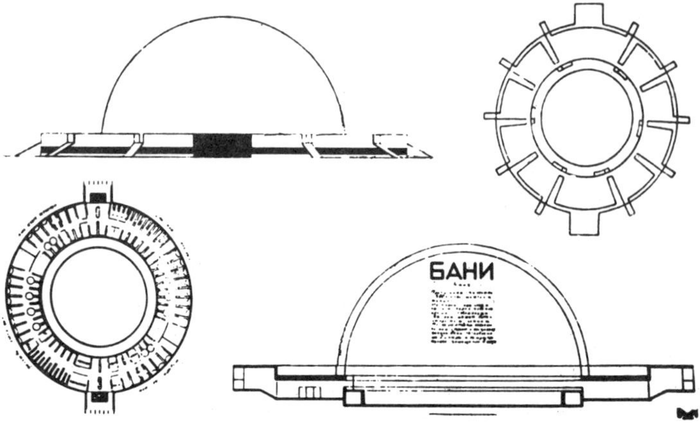

29 Atelier A. Nikolski: Badeanlage mit Glaskuppel für Leningrad (Projekt)

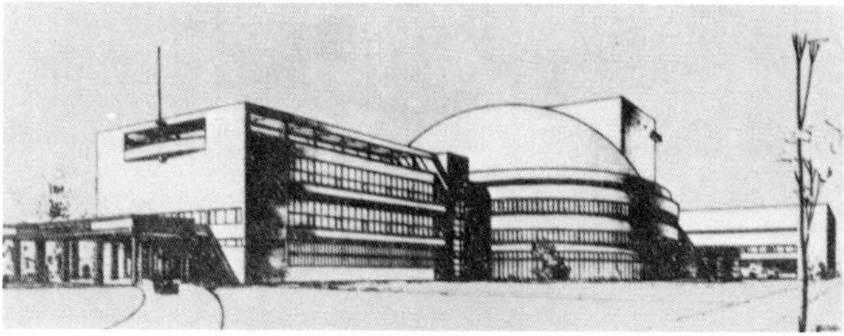

30 A. Grinberg: Theater für Nowosibirsk, 1928 (Projekt)

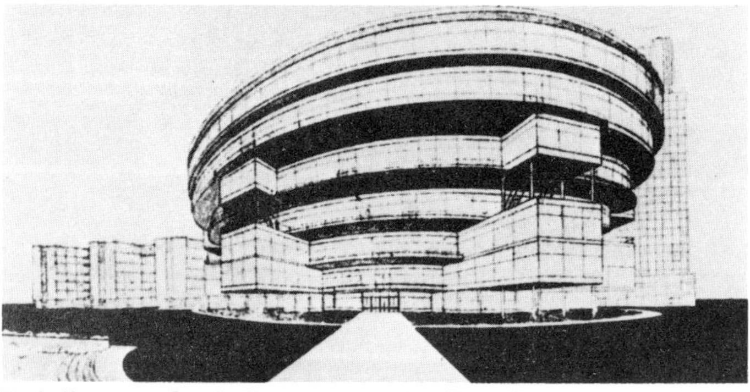

31 L. Komarowa: Sitz der Komintern in Moskau (Projekt)

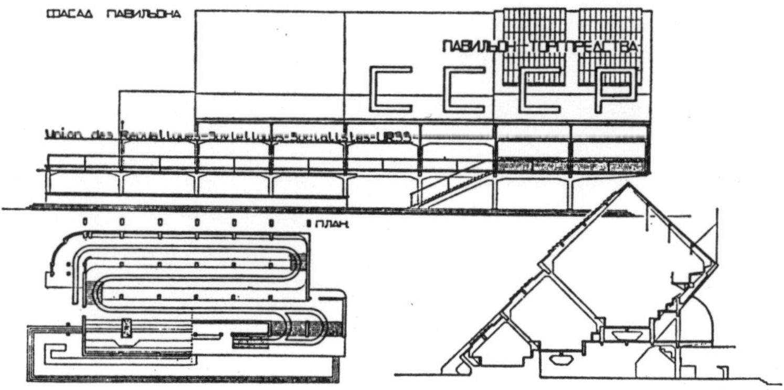

a

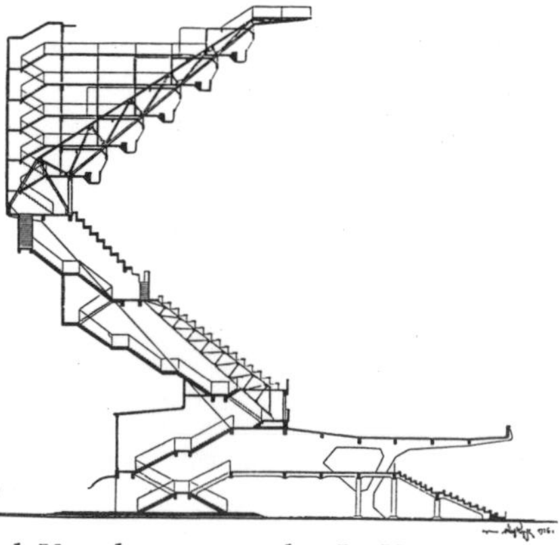

b

32 a M. Korgjew: Ausstellungsgebäude der russischen Handelsvertretung in Paris, Seitenansicht, Grundriß und Querschnitt
b M. Korgjew: Schnitt durch die Zuschauertribüne eines Stadions für Moskau, 1928

30) mit seinen Kreis- und Kugelmotiven oder L. Komarowas Moskauer Verwaltungsbau der Komintern (Abb. 31) mit seinen ›überhängenden‹ Kreisscheiben. Wir geben den Vorzug einer doch wohl eher unerwarteten Annäherung an die ›letzte Konsequenz‹ – dem Würfel, der auf eine Kante gestellt ist (Abb. 23 e). Dieses Motiv hat M. Korgjew als Hauptmotiv eingesetzt für seinen Messepavillon der Pariser Handelsvertretung (1927) (Abb. 32) – wie mir scheint ein zuverlässiger Beleg dafür, daß Leonidows schwebende Kugel damals nicht einfach ein isolierter Einfall war, sondern der letzte Schritt in einer von vielen beschrittenen Richtung. Gerade dies ist übrigens von wachen Zeitgenossen sogleich wahrgenommen worden. Die

erste Gesamtdarstellung der russischen Revolutionsarchitektur, Lissitzkys ›Rußland: Architektur für eine Weltrevolution‹ (1929), bildet Korgjews auf die Kante gestellten Würfel bereits schon neben Leonidows schwebender Kugel ab und bezeichnet ihn als »gesunden Kern für den heutigen Tag«, mit dem man sich vorderhand begnügen müsse, der aber zeige, was an künftiger »physisch-dynamischer Architektur« noch zu erwarten sei[105].

In der *konservativen* Phase sind die extremen Typen nicht etwa von den Architekten der Moskauer Hochhäuser, beispielsweise von L. W. Rudnew, geschaffen worden, sondern von J. W. Sholtowski. Als hätte Sholtowski die Aufgabe übernommen, den kopierenden, unverändert widerspiegelnden Klassizismus unter Napoleon 120 Jahre später erneut ins Leben zu rufen, gelingt es ihm, nach dem für ihn günstig verlaufenen Wettbewerb um den Sowjetpalast 1932, wenigstens zwei Bauten (Abb. 23 g, h) als wörtliche, kaum variierte Kopie nach einem von ihm verehrten Meister nachzubilden. Dieser Meister ist Andrea Palladio, der oberitalienische Renaissance-Architekt. Sholtowski

a

b

33 a, b I. W. Sholtowski: Wohnhaus bei der alten Universität Moskau (jetzt Intourist-Ministerium), 1933, mit Detailaufnahme

a

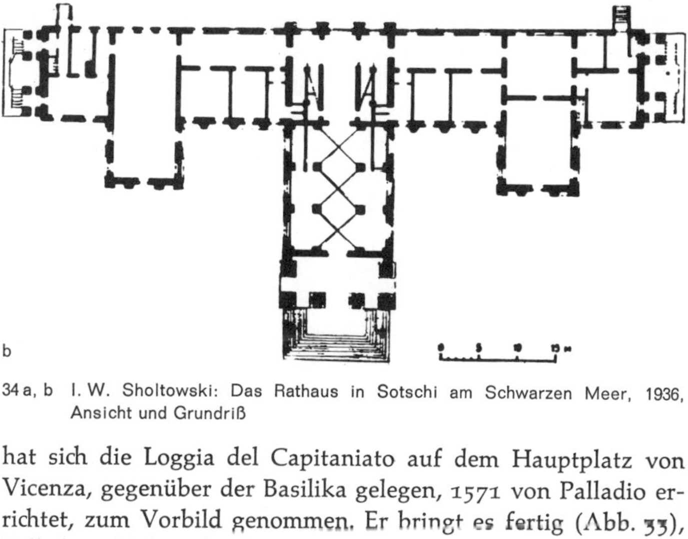

b

34 a, b I. W. Sholtowski: Das Rathaus in Sotschi am Schwarzen Meer, 1936, Ansicht und Grundriß

hat sich die Loggia del Capitaniato auf dem Hauptplatz von Vicenza, gegenüber der Basilika gelegen, 1571 von Palladio errichtet, zum Vorbild genommen. Er bringt es fertig (Abb. 33), Palladios Kolossalsäulen mit darübergelegtem verkröpftem Gebälk, vorspringender Platte mit Zahnschnittfries und Balustradenkrönung nach Moskau auf den Manegeplatz gegenüber der Kremlmauer zu verpflanzen. Dabei hält er sich exakt an das Detail – mit der einzigen Ausnahme, daß Palladios Arkadenbogen bei ihm nur einmal, in der Mittelachse auftritt – und er vermag dennoch, Palladios drei Geschosse in sieben Geschosse zu verwandeln. Sholtowskis ›Intourist‹-Gebäude, 1933–34 realisiert, ist eine proportionsgerechte Vergrößerung des Musters aus Vicenza – und hierin im Prinzip verwandt mit jener Vergrößerung des römischen Triumphbogens, die Chalgrin von 1806 an für den Arc de Triomphe de l'Etoile (Abb. 23 c) in Paris deshalb zu konzipieren wagt, weil Fontaine zum Kaiser gesagt hatte: »Dans une situation aussi élevée, il était de toute nécessité que ce monument fût d'une grandeur colossale.«[106]

Zwei Jahre später, 1936, erstellt derselbe Architekt das Rathaus in Sotschi am Schwarzen Meer (Abb. 23 h und Abb. 34), vielleicht das reinste Beispiel dessen, was russischer Klassizismus im 20. Jahrhundert nach rückwärts zu träumen wagt. Sholtowski begnügt sich hier nicht mit Lieblingsmotiven Palladios. Vielmehr greift er zurück bis in die römische Antike. Denn er setzt mehrfach jene Sonderform von Giebel und Gebälk ein, die in der Mittelpartie zurückversetzt ist, also die Frontebene durchbricht. Derartige durchbrochene Giebel waren ein Vorzugsmotiv im sogenannten antiken Barock, und zwar vor allem im großen Heiligtum der orientalischen Zone des römischen Imperiums, in Baalbek (Bacchus-Tempel). Sholtowski stützt sich somit auf Vorbilder, die geographisch Südrußland am nächsten liegen. Seine Mischkomposition aus Palladio-Motiven und Baalbek-Motiven ist auch in den Dimensionen historisch, d. h. sie wirkt wie das Modell 1 : 1 eines antiken Musters[107].

Versuchen wir nun, diese Grenzwerte in ein Koordinatensystem einzutragen (Abb. 35), so gibt sich für beide Revolutionsepochen ein *vergleichbarer Ablauf*.

35

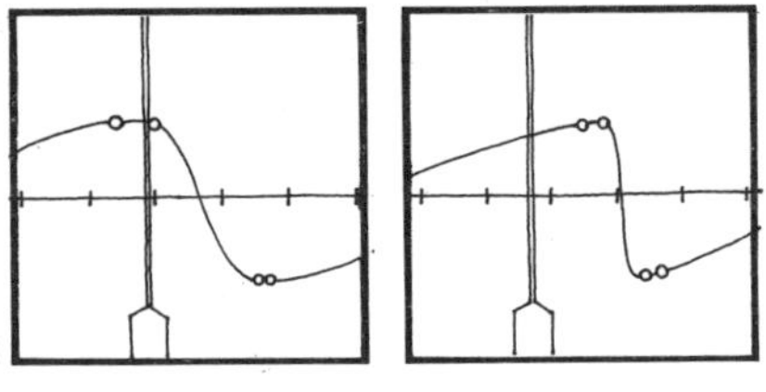

Der Aufsteigerung bis zu möglichst ›letzten‹ *stereometrischen Reinheiten* folgt sowohl im französischen wie im russischen Fall ein *Umschwung*, der seinerseits im kopierenden *Klassizismus* seine Gegen-Kulmination findet.

Die beiden Verläufe unterscheiden sich in zwei Eigenheiten. Erstens ist der Umwandlungsprozeß in Frankreich langsamer und nuancenreicher, in Rußland ungleich brüsker. Zweitens entwickeln sich in Frankreich die Extremformulierungen der Architekturrevolution noch *vor* dem politischen Stichjahr 1789, während die parallele Entwicklung in Rußland insgesamt erst *nach* dem politischen Stichjahr 1917 vor sich geht.

15 Kalt und warm – utopisch und topisch

Dieser Versuch, das Meßbare an den beiden Geschichtsverläufen wenigstens in den Daten der Grenzwerte faßbar zu machen, ruft nach einem Kommentar. Zweimal treten extreme Geometrisierungen auf; zweimal schwingen sie um in Klassizismen. Beidemal tritt der Kontrast der körperlichen und räumlichen Erscheinung nahezu wie ein Weiß-Schwarz-Kontrast auf, präsentiert sich wie ein binäres Feld. Zur Kennzeichnung dieser Polarisierung konnten wir uns nicht auf so wohlbekannte Kontrastbenennungen wie ›klassisch – romantisch‹, ›Renaissance – Barock‹ oder ähnliches beziehen; vielmehr mußten wir uns mit der Unterscheidung ›geometrisierend – klassizierend‹ zu helfen suchen. Diese Unterscheidung gehört nicht zur gewohnten Terminologie der Stilgeschichte, doch sie drängt sich von der Sache her auf.

1. Da indessen nicht nur im Kopf gedachte, sondern mit den Händen gebildete, sichtbare und betastbare Phänomene zur Diskussion stehen, ist es nötig, daß der Kommentar von der Sinneserscheinung ausgeht und sich an die sinnlichen Qualitäten hält, die zur Ausprägung gelangen.

Was die Extremstufen der beiden Revolutionsarchitekturen angeht – wir halten uns wieder an Boullées Newton-Denkmal 1784 und an Leonidows Lenin-Institut 1928 (Abb. 28) –, so scheinen die Eigenschaften der *Kälte*, wohl auch der *Härte* das Wahrnehmungsbündel zu dominieren. Es kann nicht ein Zufall sein, daß der Kunstkritiker des ›Guardian‹ seine Rezension der

Ausstellung ›Neo-Classicism‹ in London 1972 unter den Titel ›*The cold stars*‹ setzt[108]. Dabei nimmt er Bezug auf Baudelaire, der den Maler Jacques-Louis David als »étoile froide« bezeichnet hat[109]. »Kalter Stern« als Klammerbezeichnung für den Künstler *und* sein Werk, das gilt nicht nur für David als Maler, dessen Zeitgenossen Boullée und Ledoux als Architekten – das läßt sich auch übertragen auf die Futuristen, Suprematisten, Konstruktivisten der Russen.

Die ›Kälte‹ von Boullées Kugeldenkmal hat ihre doppelte Begründung in der geometrischen Perfektheit der Form und im Schneeweiß oder Mondweiß der Farbe (Abb. 24 c) – ›lebendig‹ in einem wärmenden oder atmenden Sinne ist diese Architektur nicht, und sie will es offensichtlich auch nicht sein. Denn sonst hätte ja nicht Boullée sein Kugelprojekt in der prägnantesten Darstellung (Abb. 24 a) als Nacht-Szene gegeben, das Monument unter ziehenden Wolken bei fahlem Mondschein, der eisiges Licht auf die Kugelkalotte wirft.

Ähnliches gilt von Leonidow: Seine in die Schwebe gehobene Kugel und der daneben aufragende Quader haben dieselbe kalte Perfektheit wie Boullées Konzept, nur sind seine Materialien womöglich noch kälter: Metall und Glas (Abb. 28). Diese beiden Materialien – als der »ganz besondere Stoff« der Bauweise des 20. Jahrhunderts – haben die Fähigkeit zur Transparenz und zum Reflex, das heißt, sie lassen Licht entweder widerstandslos durchtreten oder werfen es spiegelartig zurück. Womit gesagt ist, daß auch sie wie mondartige Körper wirken, in dem Sinne nämlich, daß sie nicht selber strahlen, sondern fremde Strahlung bloß reflektieren. Denn der perfekte geometrische Metall- und Glas-Körper wirkt auf die Sinne als unveränderbar kalt, selbst wenn er unter wärmstem Licht steht und dieses gleißend zurückwirft. Wobei für Leonidow dasselbe gilt wie für Boullée: diese Wirkung ist offensichtlich gewollt, sie ist Teil des architektonischen Wirkungskalküls.

Wendet man sich den Extremstufen der Gegenbewegung zu, die in beiden Fällen Klassizismus heißt, so ist man zunächst versucht, den ›Arc de Triomphe‹ oder die ›Madeleine‹ ebenso wie Sholtowskis Intourist-Gebäude 1933 als vergleichsweise

›wärmer‹ zu bezeichnen. Denn sie tragen die alte Säulenordnung zur Schau, führen also mit sich oder versuchen zumindest heraufzubeschwören alles das, was im antiken Muster an Lebendigkeit, an Menschenmaß in der Säulenproportion, an Pflanzenstilisierung im Pflanzenkapitell mitenthalten war. Nun wird aber niemand leugnen, daß derartige Neoklassizismen jene oft erwähnte, oft kritisierte ›kalte Pracht‹ der späten Wiederholung darstellen im Vergleich zu den mediterranen Urbildern. Was bedeutet, daß die Kontrastierung kalt–warm nicht voll gelingen will: es handelt sich nur um eine relative Unterscheidung, nicht um eigentliche Polarität. (Dasselbe gilt für die Malerei, besonders deutlich in der Französischen Revolutionszeit: der Revolutionsmaler David ist zwar, wie Baudelaire sagte, der ›kalte Stern‹, doch dem Klassizisten Ingres wird deswegen noch niemand die Sinneswirkung der Wärme zubilligen, erst Delacroix, der Romantiker, kann diese Eigenschaft wirklich beanspruchen, sowohl nach Kolorit wie nach Komposition.)

Wir müssen also, um den Kontrast fassen zu können, andere Zonen der Sinneserscheinungen beiziehen (Abb. 36 a–d):

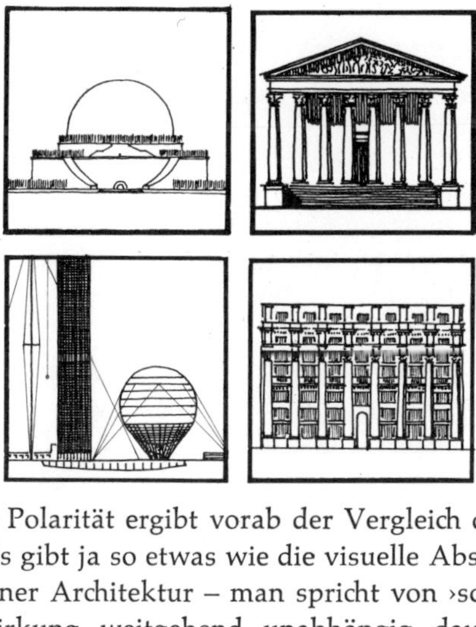

36 a b c d

Eine klare Polarität ergibt vorab der Vergleich des optischen Gewichtes. Es gibt ja so etwas wie die visuelle Abschätzung des Gewichtes einer Architektur – man spricht von ›schwerer‹ oder ›leichter‹ Wirkung weitgehend unabhängig davon, ob eine solche Differenz in Tonnen der Baumasse auch nachweisbar wäre oder nicht. Boullées und Leonidows Bauten wirken leicht, ja sie tendieren sogar auf jenen besonderen Grad an Leichtigkeit hin, den man als Schweben bezeichnet. Bei Boullée soll die Kugel so wirken, als ob sie den Erdboden nur noch in einem Punkt berührte – zwar bloß eine visuelle Suggestion, aber damit doch ein eindeutiges Postulat zu neuartigen Gewichtsverhältnissen. Bei Leonidow wird dieses Postulat der nahezu schwebenden Leichtigkeit nochmals gesteigert, erstens durch das visuell so leicht wirkende Material Glas, zweitens mit dem Versuch, durch einen Gittertrichter die Kugel ganz vom Boden abzuheben.

Im Gegensatz zu dieser Tendenz auf Leichtigkeit will der klassizierende Bau, ob der Architekt nun Chalgrin, Vignon oder Sholtowski heißt, das Gewicht seiner Körper voll zur Geltung bringen (als Extremfall das brutal Massive des Arc de Triomphe de l'Etoile!) und das Stück Land, das er besetzt, auch als besessen, als Besitz, deklarieren.

So ergibt sich ein Kontrast der Sinneserscheinung, der sowohl für 1789 (und dessen Umschlag) wie für 1917 (und dessen Umschlag) gilt. Er läßt sich zunächst fassen als Gegensatz zwischen:

kalt	–	warm
hart	–	weich
leicht	–	schwer

Versucht man, derartige elementare Unterscheidungen zu differenzieren und als Ableitungen aus je einem bestimmten Assoziationsbereich zu verstehen, so ergibt sich der Kontrast als:

geometrisch	–	figürlich
abstrahierend	–	stilisierend
(stereometrisch)	–	(biomorph)

denn die eine Architektur ist durch und durch dem Denken und Vorstellen des Geometers verpflichtet und sucht sich ihm anzunähern, während die andere ihr Vorbild in den Gegebenheiten der Pflanze und des menschlichen Körpers findet, wobei sie sich diesen beiden Formenwelten gegenüber nicht eigentlich abstrahierend, sondern schematisierend oder stilisierend verhält[110].

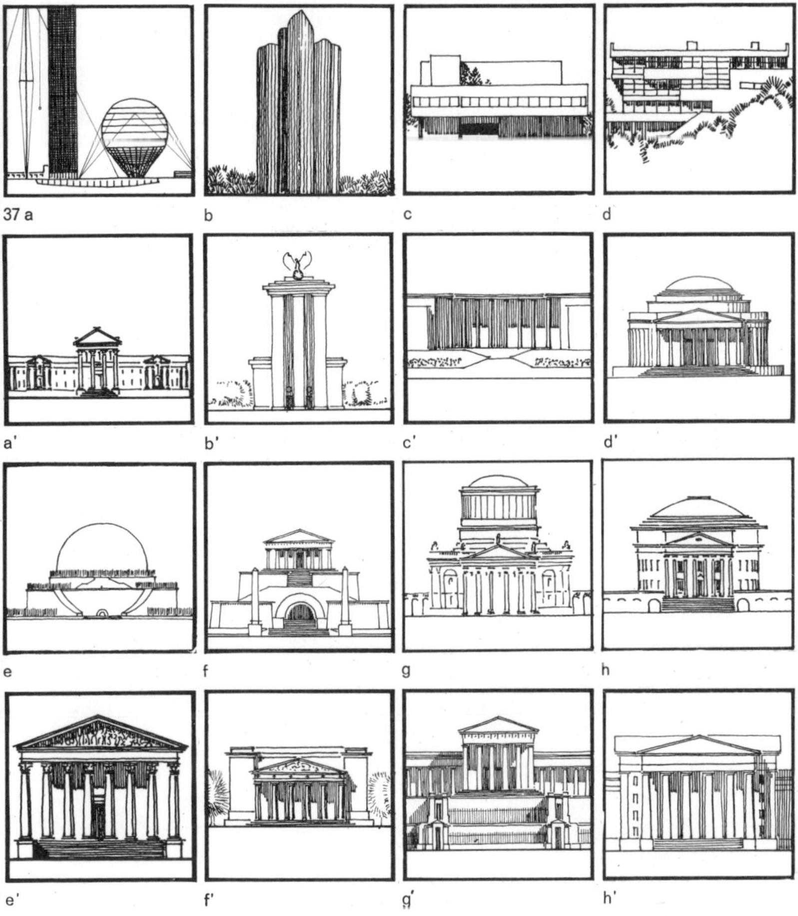

2. Die Tendenz zur Geometrisierung und der darauf folgende Umschwung in klassizistische Formen sind indessen nicht einfach regionale Ereignisse, die auf den engeren Umkreis des Revolutionsherdes beschränkt sind. Vielmehr ist eine gesamteuropäische Ausweitung des Phänomens zu beobachten, und diese reicht überdies bis nach Nordamerika herüber. Einige ausgewählte Beispiele (Abb. 37) belegen, daß derselbe Kontrast quer durch dieses weite Gebiet hindurch geht, zwar verschieden deutlich artikuliert, aber doch als echter, keineswegs nur als scheinbarer *Konzeptionswechsel* der Bauweise: die Materialwahl wird anders, die Symmetrieauffassung wird anders, Wand und Öffnung, »le plein et le vide«, die Proportion, die Lichtführung, der Bodenbezug, das optische Gewicht, die ›Wärme‹ oder ›Kälte‹, die ›Härte‹ oder ›Weichheit‹ werden anders – gleich bleibt sich einzig der jeweilige Stand der konstruktiven und rechnerischen Kenntnis, doch selbst er wird von den zweierlei Architekten auf zweierlei Art ausgeschöpft oder beansprucht.

Der Kontrast, wie er für Rußland (a) so deutlich wird im Gegensatz zwischen Leonidow 1928 und Sholtowski 1935 wiederholt sich (b) in Deutschland (Mies van der Rohe 1921 – Albert Speer 1937), (c) in Frankreich (Le Corbusier 1928 – Dondel u. a. 1937), (d) in Nordamerika (Neutra 1927 – Pope 1937)[111].

Eine entsprechende Beobachtung läßt sich machen für die Epoche des amerikanischen Unabhängigkeitskrieges (1775/76) und der französischen Revolution (1789). Ähnlich wie in Frankreich (e) Boullée 1784 gegen Vignon 1806 kontrastiert, setzen sich voneinander ab: in Deutschland (f) der geometrisierende Gilly (1796) gegen seinen klassizistischen Schüler Schinkel (1815–18); in Großbritannien (g) der geometrisierende James Gandon (1776–96) gegen den Klassizisten Thomas Hamilton (1825); in Nordamerika (h) der geometrisierende Jefferson (1817–26) gegen den Klassizisten W. Clarke (1837).

Das sind Beispiele. Sie könnten durch manche andere Namen und manche andere Werke ergänzt und bestätigt werden. Der Blick auf das Ganze dieser Zusammenstellung (Abb. 37) dürfte erkennbar machen, daß die Kontraste von 1917 härter und konsequenter aufeinandertreffen als jene von 1789. Im 20. Jahrhundert erscheinen beide ›Sprachen‹, die geometrisierende und die klassizistische, voll ausgewachsen, voll artikuliert, und ihr Gebietsanspruch scheint von Moskau über Berlin und Paris bis hinüber nach Los Angeles zu reichen.

Im 18. Jahrhundert dagegen ist der Kontrast nicht so hart und nicht so konsequent. Eine eigentliche Polarisierung scheint nur in Frankreich (e) zustande gekommen zu sein, während in Deutschland (f), Großbritannien (g) und Nordamerika (h), das heißt in unseren Beispielen von Friedrich Gilly über James Gandon bis zu Thomas Jefferson, der Anspruch auf geometrisierte Außenerscheinung stufenweise zurücktritt und bei Jefferson ganz zurückgenommen wird auf den Innenausbau, der dann allerdings – wie beim altrömischen Pantheon – doch wieder unter dem geometrisch extremen Gebot der Kugelform steht.

Und doch sind alle drei Architekten eindeutige Geometristen, die in ihrem Land jene Rolle spielen, die in Frankreich von Boullée und Ledoux – allerdings dort kühner, freier und unbefangener zugleich – gespielt worden ist. Friedrich Gilly ist der extreme ›Ägypter‹ innerhalb Deutschlands, wenn er auch gleich schon eine Synthese schaffen will aus Ägyptischem, Griechischem und Römischem. James Gandon hat in Dublin die geometrische Strenge von Block und Zylinder in einem Maß realisiert, daß die klassizistische Hülle wirklich nur noch aufgesetzter, entbehrlicher Schmuck und bloße Andeutung ist. (Sir John Soane in London hat diese Strenge höchstens in Innenräumen, etwa bei der Bank of England, John Nash hat sie nur in Details.) Thomas Jefferson schließlich, der bauende dritte Präsident der Vereinigten Staaten, war eindeutig genug Schüler der Franzosen (nachweisbar auch von Boullée), um sein Pantheon-Thema (h) nicht als antiquarisches, sondern als geometrisches Ereignis aufzufassen.

3. Mag somit die Kontrastreihe von 1789 von einer weniger artikulierten, weniger zugespitzten Polarisierung zeugen im Vergleich zu jener von 1917, so zeigen doch beide einen Verlauf durch verschiedene europäische Länder hin – immerhin von Rußland bis Nordamerika –, der als Wiederholung gelesen werden kann. Und eine Wiederholung eines binären Prozesses von diesem Ausmaß läßt bald genug die Vermutung aufkommen, es sei so etwas wie ein erkennbares, erfaßbares Gesetz im Spiel.

Wiewohl der Historiker sehr wohl weiß, daß die Geschichte nicht von wirklichen, exakten Gesetzmäßigkeiten bestimmt wird, sondern von Tendenzen und höchstenfalls von ähnlichen Verläufen, bleibt der Tatbestand einer Wiederholung für ihn doch eine Faszination. Seit Heinrich Wölfflin vor bestimmten Veränderungserscheinungen (des 15. bis 17. Jahrhunderts) gefragt hat: »Gelten diese Begriffe auch für die antike Entwicklung? Hat die Renaissance den Gang der antiken Entwicklung wiederholt? Hat sich das gleiche Phänomen zweimal in der Kunstgeschichte abgespielt?«[112] – seither hat die Aufmerksamkeit für »das gleiche Phänomen zweimal?« nicht ausgesetzt.

Die Erklärung für dieses Interesse ist einfach. In dem Augenblick, wo auch nur eine einzige Wiederholung erkennbar wird, erscheint das Nur-Veränderliche, Nur-Wandelbare in seiner Blindheit gebannt. Das blinde Tosen des Flusses kann als Strömen, als Welle erkannt, vielleicht sogar in seinem Rhythmus gemessen werden.

Das Beobachten von Wiederholungen ist ein bescheidenes Unterfangen im Vergleich zum scheinbar unbegrenzten Erkenntnis-Optimismus des 19. Jahrhunderts, in dem es möglich war zu glauben, daß nicht nur »das Gesetz der Entwicklung der organischen Natur« erkannt werden könne und erkannt worden sei – nämlich durch Charles Darwin. Daß überdies auch »das Entwicklungsgesetz der menschlichen Geschichte« erkannt werden könne und erkannt worden sei – nämlich durch Karl Marx. So jedenfalls sah es Friedrich Engels[113], und wenn auch Marx selber wohl diese simple Gewißheit nicht quittiert hätte – so war er doch überzeugt, daß »eine Gesellschaft dem Naturgesetz ihrer Bewegung auf die Spur« kommen könne[114].

Es kann nicht unsere Aufgabe sein, hier diskutieren zu wollen, bis zu welchem Grade Charles Darwin »das Gesetz der Entwicklung der organischen Natur« tatsächlich erkannt und bis zu welchem Grade Karl Marx »das ökonomische Bewegungsgesetz der modernen Gesellschaft« tatsächlich oder scheinbar »enthüllt« habe[115].

Hingegen sind wir uns bewußt, daß die Versuchung, derartige Gesetze zu erspüren und zu erkennen – auch dann, wenn das letztlich Unmögliche dieses Vorhabens klar erkannt wird –, zu den nie ganz zu unterdrückenden Versuchungen gehört. Der

Mensch wird nach Gesetzen fragen, er wird den Schleier lüften wollen. So wird er auch die Frage nicht lassen, ob die *Architektur* dieser Gesellschaft – in ihrer dreifachen Ausprägung als Unterkunft, als Wegnetz und als Zeichensystem – allenfalls doch Anzeichen oder Ansätze zu einer Gesetzmäßigkeit zu erkennen gebe. Dabei läßt sich auf »das gleiche Phänomen zweimal?« verweisen, wie es sich für die Wölfflin-Schule am Wandlungsprozeß Renaissance–Barock (›linear‹–›malerisch‹) und dessen Vorwegnahme in der Antike verdeutlicht[116]. Und wie es für uns, an allerdings gänzlich anders gearteten Geschichtsphasen, nämlich an den beiden Revolutionsarchitekturen und deren Wenden, sichtbar wird.

4. Auch wer nicht in der Lage ist, »Gesetze selbst«, die sich »mit eherner Notwendigkeit« durchsetzen[117], zu erkennen und zu beschreiben, sondern nur auf Wiederholungen hinzuweisen vermag, der muß sich nun die Frage stellen, welche Instanz oder welche Kraft derartige Wiederholungen zu bewirken vermöge. Im Gebiet der Kunst- und Architekturgeschichte sind derartige Prozesse zumeist auf dieselbe Art begründet worden, nämlich als »Problem der Generationen« oder Zwang der Generationszugehörigkeit. Innerhalb dieser »Generationenlehre« lassen sich vorab zwei Varianten unterscheiden, diejenige von Wilhelm Pinder und jene von Heinrich Wölfflin. Pinder sieht die Generationenstaffelung unter der Leitvorstellung eines biologischen Verlaufes, der den einzelnen unbewußt dazu zwinge, zusammen mit seiner Generation je nach Lage einen Frühstil, eine klassische Ausprägung oder einen Spätstil mitzubewirken[118]. Wölfflin unterstützt diese Leitvorstellung, wenn er sie auch nicht ›biologisch‹, sondern eher archetypisch begründet – und gerade dies, die Vorwegnahme einer Art von Archetypen-Lehre, die erst später in der Psychologie explizit formuliert worden ist, mag ein Grund zu Wölfflins nachhaltigem Ruhm sein. Sein Konzept hat er selber so zusammengefaßt: »Jeder Künstler findet bestimmte ›optische‹ Möglichkeiten vor, an die er gebunden ist. Nicht alles ist zu allen Zeiten möglich. Das Sehen an sich hat seine Geschichte«[119]. Er begründet somit diese

Bindung an die Entwicklungsstufe mit tiefliegenden, dem einzelnen Menschen unbewußten ›Sehformen‹ oder ›Vorstellungsformen‹, die ihre eigene Gesetzlichkeit haben und die schaffende Hand führen, genauso, wie sie das wahrnehmende Auge in seiner Wahrnehmungsweise bestimmen, oder besser: vorbestimmen.

Man kann diese beiden wichtigsten Varianten der Generationenlehre zusammenfassen unter dem gemeinsamen Nenner der ›Zeitgeist‹-Theorie, die Michael Landmann in ihrem Zustandekommen und in ihren Verästelungen sorgsam beschrieben hat[120]. Zu Wölfflins Lehre, daß »das Sehen *an sich* ... seine Geschichte« habe, sagt Landmann: »Innerhalb der Kunstgeschichte ... hat Wölfflin zwar bereits den Fortschritt gebracht, daß er die Veränderungen der Stile nicht mehr auf technisch handgreifliche, sondern auf Veränderungen unseres Stilempfindens zurückgehen läßt. Allein dieses Stilempfinden ist für ihn zunächst etwas rein Optisches: verschiedene Formen des Sehens lösen einander ab. Und daß sie einander ablösen, das geht sogar nicht einmal so sehr vom Menschen aus, sondern beruht auf immanenten Entwicklungsnotwendigkeiten der Stile selbst: auf einen plastischen *muß* ein malerischer Stil folgen. Die Stile entwickeln sich sozusagen ohne Zutun der Menschen, sie selbst sind es, die im ›Auge‹ die ihnen jeweils korrespondierenden Sehensformen auslösen. Demgegenüber hat schon Dehio gewußt, daß die Menschen nicht so sehen *mußten*, sondern so sehen *wollten*[121].«

5. Wie weit wird nun die Zeitgeist-Theorie mit ihren ›Sehformen‹ und ihrer Generationenbindung von der Beobachtung einer Wiederholung, die unser Thema ist, bestätigt oder in Frage gestellt? Folgen wir dieser Theorie, so ergibt sich die Annahme, daß die »Grenzen ... die durch das Datum der Geburt gesetzt sind« und die eigenständige, unbewußte ›Vorstellungsform‹ oder ›Sehform‹ der Epoche die Architektengenerationen bestimmen, demzufolge beispielsweise nicht nur die geometrisierende Phase, sondern auch den Umschlag in den Klassizismus begründen. Auf das Beispiel Rußland 1917 angewendet (Abb.

37 a), bedeutet das, daß auf die Generation eines Leonidow mit geometrischem ›Auge‹ jene eines Sholtowski mit klassizistischem ›Auge‹ folgt. Prüft man aber nun die Geburtsdaten nach, so ergibt sich eine Umkehrung unserer Erwartung: Leonidow ist 1902 geboren, Sholtowski aber, der erst *nach* Leonidow zum Zuge kommt und maßgebende klassizistische ›Gegenbilder‹ zu Leonidows Avantgarde-Konzeption errichtet, ist nicht weniger als drei Jahrzehnte *vor* ihm, nämlich 1867 geboren[122].

Diese Umkehrung der Erwartungen läßt sich aus einfachen Tatbeständen des sowjetischen Revolutionsablaufs erklären: »Die Initiatoren und prinzipiellen wie praktischen Wegbereiter« des Umschwungs in den Klassizismus waren »infolge ihrer größeren Erfahrung die älteren Architekten«[123]. Verallgemeinert: der russische Konstruktivismus, der weitgehend Entwurf blieb, ist insgesamt eher die Leistung einer jüngeren Generation; der darauffolgende Klassizismus, der über den Entwurf hinaus zu vielfältigen Realisierungen kam, ist insgesamt eher das Werk nicht der Söhne, sondern der *Väter* der Revolutionsarchitekten. Wir haben es also durchaus nicht mit einer ›natürlichen‹ oder gar ›biologisch‹ zu verstehenden Entwicklungsstaffelung zu tun, sondern mit einer geradezu reziproken Abfolge. Vor diesem Tatbestand kann die Theorie der Generationenlehre und der Vorstellungsform zumindest nicht eine voll zufriedenstellende Erläuterung bieten. Zwar gilt weiterhin Wölfflins Lieblingssatz: »Nicht alles ist zu allen Zeiten möglich«[124], doch nun mit dem Zusatz: aber zu gewissen Zeiten scheint zumindest zweierlei möglich. Das heißt, es meldet sich der Verdacht, daß die Einheitlichkeit des ›Stils‹ bezweifelt werden muß, daß *zwei* Möglichkeiten bereitlagen[125], und zwar *simultan* (wenn auch teilweise gebunden an eine ältere und an eine jüngere Generation – denn auch im Falle der Umkehrung des ›Auftretens‹ läßt sich eine gewisse Generationenbindung doch nicht gänzlich leugnen). Wenn es also nicht der ›Zeitgeist‹ der Künstler war, der hier allmächtig Regie führte, welcher ›Geist‹ oder welche Ursache war es dann?

Ein zweites Argument: auch jener Schritt vom geometrischen Extremfall des Kugelmonumentes von Boullée zur klassizistischen Tempelkopie der ›Madeleine‹ von Vignon (Abb. 37e) ist nicht ein Ereignis des generationengebundenen Früh- oder Spätstils. Vielmehr hatte die Jury aus 82 eingereichten Projekten für die ›Madeleine‹ als ersten Preisträger de Beaumont, als zweiten Preisträger Vaudoyer erkoren. Ihre Projekte waren zwar nicht Extremfälle an reiner Stereometrie, doch ungleich selbständigere Gebilde als Pierre Vignons vergrößerte (und vergröberte) Antikenkopie. Es blieb Napoleon vorbehalten, in einem Dekret vom 29. Mai 1807, das er im Felde erließ, den Jury-Entscheid umzustoßen und einen bloßen Anerkennungspreis, eben den von Vignon, zur Verwirklichung auszuwählen. Mit der Begründung: »Dans un temple qui est destiné à durer plusieurs milliers d'années, il faut chercher la plus grande solidité possible... Par temple j'ai entendu un monument tel qu'il y en avait à Athènes et qu'il n'y en a pas à Paris[126].«

Es ist also wiederum nicht das ›Sehen an sich‹, das über den Verlauf des Formenprozesses entscheidet, sondern es ist in diesem Fall das ›Auge‹ von Napoleon höchst persönlich, das eine bestimmte Wahl trifft – und zwar gegen die Meinung der Jury, die sich vielleicht sogar im Namen des ›Zeitgeistes‹ brüskiert vorkam!

Zusammengefaßt: Wir müssen uns aufgrund der eben vorgebrachten Argumente nun doch fragen, ob unser Versuch, die beiden Werkreihen durch die beiden Revolutionsherde als einen Ablauf, als einen Kurvenverlauf mit meßbaren Daten darzustellen (Abb. 35), berechtigt bleibe oder nicht.

Die Unterscheidung der beiden Formensprachen müssen wir allerdings nicht revidieren, und auch die Daten der herangezogenen Extrembeispiele bleiben, wie sie sind. So ergibt sich kein Grund, die Kurvenverläufe zu ändern – hingegen haben wir nun Ursache, sie etwas anders zu lesen oder zu interpretieren. Wir verstehen sie nun nicht mehr als ›eherne Notwendigkeit‹, die bloß so oder nur so sich abspielen konnten. Sondern eher: als jeweilige Auswahl aus einem Angebot, das so – aber auch anders hätte entschieden werden können.

Das, was als Architektursprache sich durchsetzt und den Ton angibt (und sei es nur für wenige Jahrzehnte), das ist deshalb sicher nicht *nur* das Resultat jener Wölfflinschen ›Vorstellungsform‹, nicht *nur* jenes ›Sehen an sich‹ (das für Wölfflin seine *eigene* Geschichte hat), und es ist auch nicht *nur* das Resultat der Pinderschen Generationsgebundenheit. Wenn auch nicht bestritten werden kann, daß diese Faktoren mitwirken bei der Auswahl aus dem bereitliegenden Sprachpotential oder Formenangebot – sie allein entscheiden nicht, weitere Faktoren müssen mit im Spiel sein.

6. Diese weiteren Faktoren müssen nun aber bei unserem Beispiel der Wiederholung eines zweiphasigen Umschlagsprozesses gerade diesen Umschlag verständlich machen können. In der Tat gibt es in den *politisch-wirtschaftlichen* Verläufen sowohl nach 1789 wie nach 1917 Umschlagserscheinungen, die ihrerseits auch wie eine Wiederholung anmuten.

Das Auftreten Napoleons signalisiert eine solche Änderung, wiewohl Napoleon durchaus im Namen der Revolution und deren Kennwörter ›Liberté, Egalité, Fraternité‹ auftritt und sich als ihr Erbwalter erklärt. Das Auftreten Stalins signalisiert ebenfalls eine Änderung, wiewohl auch er im Namen der kommunistischen Revolution auftritt und sich als Erbwalter der Lehre von Marx und Lenin diktatorisch durchsetzt.

Nun können zwar solche Machthaber einwirken in Architekturentscheide. (Napoleons Eingriff in den Wettbewerb um die ›Madeleine‹ 1807 ist ein Beispiel dafür; Stalin war höchstwahrscheinlich beim Entscheid für die sieben klassizistischen Hochhäuser, insbesondere auch für den Sowjetpalast von Iofan, persönlich mitbeteiligt[127].) Aber sie können als Machthaber nicht architektonische ›Stile‹ *schaffen*. Sondern sie können höchstens aus dem schon bereitliegenden *Angebot* die eine Formkonzeption fördern und die andere zum (zeitweiligen) Ersticken bringen.

Die Parallele des politisch-wirtschaftlichen Prozesses mit dem architektonischen Wandlungsprozeß ergibt sich aus folgender Gegenüberstellung, die für *beide* Revolutionsherde und deren Weiterentwicklung zutrifft:

Innenpolitische Veränderung durch Revolution	–	Innenpolitische Stabilisierung
Eine neue Klasse erkämpft die Macht	–	Die neue Klasse hierarchisiert sich und behauptet sich außenpolitisch durch *Landnahme* (Napoleon zieht bis Moskau; Stalin rückt bis Berlin vor)
Wirtschaftskrise, damit auch Baukrise	–	Wirtschaftsstabilisierung, damit auch Bauaufträge
Die auftragslosen Architekten entwerfen eine Architektur der *Zukunft*, die sie als geometrisch rein voraussehen	–	Die neuen Aufträge schließen die progressiven (geometrisierenden) Entwürfe aus und bevorzugen konservative, repräsentative Formen
Die Entwürfe bleiben weitgehend ungebaut	–	Das Bauvolumen wächst sprunghaft an

7. Überblickt man die beiden Wandlungsprozesse in ihren verschiedenen eben skizzierten Schichten, entsteht der Eindruck, daß der Übergang von der innenpolitischen (revolutionären) Aktivität zur außenpolitischen Aktivität (Landnahme) in der Architektur ablesbar sei. Es ist nämlich auffällig, daß die Architektur der innenpolitisch-revolutionären Phase eine *bodenflüchtige* Tendenz bezeugt (Abb. 38 a, b, d, e), die Architektur der nachfolgenden außenpolitisch aktiven Phase dagegen eine *bodenbesetzende* Tendenz (Abb. 38 c, f).

Sowohl der Bau auf ›Pilotis‹, das heißt auf einem gut sichtbaren Pfahlrost von Stützen, wie er am hartnäckigsten und erfolgreichsten von Le Corbusier vertreten worden ist (38 a, Villa Savoie), wie die Kugel, die überdies noch auf einen Trichter gehoben wird (38 b, Leonidow) bezeugen eine dezidierte Bodenflucht. Der denkbar größte Kontrast zu jenen Moskauer Hochhäusern (38 c), die dann zwei bis drei Jahrzehnte später errichtet werden. Der Unterschied im Verhältnis zum Boden nimmt da geradezu den Grad eines dialektischen Kontrastes an.

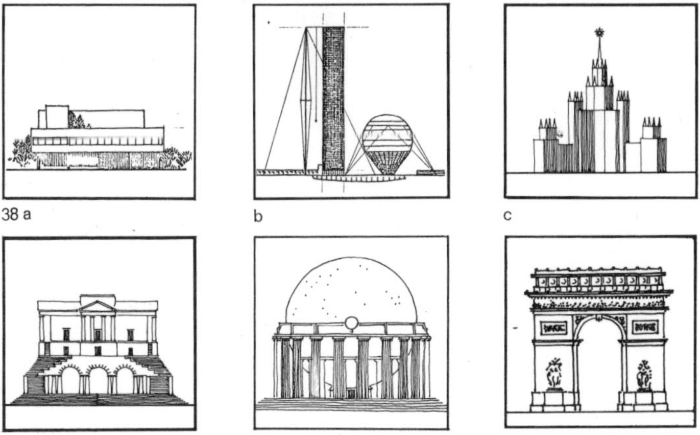

38 a b c d e f

Wollte der Bau eben noch auf wenigen Spitzen, womöglich nur in *einer* Spitze den Boden berühren, so lagert er nun massig und breit und stuft sich empor bis zu möglichst emphatisch aufragenden Himmelsspitzen.

Weniger bekannt dürfte sein, daß bereits auch die französische Revolutionsarchitektur dieselben Neigungen erweist. Ledoux hat tatsächlich schon einige Häuser auf Pilotis entworfen (38 d). Beispiel: die ›Ecole rurale de Meilland‹, die durch vier Stützengruppen, flankiert von Treppen, vom Boden weggehoben ist. Eine für die damalige Bautechnik geradezu verblüffend kühne Vorwegnahme eines Lieblingsmotivs des 20. Jahrhunderts. Die Kugelidee, wie sie von Boullée 1784 zuerst lanciert worden ist, wird von etwas jüngeren Architekten aufgenommen, deren Ehrgeiz nun darin besteht, die Kugel nicht mehr – wie Boullée – von Zylindern zu umgeben, sondern freizustellen und womöglich auch schon in die Luft zu heben. Das Beispiel von Vaudoyer (38 e, Maison d'un Cosmopolite) – es ist derselbe Vaudoyer, der später im Wettbewerb um die ›Madeleine‹ den zweiten Preis erhielt, doch von Napoleon übergangen wurde – zeigt tatsächlich eine optisch frei schwebende Kugel, die durch zwei Säulenkränze gestützt wird[128].

Auch diese frühen, wahrscheinlich überhaupt primären Architekturversuche, den Boden nur noch auf wenigen Punkten zu berühren, stehen im denkbar größten Kontrast zu dem, was dann wiederum etwa zwei, drei Jahrzehnte später unter Napoleon geschieht (38 f, Arc de Triomphe de l'Etoile).

Diese Kontrastentwicklungen in der Beziehung zum Boden wirken, wie gesagt, geradezu wie eine dialektische Umkehrung. Man fühlt sich an Hegels Charakterisierung der französischen Revolution erinnert, an die Stimmung jener Jahre, in denen etwas geschah, »das noch nicht gesehen worden, daß der Mensch sich auf den Kopf, das ist auf den Gedanken stellt und die Wirklichkeit nach diesem erbaut«. Verglichen mit der europäischen und antiken Bautradition, scheinen ja diese Revolutionsentwürfe von 1789 und 1917 tatsächlich die Architektur ›auf den Kopf‹ zu stellen. Doch es dauerte nicht lange, so waren in beiden Fällen wiederum Kräfte und Mächte da, die derartige Unterfangen rasch genug zu verhindern wußten und dafür sorgten, daß die Architektur wiederum massiv ›vom Kopf auf die Füße‹ gestellt wurde.

Hier schließt sich nun ein Kreis. Denn wir sind ja in unserem Kommentar ausgegangen von der Beobachtung von Sinnesqualitäten und haben dabei Kontraste wie kalt–warm, leicht–schwer usf. angetroffen. Mit der eben diskutierten Feststellung einer bodenflüchtigen Tendenz, die wenige Jahrzehnte nachher in eine bodenbesetzende umschlägt, sind wir wieder bei den optischen Gewichten angelangt, jetzt aber gelesen als Folge unterschiedlicher Beziehung zum Boden.

Ein Ort, ein Platz, ein Stück Boden heißt auf griechisch ›topos‹. Die ›Topographie‹ ist die Lehre von den Orten – eigentlich könnte man das Wort auch auf Architektur anwenden, weil diese ja par définition ortebildend, platzgreifend und platzbehauptend ist. So verstanden, ließe sich der eben beschriebene Gegensatz zwischen bodenflüchtiger und bodenbesetzender Tendenz versuchsweise auch fassen als Kontrast zwischen utopischer und topischer Tendenz.

Thomas Morus jedenfalls hätte einer solchen Unterscheidung zugestimmt, denn er hat ja 1516 aus ›topos‹ die Neubildung

›Utopia‹ geschaffen für seine Beschreibung eines besseren künftigen Staatswesens. Der Staat Utopia heißt so viel wie Nicht-Ort, besser: Noch-nicht-Ort.

Die beiden Revolutionsarchitekturen, so scheint es, sind nun in einem doppelten Sinne Noch-nicht-Ort: erstens blieben sie zumeist Projekt, konnten nicht gebaut werden, teils wegen der wirtschaftlichen Krisenlage, teils wegen der Kühnheit der konstruktiven Konzeption; zweitens bezeugen sie aber auch selber eine rätselhafte Neigung, den Boden nur auf Spitzen zu berühren, nicht eigentlich Platz zu fassen, ihn nicht voll zu besetzen und zu besitzen.

*

Bis hierher sind Wiederholungen beobachtet, parallel laufende Umschlagprozesse beschrieben worden. Doch ein genaueres Verständnis dafür, *weshalb* die ›utopische‹ Phase so viel konstruktiven Aufwand treibt, um die Wirkung der Leichtigkeit und der Bodenflucht zu erreichen, ist damit noch genausowenig erreicht, wie das Verständnis dafür, *weshalb* wenige Jahrzehnte nachher beidemal ein so krasser Umschwung erfolgt.

Das, was aus dem Überblick und Gesamtvergleich heraus erfaßt und beschrieben werden kann, scheint nun erörtert. Wollen wir die speziellen Motive genauer erkennen, müssen wir uns von der Parallelbetrachtung der beiden binären Abläufe abwenden und uns der Einzelphase, der einzelnen Epoche oder einzelnen Gestaltungstendenz als solcher zuwenden.

Solange wir, wie bisher, hauptsächlich den Vergleich im Auge hatten, ergab sich eine Reihe von Beobachtungen, die das mehr oder minder Gleiche, mehr oder minder Parallele und Ähnliche betrafen. Nun wird die Ergänzung zur Frage »das gleiche Phänomen zweimal?« nötig – das Einmalige, Unterschiedliche, Unverwechselbare der einzelnen Phase verlangt sein Recht. Der Beobachtungsreihe der Ähnlichkeiten muß sich eine Beobachtungsreihe der Entwicklungen zugesellen. Zunächst fragen wir

(Kap. 16) nach eventuell bestehenden direkten Zusammenhängen zwischen Frankreich 1789 und Rußland 1917, sogenannten Einflüssen. Dann werden uns (von Kap. 17 an) die speziellen Motive der Einzelphasen beschäftigen, in der Hoffnung, daß aus ihrer Beschreibung auch die jeweiligen Motivierungen, die Beweggründe klar werden.

IV 1789 und 1917 – Einflüsse

»Du siehst! Was siehst du? Du siehst gar nichts. Du glotzt nur. Glotzen ist nicht sehen.«

Bertolt Brecht: ›Galilei‹

16 Die ›Strelka‹ in Petersburg als Beispiel

Vergegenwärtigt man sich die geographische und zeitliche Distanz, in der sich die beiden politischen Revolutionen und die beiden architektonischen Umschlagsprozesse abspielen – so wird man gewiß den Einfluß der einen politischen Revolution auf die andere für möglich halten. Jedoch Architektur? Und auf derartige Distanzen hin? (Abb. 39)

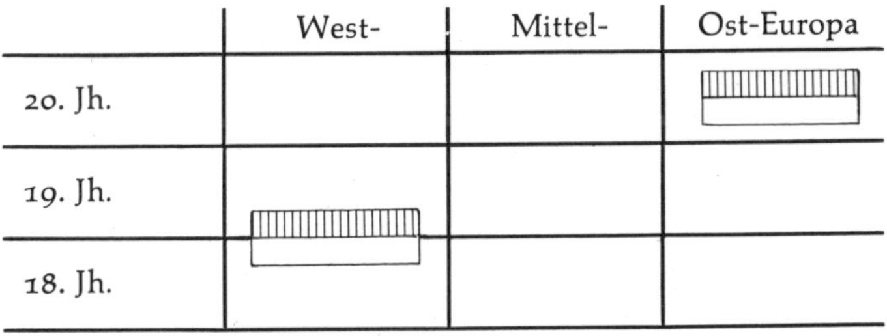

39

Bei der Umwandlung der hölzernen russischen Agglomerationen in steinerne Städte – ein singulärer Prozeß, der uns (Kap. 17) noch beschäftigen wird – waren neben russischen Architekten auch westeuropäische Architekten beschäftigt. Für Petersburg sind Namen wie Domenico Trezzini, Vallin de la Motte, Cameron, Quarenghi, de Thomon geläufig, in Moskau ist schon die Umwandlung des hölzernen Kreml in eine steinerne Stadtfestung mit Wall, Kirchen und Palästen fast durchweg ein

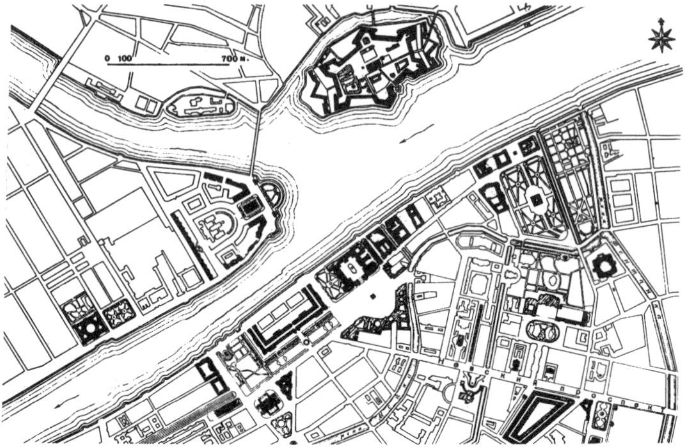

40 St. Petersburg: die Lage der Börse von Architekt Th. de Thomon auf der Inselzunge, der Strelka (Zeichnung: I. A. Egorow)

Werk der Zusammenarbeit zwischen Russen und Westeuropäern. Gibt es unter diesen Namen auch eigentliche Revolutionsarchitekten, die etwas von der damaligen französischen Neukonzeption nach Rußland gebracht haben? Die Frage scheint nicht ganz abwegig zu sein, denn Claude Nicolas Ledoux selber, neben Boullée der bekannteste unter den Pariser Revolutionsarchitekten, hat die Publikation seines Gesamtwerkes überraschenderweise seiner Majestät, dem »Empereur de toutes les Russies« gewidmet[129].

Die Geschichte dieser Publikation, die unter den Wirren der Revolutionsfolgen stand und nur zum Teil abgeschlossen werden konnte[130], kann uns hier nicht näher beschäftigen. Angemerkt sei nur, daß Großfürst Paul von Rußland im Jahre 1781 – unter dem Incognito eines ›Comte du Nord‹ – Ledoux in Paris persönlich aufgesucht hat, dem Architekten offenbar Hoffnungen auf Bauaufträge in Rußland machte und die Widmung des von Ledoux damals erst geplanten Publikationswerkes anzunehmen bereit war. Als der Großfürst als Paul I. den Zarenthron übernahm, wurde allerdings trotz Bemühungen von Ledoux' Seite her nichts aus den erwarteten Aufträgen, und als der Architekt im Jahre 1804 endlich den ersten Band seines

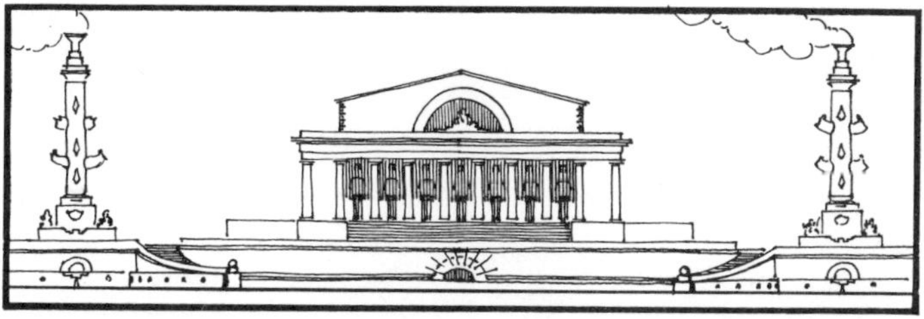

41, 42 Die Börse auf der Strelka in St. Petersburg im Jahr 1817 (Zeichnung M. Shotoshnikow, gestochen von I. Chesky)

Werkes veröffentlichen konnte, war Paul I. schon gestorben. Sein Sohn, Zar Alexander I., willigte dann seinerseits in die Dedikation ein. Aber für den alternden Ledoux ergab sich keine Hoffnung mehr, in Petersburg zum Zuge zu kommen[131].

Diese Chance widerfuhr indessen einem Schüler von Ledoux, THOMAS DE THOMON, der 1805 die Möglichkeit bekam, die *Börse* von Petersburg zu errichten, und zwar auf einem städtebaulich überragend wichtigen Punkt, der *Strelka* (Abb. 40), jener Inselzunge, die sich von der Meerseite her gegen den Kern der Stadt vorschiebt und die Newa in zwei Deltaströme aufteilt.

Aus der französischen Bautradition her gelesen – und de Thomon war ja Franzose, hatte in Paris studiert, 1780 den Prix de

Rome erlangt – ist die Börse auf der Strelka (Abb. 40–48) eine *Rückbildung*, das heißt ein Bau, der zwar den Willen zur reinen Stereometrie eindeutig noch behauptet, sich aber bereits wieder einhüllt in eine klassizistische Kolonnade, die ihn als Mantel umgibt. In dieser Hinsicht gleicht der Bau jenem Beispiel ›L‹ aus unserer Vergleichsreihe (Kap. 13), der Pariser Börse des Architekten Brongniart. (Die naheliegende Vermutung, Thomon könnte Brongniarts Pariser Börsen-Konzept gewissermaßen nach Petersburg ›exportiert‹ haben, trifft aber nicht zu. Denn Brongniart erhielt seine Baubewilligung erst 1809, also vier Jahre nach dem Baubeginn in Petersburg[132].)

De Thomon führt seine Kolonnade, im Gegensatz zu Brongniart, nur bis auf die Gesimshöhe der Oberlichtfenster, läßt also den Hauskörper mit flachem Firstdach über die Säulenfolge herausragen. Haus und Kolonnade setzt er auf einen niedrigen Sockel, der aus mächtigen Quadern gefügt und deutlich ägyptisierend ausgeführt ist: die Eingänge in das Sockel-Untergeschoß sind nicht senkrecht, sondern geböscht ausgeführt, variieren also den Umriß der ägyptischen Mastaba (Abb. 43). Zu diesem

43 Börse St. Petersburg: Sockel mit ägyptisierendem Tor

44 Börse St. Petersburg: Sockel: Rampe, Seitenansicht

45 Börse St. Petersburg: Keilsteine über dem Sockeltor

Vokabular gehören auch die beiden Rampenpaare, die auf den Längsseiten den Zugang geben (Abb. 44). Die Keilsteine und der Schlußstein der Sockel-Tore (Abb. 45) sind so ›elementar‹ wie nur möglich akzentuiert – ihre Trapezformen erscheinen dann, um eine merkliche Stufe ›zivilisierter‹, aber ebenfalls streng geometrisiert, erneut über den Fenstern und Türen des eigentlichen Hauses (Abb. 46). Gerade diese scharfe, klare Profilierung der Keilsteine samt der Fortführung ihrer radialen Fugen in den Fugen der eigentlichen Wand erinnern an Vor-

46 Börse St. Petersburg: Kolonnade, Wandgliederung

zugsmotive von Ledoux. Sie gehören, zusammen mit Böschung und Rampe, zu jenen ägyptisierenden oder quasi-ägyptisierenden Elementen, mit denen die französischen Revolutionsarchitekten den ererbten Klassizismus zu sprengen, oder deutlicher: geometrisierend zu unterwandern vermochten. Eine dreistufige Färbung steigert und klärt die Lesbarkeit des Gebäudes. Der Sockelbau ist aus grau-rötlichem Granit; alle tragenden Teile der Kolonnade und des Hauses sind weiß, die Füllwände blaß grüngrau getüncht.

De Thomon hat sich indessen keineswegs begnügt mit einer auch handwerklich hervorragenden Verwirklichung von Haus, Säulenmantel und Sockel – er wußte auch, was er der einzigartigen städtebaulichen Lage auf der Inselspitze, der Strelka, schuldig war. Das Vorgelände wurde zu einem exakten Halbkreis aufgeschüttet und mit einer geböschten Ufermauer abgeschlossen, die so entstandene Achse (die sich mit der Strom-Mittellinie der Newa deckt; Abb. 40) links und rechts mit zwei immerhin 32 Meter hohen Leuchtturm-Säulen flankiert und akzentuiert – als Ganzes am Besten zu überblicken in dem Stich

47 Börse St. Petersburg: eine der beiden Leuchtturm-Säulen, Sockelzone mit Flußgott

von I. Chesky nach der Zeichnung von M. Shotoshnikow aus dem Jahre 1817 (Abb. 42). Da die Anlegestellen für Schiffe damals in der Nähe der Strelka lagen, hatten die Leuchttürme mit ihren Feuern keineswegs nur dekorativen oder allegorischen Belang, sondern waren Wegweiser und Wahrzeichen zugleich. Die Säulenschäfte wurden geschmückt mit jenen Schiffsschnäbeln (Rostren), die als Motiv deshalb an das altrömische Forum erinnern, weil auch die dortige Rednertribüne einst mit diesen Zeichen der Seeherrschaft geschmückt war. Um die Allegorik des Motivkreises von Wasser und Seefahrt abzurunden, sind die Sockel der beiden Leuchttürme mit Verkörperungen der Flüsse Newa, Wolchow, Wolga und Don geziert (Abb. 47). Auch diese Fluß-Allegorien weisen nach Rom, aber nicht auf Alt-Rom, sondern auf das barocke Rom mit seinem Vier-Flüsse-Brunnen von Bernini auf der Piazza Navona.

Der Halbkreis der Ufermauer wird von zwei absteigenden, geschwungenen Rampen begleitet, die auf Meereshöhe markiert sind von zwei mächtigen Granitkugeln auf Quadersockeln (Abb. 42, 48). Diese Granitkugeln sind von den Zeitgenossen

48 Börse St. Petersburg: eine der beiden Granitkugeln an der Ufermauer der Strelka

offenbar als ein besonderes visuelles Ereignis empfunden worden, denn der kolorierte Stich von I. Chesky aus dem Jahr 1817 (Abb. 42) setzt ihnen besondere Lichter auf und hebt sie dadurch gebührend hervor. Die Hauptachse der ganzen Anlage, vom Dachfirst betont, von den Leuchtsäulen symmetrisch flankiert, erfährt ihre äußerste Markierung an der Inselspitze durch eine plastisch ausgestaltete (blinde) Kloake (Abb. 42) – ein Motiv, das symmetrisch wiederholt wird an den Eckböschungen und das ebenfalls zu jenen Vorzugsvorstellungen der Revolutionsarchitekten gehört, die häufig entworfen, aber selten verwirklicht wurden. Auch diese Kloaken, die man ebensogut als Wölbungstonnen im Konstruktionssystem der Uferbastion lesen kann, haben ihren doppelten Zeichenwert. Einerseits erinnern sie wieder an Alt-Rom, dessen ›Cloaca maxima‹ als wichtige zivilisatorische Errungenschaft berühmt war. Indessen liest man ja diesen Bogen, der eine unterirdische Wölbung verspricht (hier nur als blindes Zeichen ausgebildet, aber die beiden flankierenden Bogen – siehe Abb. 42 – waren echt), nicht als Ausfluß, sondern als Wassertor zu unterirdischen Systemen, Grotten und Verließen. Eine Assoziationskette, die der Revolutionsgeneration besonders wichtig ist und die ihre prominenteste Ausbildung doch wohl in der deutschen Ausprägung der Revolutionsarchitektur gefunden hat: in Friedrich Gillys Projekt für ein Denkmal Friedrich des Großen, 1797, mit Grottenwölbung, und in Peter Speeths 1809/10 ausgeführtem Frauenzuchthaus in Würzburg mit seinem Kellertor.

Wer sich nun die Ausbildungszeit de Thomons in Paris vergegenwärtigt – er ist 1756 geboren, erlangte, wie gesagt, 1780 den Prix de Rome[133] –, der muß annehmen, daß ihm nicht nur das Schaffen Ledoux' vertraut war, sondern ebensosehr das Werk von Boullée, der übrigens als Akademielehrer bei den damaligen Studenten eine besondere Faszination ausgelöst hat[134]. Es ist deshalb als Gewißheit anzunehmen, daß de Thomon Boullées Hauptprojekt, das Newton-Denkmal von 1784, gekannt hat.

Boullées Newton-Denkmal ist, wie ich nachzuweisen suchte[135], in seiner Eingangspartie eine der kühnsten und konsequentesten Umsetzungen aus dem ägyptisierenden Formenvokabular. Die Umsetzung besteht darin, daß die geradlinigen, ebenflächigen Elemente der ägyptischen Kunst – das geböschte Tor, die Rampe, die geböschte Pyramidenfläche – von Boullée ins Runde übersetzt werden. Schon in seinem ›Cénotaphe conique‹ (Abb. 49 a) ist das Tor eine Kugelkalotte, die Rampe eine geschweifte Rampe, die Pyramidenfläche eine Konusfläche. Im kugelförmigen Newton-Denkmal treten diese Umsetzungen ins Runde (Abb. 49 b, c) gesteigert oder bereinigt auf, vor allem dadurch, daß aus der geschweiften Rampe nun ein geschweifter Mantelschnitt wird, der nicht mehr betreten werden kann. Wie sehr sich Boullée bewußt ist, daß er damit eine lückenlose Transposition des geradlinigen und ebenflächigen Ägyptischen in kreisrunde und kugelrunde Formen vollzogen hat, kann man

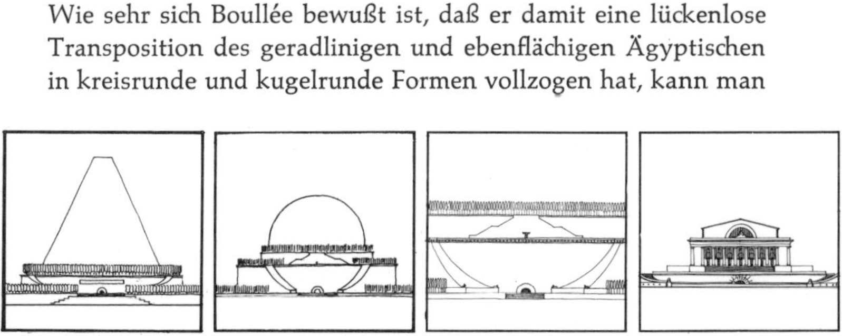

49 a b c d

50 J. W. v. Goethe: Altar der Agathé Tyche in Weimar, 1777

daran ablesen, daß er seine geschweiften Mantelschnitte auf der Torhöhe viermal krönt oder abschließt mit dem ägyptischen Zeichen par excellence, der Sphinx (49 c).

Zur Aufsteigerung oder Bereinigung, die von (49 a) zu (49 c) stattfindet, verhält sich nun de Thomons Strelka-Anlage (49 d) wie eine Rückbildung. Das Kalottentor wird zum blinden Kreistor, der Mantelschnitt wird wieder zur geschweiften Rampe (wie im ›Cénotaphe conique‹), die Kugelwölbung wird wieder zur bloßen Ufermauer reduziert, zum Ausschnitt aus einem Zylinder oder genauer (wegen der Böschung): Ausschnitt aus einem Konus. Selbstverständlich ist das, was de Thomon zu realisieren vermag, eine Verflachung und Verundeutlichung des Motivs im Vergleich zu Boullée – dafür aber ist es verwirklicht und nicht bloß gezeichnet. Und an welcher Stelle, städtebaulich gesehen, und in welcher Stadt verwirklicht!

Als ginge es darum, die Abkunft der Strelka-Anlage aus Boullées Newton-Konzept zu bestätigen, setzt de Thomon links und rechts (dort, wo bei Boullée die Sphingen thronen) je eine Granitkugel auf einen Granitquader (Abb. 48). Damit hat er, so meinen wir, eines der eindrucksvollsten Motive aus der französischen Revolutionsarchitektur: die volle Umsetzung der ägyptischen Geraden und Ebene in Kreis und Kalotte, an einer von Paris recht weit entfernten Stelle, die aber für das Motiv einzigartig geeignet war, verwirklicht.

Merkwürdig genug übrigens, daß de Thomons Granitkugel (Abb. 49) einen Vorläufer und nächsten Verwandten findet in einem Denkmal aus Quader und Kugel, das Goethe und der Herzog von Weimar haben errichten lassen (Abb. 50). Dieses völlig schmucklose Gebilde, als Altar der Agathe Tyche gedacht, fügt sich ganz selbstverständlich ein in die frühe Phase der französischen Revolutionsarchitektur. Es ist ein einzigartiges Zeugnis dafür, wie sehr schon in den siebziger Jahren des 18. Jahrhunderts »die einfachsten starren Formen der niedrigen Stereometrie« (wie sie Harald Keller bezeichnet) nicht nur in Frankreich oder England, sondern bereits auch in Deutschland ihre Verehrer finden, darunter niemand geringeren als den jungen Goethe[136].

Obgleich die beiden Granitkugeln entschieden weniger in die Augen fallen als die beiden Leuchttürme der Strelka, so sind sie doch so etwas wie komprimierte Zeichen, die dem, der zu lesen vermag, eine bestimmte Botschaft aus dem fernen revolutionären Frankreich übermitteln. Die Gesamtanlage selber, wie sie de Thomon auf die Inselzunge setzt, bezieht ihre Anregungen aus dem engsten Kreis der Pariser Revolutionsarchitekten. Das Zwillingspaar der Leuchttürme glaubt man vorgebildet zu sehen in Ledoux' Barrière du Trône (Cours de Vincennes), die das Thema der Trajans-Säule in geometrisierendem Geschmack variiert (Abb. 52). Wie weit auch jenes Eingangsmonument zum Parc de Bourneville von Ledoux (Abb. 53) eine Anregung für de Thomon gewesen sein mag, bleibe dahingestellt. Es bildet alte Motive neuartig um und hat die Pariser Studenten um 1780 sicherlich nicht wenig beeindruckt. – Das unmittelbare Vorbild für die Ausgestaltung der beiden Leuchttürme war indessen offensichtlich jene Monumentalsäule mit Schiffsschnäbeln (Abb. 51), die Ledoux ebenfalls für die Pariser ›Propylées‹ entworfen hat. Der vielbewanderte, variationsbeflissene C. P. J. Normand übernimmt das Motiv buchstäblich (Abb. 52) und schmückt es aus. Vergleicht man de Thomons Verwirklichung mit Ledoux' asketischem Grundmuster und mit der überladenen, schlecht

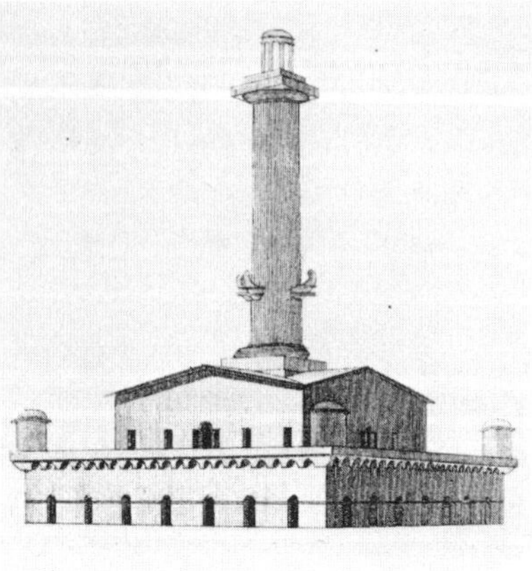

51 C. N. Ledoux: Projekt einer Monumentalsäule mit Schiffschnäbeln für die ›Propylées‹ von Paris, um 1780

52 C. P. J. Normand: Leuchtturm, Projekt 1781

dimensionierten Variante von Normand, wird man ihm zubilligen, daß er ein würdiges und einprägsames Resultat zu filtern vermochte.

Die beiden Rostrasäulen auf der Strelka sind derart einprägsam, sind so sehr am richtigen Platz in dieser einzigartigen Stadtlandschaft an der Newa, daß man kaum übertreibt mit der Behauptung, sie seien für mehrere Generationen von russischen Architekten zum Merkzeichen und Fanal geworden für das, was Steinarchitektur überhaupt bedeutet und zu sein vermag. Denn die Strelka ist eben nicht nur die ›Stadtkrone‹ oder die ›Flußkrone‹ der Zarenstadt, sie ist auch das Merkzeichen der ersten *steinernen* Stadt in Rußland, Merkzeichen für die Möglichkeiten des Bauens in Stein für alle jene Generationen, deren natürliche Herkunft und Lebensgewohnheit noch vom Holzbau bestimmt war.

Es würde sich deshalb lohnen, den *Auswirkungen* der einzelnen Motive der Strelka auf spätere russische Architekturen nachzugehen. Daß im Park des Katharinenpalastes von Tsarskoje Sjelo (dem heutigen Puschkin) eine Replik der Rostrasäulen errichtet wurde, mag zu den Gepflogenheiten eines Hofes gehören, der, genau wie alle andern europäischen Höfe, seinen

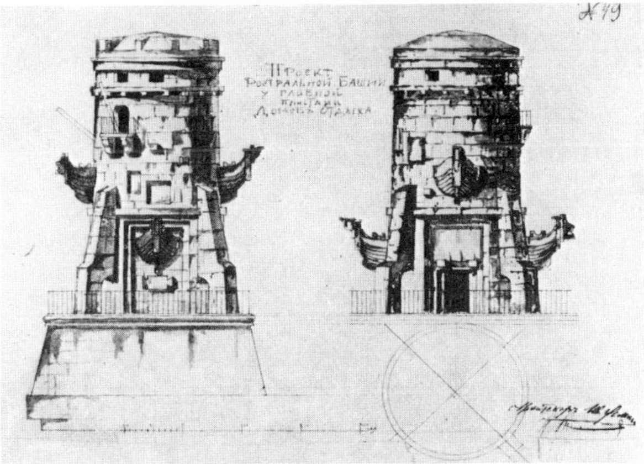

53 I. A. Fomin: Entwurf zu einem Rundturm mit Schiffschnäbeln, 1920

englischen Landschaftsgarten haben wollte, in dem die Sehens- und Denkwürdigkeiten verschiedener Kulturen in Nachbildungen vereint waren.

Weniger selbstverständlich ist es, daß selbst noch die eigentliche Revolutionsgeneration sich mit den Strelka-Motiven auseinandergesetzt hat. Diese Auseinandersetzung zeigt sogar an, welche Spannungen innerhalb der Revolutionsgeneration bestehen. Denn der Gegensatz wie ein Fomin (Abb. 53) im Jahr 1920 und ein Leonidow (Abb. 54) im Jahr 1933 dasselbe Thema der Rostrasäulen aufnehmen und umgestalten, könnte nicht größer sein. Fomin, der als Klassizist in der Revolutionszeit den sogenannten ›Roten dorischen Stil‹ durchzusetzen suchte, variiert das Strelka-Motiv in eine Burgromantik, welche die Strenge und Ausgewogenheit von de Thomons Vorbild völlig mißversteht.

Anders verhält sich Leonidow. Im Entwurf zum Haus der Schwerindustrie skizziert er zwei Hochbauten, die hinter den Umrissen des Simonow-Klosters in Moskau emporragen (Abb. 54). Der größere Hochbau ist als Quader angelegt, der kleinere, vorgelagerte in der Art eines leicht geschweiften Kamins als Zylinder. Dieser Zylinder nun ist mit schwarz akzentuierten

54 I. I. Leonidow: Entwurfsskizze zu den Hochbauten des ›Hauses der Schwerindustrie‹ hinter dem Simonow-Kloster in Moskau, 1933. Die schwarz markierten Auskragungen am zylinderförmigen Hochhaus erinnern an die Auskragungen der Schiffschnäbel an den beiden Leuchtturmsäulen der Börse auf der Strelka

Auskragungen besetzt, die an die Auskragungen der Schiffsschnäbel an den Rostrasäulen der Strelka erinnern.

Leonidows Zeichnung aus dem Jahr 1933 – also bereits in einer Zeit geschaffen, in der sich die Avantgarde gefährdet fühlen mußte (und zwar gerade durch ältere Architekten wie Fomin und Schtschussew) – ist nicht nur die schönste Reverenz gegenüber dem Erbauer der Börse auf der Strelka. Sie ist auch eine der knappsten und dabei großartigsten Formulierungen dessen, was Bauen in Holz, in Stein und in Metall überhaupt bedeuten kann und was den Unterschied zwischen diesen Materialien und deren Formen ausmacht. Die Zwiebelkuppeln der Klostertürme sind Zeugnisse einer Holzarchitektur, die auf ihre Weise, nämlich mit Zimmermannswerk, gegen kleine Kugelformen hin tendiert (und der Kugelarchitekt Leonidow versieht sie mit dem nötigen Akzent). Das, was Holz hergeben kann: weit auskragende, vom Eigengewicht kaum belastete, aber klein dimensionierte Konstruktion, ist klar und ungemein sensibel abgesetzt vom runden ›schweren‹ Steinturm und vom eckigen, scharfkantigen ›leichten‹ Metallturm[137].

Die Antwort auf unsere Frage, ob allenfalls Einflüsse von der französischen Revolutionsarchitektur her Rußland erreicht hätten, kann somit eindeutig positiv lauten. Das Beispiel der Strelka und ihrer Wirkung zeigt, daß nicht nur das zaristische, sondern sogar noch das sowjetische Rußland die Botschaft vernommen und verarbeitet haben.

Der Bau auf der Inselzunge war seinem ersten Zweck nach eine Börse. De Thomon importiert nicht nur wohldosierte Reduktionsformen aus der Architektursprache des revolutionären Frankreich, er importiert auch – auftragsgemäß – eine wichtige Institution des frühindustriellen Bürgertums, die Börse. Die feudale Agrargesellschaft des Zarenregimes hat diese Institution offenbar mit ebensoviel Respekt wie Reserve empfangen. Der Respekt erweist sich darin, daß der Börse der städtebaulich so überragende Standort der Inselzunge zugewiesen wird; die Reserve darin, daß der Neubau auf die Wassili-Insel gesetzt wurde, obgleich damals schon klar war, daß das künftige Stadtzentrum nicht dort, sondern südlich der Bolschaja Newa, auf dem Festland, sich bilden würde.

17 Der größere Zusammenhang (Holz : Stein) und die bekömmliche Formel

»Die Wohnhäuser in der Stadt (Moskau) sind aus Holz gebaut ... die Dächer mit Holz-Schindeln bedeckt ... daher die mächtigen Brände. Diejenigen, deren Häuser abgebrannt sind, können sich neue verschaffen: Außerhalb der Stadtmauer stehen auf einem besonderen Markt mehrere zum Aufbau fertige Häuser zur Ansicht bereit. Man kann sie billig kaufen und auf einem anderen Bauplatz fertigstellen, ... das gekaufte Haus kann in zwei Tagen in einem anderen Stadtteil fix und fertig geliefert werden. Die Balken sind schon abgepaßt, und es ist nur noch nötig, die Fugen mit Moos auszufüllen.«

Dieser Bericht über die hölzernen Häuser von Moskau, ihre Brandgefahr und die erstaunliche Organisation ihrer raschen Ersetzbarkeit (durch eine vorindustrielle Art der Vorfabrikation) stammt aus dem Jahr 1636 und ist von A. Olearius, einem Norddeutschen, verfaßt worden (›Reise nach Moskauvium‹).

El Lissitzky zitiert diese Reisebeobachtung in seinem für uns so wichtigen ›Lagebericht‹ von 1929 über den damaligen Stand des avantgardistischen russischen Bauens. Er möchte mit dem Zitat aus Olearius »beweisen, welche gesunde kollektive Impulse in unserem Volk vorhanden sind, und daß aus Genormtem, Gleichmäßigem keine Verflachung entstand«[138].

Für uns ist dieses frühe Angebot von vorfabrizierten Häusern mitten in einer rein handwerklich organisierten Produktionsstufe zugleich eine Erläuterung dafür, weshalb Rußland so lange – nämlich bis ins 20. Jahrhundert hinein – der Holzbauweise treu geblieben ist. Holz als Baustoff hat sich in Rußland bewährt. Offenbar nicht nur deshalb, weil es den extremen Werten des Kontinentalklimas gewachsen ist, sondern auch deshalb, weil es ökonomisch und konstruktiv – eben im Sinne der Vorfabrikation – besonders tauglich ist.

Moskau ist deshalb erst seit wenigen Jahrzehnten eine steinerne Stadt. Seit dem 15. Jahrhundert sind zwar Bauten aus Ziegeln und Steinen bezeugt, aber es handelt sich dabei um die Kirchenbauten im Kreml und um ausnahmemäßige Repräsentationsbauten von Bojaren oder von Kaufleuten.

Der architektonische Einfluß vom Westen auf Rußland konnte überhaupt nur dort und erst dann Tatsache werden, wo steinerne Städte konzipiert wurden. Als Peter der Große am 27. Mai 1703 an der Newa-Mündung den Grundstein legte zur Peter-Pauls-Festung, hatte er eine steinerne Stadt vor Augen, die für Rußland jenes vielzitierte »Fenster zum Westen« werden sollte. Als 1712 Sankt Petersburg offiziell zur Residenz des Landes wurde, war eine Stadt im Werden, die unter der Leitung westlicher Baumeister und unter dem Frondienst von Zehntausenden von Leibeigenen jene *Schwelle von Holz zu Stein* überschreiten sollte, die nicht nur eine Materialveränderung und damit eine Werkzeugveränderung darstellt, sondern auch eine Konstruktionsveränderung erheischt – und damit wiederum auch eine neue Sprache oder Sprachschicht der Architektur schaffen oder beanspruchen muß.

Die Faszination, die von der *späten ›Versteinerung‹* der Städte im europäischen *Norden* ausgeht, ist in der Tat in Petersburg womöglich noch intensiver als in Helsinki, in Kopenhagen oder in Edinburgh. Der Grund zur Faszination liegt wohl darin, daß in diesen vier Städten jener klassische Kanon – Säule, Gebälk, Giebel – den Ton angibt, der tatsächlich bei der *primären* Umsetzung von Holz in Stein, mehr als zweitausend Jahre früher, im Mittelmeerbecken, überhaupt erst entstanden war. – Versetzen wir uns für einen Augenblick in die Zeit des Materialwechsels im mediterranen Raum.

Diese primäre Umsetzung von Holz in Stein scheint bei den Ägyptern früher, bei den Griechen etwas später erfolgt zu sein, aber auf jeden Fall ist sie die Voraussetzung dafür, daß in Ägypten die Pyramide, in Griechenland der dorische Tempel, so wie wir sie kennen, sich herausbilden konnten. Nun zeigen aber die ägyptische Pyramide und der dorische Tempel eine ganz unterschiedliche Art der Inanspruchnahme des Materials Stein, oder besser: ein unterschiedlich ›materialgerechtes‹ Verhalten. Das mag durch eine vereinfachende Skizze (Abb. 55) verdeutlicht werden:

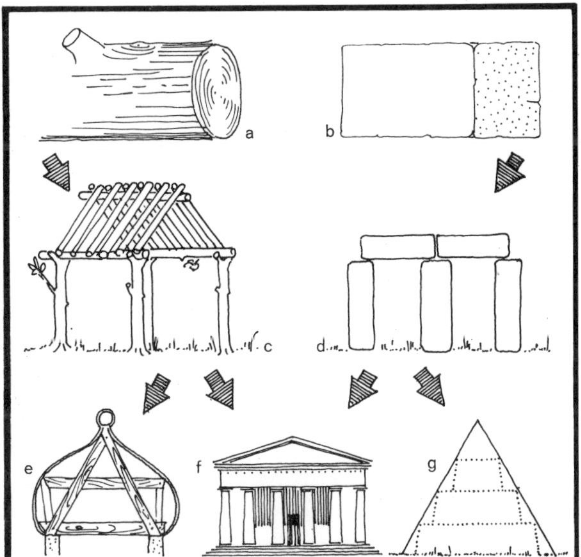

55

Das Holz mit seinen Wachstumsringen und seiner mehr oder minder zylinderförmigen Gestalt des Stamms kann nicht beliebige geometrische Form annehmen (a) – ganz im Gegensatz zum Stein, der meistens wenig Äderung und überhaupt wenig ›mitgebrachte‹ Gestalt enthält, also zur Erzeugung reiner geometrischer Form ungleich geeigneter ist (b).

Das war den Ägyptern entschieden bewußter als den Griechen. Denn schon ihre Tempelsäle (Taltempel der Cheops-Pyramide, Abb. 55 d) sind ein Gefüge aus rein geometrischen Formen, die in nichts mehr an frühere Konstruktionsmethoden mit Holz erinnern. Die Griechen hingegen behalten die Hauptformen des hölzernen Tempels (c) bei; die Umsetzung in den Marmortempel (f) ist nicht ein Bruch mit der Holztradition, sondern eine Weiterentwicklung und graduelle Anpassung an das neue Material. Während sich die Ägypter streng geometrisierend und damit ›steingerecht‹ verhalten, d. h. folgerichtig aus dem geböschten Steingrab der Mastaba die Stufenpyramide (punktiert eingetragen), die Knickpyramide und schließlich die ›reine‹ Pyramide (g) entwickeln, bleiben die Griechen bei einer Mischbauweise, die zum Teil noch eindeutige Holzformen bewahrt. Anders gesagt: der griechische Tempel ist, in Holz ausgeführt, sehr wohl denkbar. Eine hölzerne ägyptische Pyramide dagegen ist undenkbar.

Wie verhalten sich die Russen bei ihrem späten Übergang zum Steinbau derartigen Alternativen gegenüber? Sie haben, wie vermerkt, eine Holzbauweise entwickelt, die den Forderungen des Kontinentalklimas, der Konstruktion und der Ökonomie gut entsprach, und sie haben überdies für ihre Sakralarchitektur eine großartige Holzbaukunst entwickelt (e), die das, was Holz als Gestaltungsstoff hergeben kann, in einer bestimmten Richtung voll ausschöpft. Alle diese Erwägungen zusammen erläutern, weshalb Rußland so lange Zeit im Holzbau verharrte.

Der späte Übergang zum Steinbau, eigentlich erst durch Peter den Großen um 1700 rigoros vorangetrieben, wirkt auf den Betrachter wie die *Wiederholung eines halb magischen Prozesses,* wie er sich einst zwischen Vorzeit und Frühzeit am

Mittelmeer abgespielt haben muß. Möglich, daß sich daraus erklären läßt, weshalb das Stadtbild von Petersburg so stark beeindruckt. Diese späte Wiederholung, vollzogen von einer architektonischen Tradition aus, wie sie durch (e) skizziert ist, stellte nun vor die Alternative, ob mit dem Materialwechsel eine graduelle Veränderung im griechischen Sinne (f) oder eine völlige Umstellung im ägyptischen Sinne (g) zu vollziehen sei.

Um 1700 mag diese Alternative (weil das Ägyptische damals eher nur ein antiquarischer Begriff war) zwar noch nicht bewußt gewesen sein. Sicher aber war sie es um und nach 1800, einer besonders wichtigen Bauphase von Petersburg. Fast alle russischen und nicht-russischen Architekten dieser Phase verhalten sich auf eine gekonnte, aber problemlose Art klassizistisch, das heißt, sie imitieren – durch viele Brechungen hindurch – das griechisch-römische Vorbild. Die deutlichste Ausnahme macht de Thomon. Er verhält sich in Petersburg so, wie sich C. F. Hansen in Kopenhagen verhält. Das heißt: beide, de Thomon und Hansen, vollziehen einen Kompromiß zwischen ›ägyptischer‹ und ›griechischer‹ Möglichkeit der Steinarchitektur. Um es überspitzt zu sagen: beide übermitteln einen streng geometrischen, geradezu ägyptisch geometrischen Kern, jedoch eingehüllt in einen griechischen Mantel. Nur so konnten sie ihre Botschaft übermitteln. Das heißt: Ganz im Gegensatz zu den eigentlichen Revolutionären – wie Boullée und Ledoux – machten sie sich die Illusion nicht mehr, daß eine ›ägyptische‹, das heißt rein geometrische Architektur in neuzeitlichen europäischen Verhältnissen akzeptabel sei. Als Angehörige der zweiten Generation suchten sie nach jener Formel oder Kombination, unter der die strenge Botschaft annehmbar, vielleicht sogar bekömmlich sein sollte.

Tatsächlich wird man, gesamteuropäisch gesehen, kaum je eine Auswirkung der französischen Revolutionsarchitektur vorfinden, die so rein und so streng übermittelt ist wie Goethes Denkmal am Stern von 1777. (Die bescheidene Dimensionierung des Werkes hat dabei gewiß auch den Verzicht auf Konzessionen erleichtert.) Alle größeren Werke aber, wollten sie Hoffnung auf Verwirklichung haben, mußten so oder so als

Kompromiß zwischen geometrisch reinem Stein und Holz-Stein-Vermittlungen (im Sinne des klassischen griechischen Kanons) auftreten. Als Kompromiß in diesem Sinn allerdings wurden sie kurz nach 1800 zu einer durchaus annehmbaren Formel. Die geographische Reichweite ihrer Anerkennung geht verblüffend weit. Sie geht von Petersburg (de Thomon) im Osten bis nach Charlottesville, Virginia, USA (Jefferson) im Westen.

Will man sich den Zusammenhang kurz vergegenwärtigen, können folgende Beispiele, rasterartig nach geographischer Breitenlage eingeordnet, die Entwicklung belegen (Abb. 56).

Als frühes Beispiel, das die Tendenz zur Geometrie und ›niederen Stereometrie‹ in Frankreich ankündigt, darf der Kathedralentwurf von Marie-Joseph Peyre, 1753, gelten (a). Nicolas Le Camus de Mézières ist 1763–66 der erste, der diese Tendenz in einem Bau verwirklichen kann: die kreisrunde ›Halle aux Blés‹ im Stadtkern von Paris (b). Jacques Gondoin wagt es sechs Jahre später, 1769, das Amphithéâtre de Chirurgie in Paris als senkrecht entzwei geschnittenes altrömisches Pantheon zu formulieren (c). Etienne-Louis Boullées Versuche, aus dem ›Griechischen‹ herauszugelangen und vollends ins ›Ägyptische‹ überzutreten, sei zunächst belegt durch jenes undatierte Aquarell (d), das eine gekappte Pyramide auf einer geteilten Basisplatte zeigt, der Zugang flankiert von zwei Stelen. Doch wohl das künstlerisch intensivste, weil einfachste Zeugnis dessen, was das späte 18. Jahrhundert – weit über alle antiquarische Neugier hinaus – nun im Ägyptischen zu sehen vermochte. Einen ersten Schritt der Umsetzung der eckigen ägyptischen Formen ins Runde vollzieht Boullée mit dem ›Cénotaphe conique‹ (e), wohl um 1780. Den letzten, nicht mehr zu überbietenden Schritt in dieser Richtung vollzieht er mit dem Newton-Denkmal (f) von 1784.

Als flankierende Ereignisse oder besser: erste Auswirkungen dieses französischen Entwicklungsganges im Ausland seien wenigstens zwei Beispiele erwähnt: Goethes Denkmal in Weimar von 1777 (g) und James Gandons ›Four Courts‹ in Dublin (h) von 1776–96. Eine gesamteuropäische Karte der Aus-

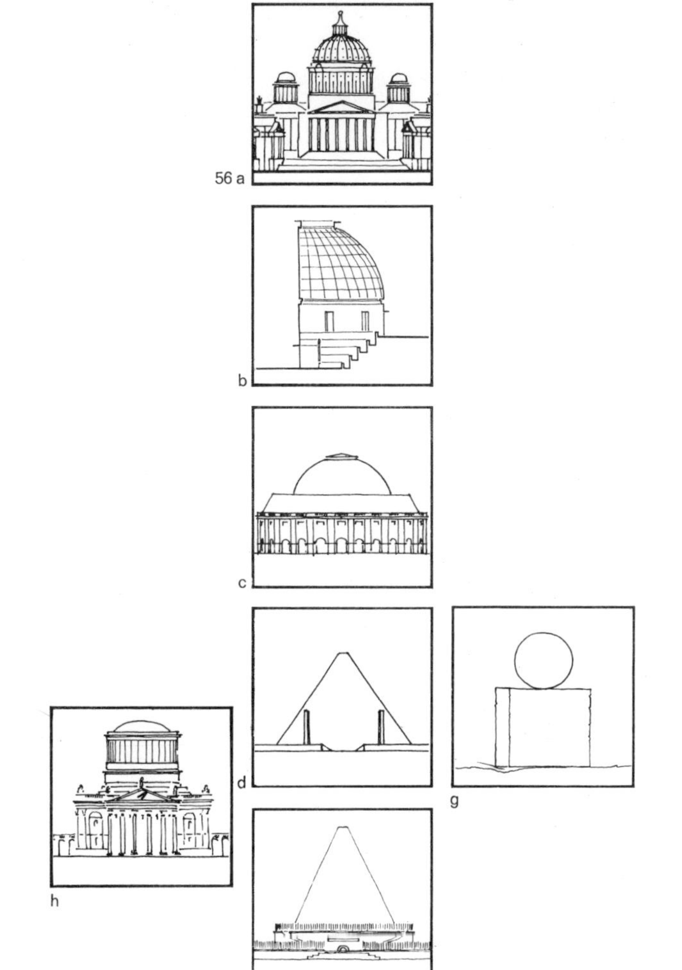
56 a
b
c
d
e
f
g
h
i
k

wirkungen der französischen Revolutionsarchitektur kann hier nicht erstellt werden. Wir begnügen uns mit den beiden geographischen Grenzpositionen: de Thomons Börse in Petersburg (i) und Thomas Jeffersons Rotunde auf dem Campus der University of Virginia (k), 1820 errichtet. Damit ist wenigstens in Umrissen der Entwicklungsgang mit seinem Fächer der Auswirkungen skizziert, womit auch die Frage des Einflusses von Frankreich nach Rußland in einem größeren geographischen Rahmen situiert ist.

*

Gewiß ist mit der Kennzeichnung und Situierung der Börse auf der Strelka (ihrer Abstammung aus dem Vorstellungskreis der französischen Revolutionsarchitektur, ihrer Einwirkung bis hin zu russischen Revolutionsarchitekten der zwanziger Jahre) nur *eine* Ader aus dem Stromgeflecht der Einflüsse herausgezeichnet. Es scheint immerhin jene Ader zu sein, die besonders viel Gehalt an geometrischer wie klassizistischer Fracht mit sich trägt.

Damit ist, nach der Darstellung der ähnlichen Verläufe von 1789 und 1917 (Teil III), die Darstellung des Einflusses von 1789 auf 1917 wenigstens an einem Beispiel erörtert (Teil IV). Nun wenden wir uns der Aufgabe zu, durchgehende *Motive* der beiden Revolutionsarchitekturen zu untersuchen. Es wird sich zeigen, daß das Motiv der Arbeit für 1917 geradezu ein Leitmotiv ist. Für 1789 ist es zwar noch nicht so prominent, dafür aber eine der wichtigsten Neuerungen der Epoche (Teil V). Selbstverständlich können nicht alle Kennzeichen der Architekturen von 1917 und 1789 auf Arbeitsmotive bezogen werden. Es wird sich als nötig erweisen, eine weitere Motiv-Schicht zu beschreiben (Teil VI, Motiv der Übereinstimmung).

V Das Motiv der Arbeit

»Ich denke gerne, daß es mit den Schiffen anfing. Seit Menschengedenken waren sie nur an den Küsten entlanggekrochen, aber plötzlich verließen sie die Küsten und liefen aus über alle Meere.«

Bertolt Brecht: ›Galilei‹

18 1917: Der russische Konstruktivismus als Architektur der Arbeit

Versucht man sich das zu vergegenwärtigen, was die russische Revolutionsarchitektur kennzeichnet, für sie typisch ist, sie *unterscheidet* von Avantgarden anderer Länder, so könnte man sich etwa auf die drei umseitig wiedergegebenen Exempel einigen (Abb. 57).

Drei Bauentwürfe, die in einer plakatartig kräftigen Kontrastsprache beschreiben, was beabsichtigt ist. Alle drei Autoren verwenden weniger die Linie als die schwarze und weiße Fläche, um zu sagen, was sie meinen. Ihre Entwürfe haben wenig von jener differenzierten Exaktheit, die der Architekt sonst oft vom Plan und Schnitt her auf die Perspektivansicht überträgt. Sie scheinen nicht wie Planzeichner, sondern wie Graphiker vorzugehen, die mit den Kontrastmitteln des Holzschnitts oder Linolschnitts ein Plakat entwerfen.

Man kann sich diese Darstellungsform, die sich deutlich unterscheidet von gleichzeitigen Architekturentwürfen der westlichen Avantgarde, zunächst aus dem Stand der Drucktechnik während der Not- und Hungerjahre erklären. Doch damit ist nicht alles begründet. Diese Architekten suchten den Kontrast, sie wollten ›lapidar‹ sprechen. Sie wollten die Sprache jener Straßenkunst und Straßenpropaganda der eigentlichen Revolutionsmonate – die sogenannte ›Agitprop‹ (Kurzwort aus ›Agi-

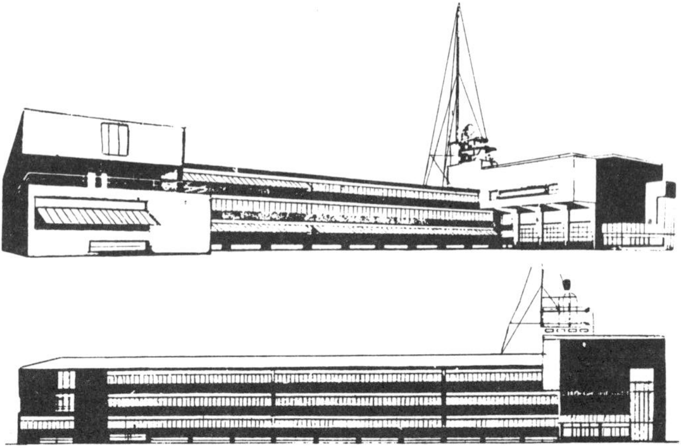

a

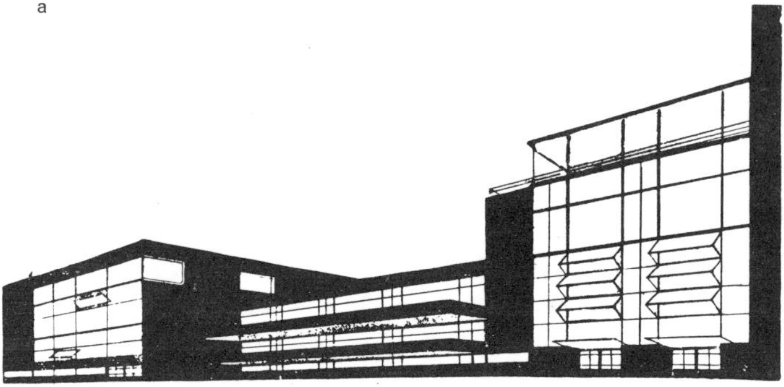

b

c

57 Drei Projekte für die Universität Minsk, v. o. n. u.: Arch. Wladimirow und Krasilnikow, Arch. M. Ginsburg, Arch. G. Wegman

tation‹ und ›Propaganda‹) – in ihr eigenes Metier übertragen. Das Neue ist so neu, speziell in diesem Land und in dieser Phase der kollektiven Begeisterung, daß es nicht nur gezeigt, sondern beschworen und ausgerufen werden muß.

In allen drei Fällen scheint es sich um Fabrikgebäude zu handeln. Arbeitshallen, Werkhallen mit möglichst viel Licht durch große Glasflächen; breite Ventilationsklappen für Zufuhr frischer Luft bei staub- oder geruchserzeugenden Arbeitsprozessen; in einem Beispiel (a) überdies das Zeichen der damaligen technischen Spitzenleistung: Antennenmast für drahtlose Übertragung.

Indessen handelt es sich nicht um Fabrikentwürfe. Alle drei Perspektivansichten, (57 a) von W. Wladimirow und Y. Krasilnikow, (b) von M. J. Ginsburg, (c) von G. Wegman, sind Projekte für die *Universität* in Minsk.

Hochschule im Fabrikgewand. Der Industriebau, der Arbeitssaal, die Werkhalle sind offensichtlich für alle drei Architekten das Leitbild, an dem sie sich orientieren. Das heißt, sie übertragen die damals modernste Raumkonzeption für *körperliche* Arbeit auf die Raumgestaltung für *geistige* Arbeit. Damit ist in allen drei Beispielen ausgesagt: auch die Schule, der Platz für geistige Arbeit, soll nichts anderes sein als Werkraum, Werkhalle; geistige Arbeit soll dieselbe Hülle haben wie körperliche Arbeit. Die auslösenden Zeichen (wie haben sie erwähnt: Glasfronten, Ventilationsklappen, Antennenmast) gehen alle in derselben Richtung. Sie lösen Assoziationen aus in Richtung auf Technik und Arbeit, sie stellen technisch orientierte Arbeit dar.

In der Tat kann diese Beobachtung erstaunlich folgerichtig wiederholt werden durch das gesamte Feld der russischen Revolutionsarchitektur hindurch. In allen nur denkbaren Baugattungen scheint das Leitbild ›Industriebau‹ seine Prägekraft erweisen zu wollen. Dazu einige Beispiele (Abb. 58).

Um mit jenem Bau zu beginnen, der – neben dem Dnjepr-Staudamm – doch wohl das umfangreichste Beispiel eines verwirklichten, nicht bloß auf dem Papier bestehenden Revolutions-Entwurfs ist: der *Verwaltungsbau* der Staatsindustrie

58 a

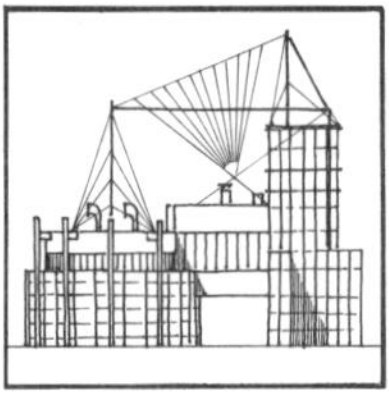

d

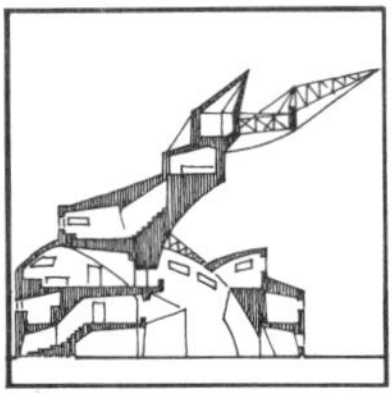

b

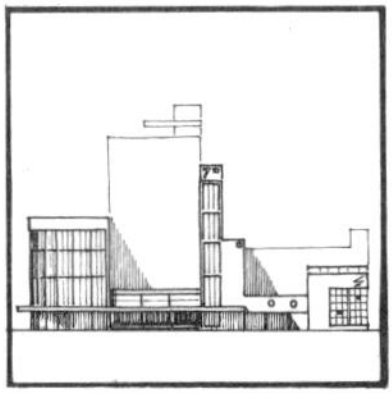

e

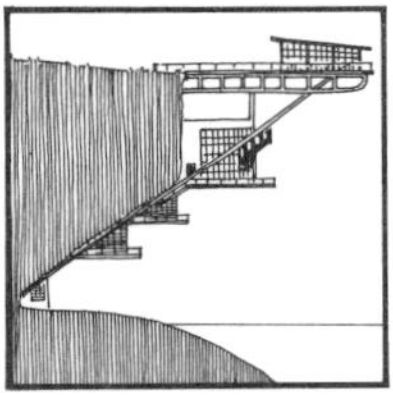

c

f

(Gosprom) am Dzerzhinsky-Platz in Charkow (Fig. 58 a). Er ist von den Architekten Serafimow, Krawets und Fleger auf Kreismotiven aufgebaut, die Haupttrakte radial auf die Platzmitte zugeordnet, die Verbindungstrakte der Wölbung des Kreissegments folgend. Diese Verbindungstrakte nun sind mehrfach als Brücken angelegt: mächtige Querbalken oder ›Ladebrücken‹ zwischen den Bauwürfeln. Diese Assoziationen gehen in Richtung auf Brückenbau, Ingenieurbau, sie ähneln am meisten jenen Verladekränen an den Meereshäfen, die als rollende Brücke ein Dock überspannen. Aus demselben Assoziationskreis ist das Kran-Motiv bezogen, das N. A. Ladowskij als Krönung einem *Wohnhaus* aufsetzt, welches als Kommune gemeint ist (b). Dieser Entwurf von 1920 stammt aus den kühnsten Jahren der Revolutionsarchitektur und stellt in jeder Hinsicht, vor allem in der nahezu konsequenten Ablehnung des

59 E. Mendelsohn: Industrieskizze mit Kränen, um 1917

rechten Winkels, einen Extremfall dar. Aber gerade darin steht er um 1920 nicht etwa allein. Der Hinweis auf eine Industrieskizze von Mendelsohn (Abb. 59), die um 1917 entstanden sein mag, zeigt deutlich genug, in welcher Richtung damals die optische Empfänglichkeit des Architekten sich vortastet[139].

Derselbe N. A. Ladowskij, der wohl als der einflußreichste Lehrer unter den russischen Revolutionsarchitekten gelten darf, hat in den Höheren staatlichen Kunst- und Technik-Werkstätten (Wchutemas) einen Grundkurs und einen freien Entwurfsunterricht aufgebaut[140], der die Schüler sich frei entfalten ließ. Die Leitvorstellungen wurden dabei auf neuartige Situierungen der Architektur im Raum gelenkt – Bauen am überhängenden Fels, beispielsweise –, und solche ungewöhnlichen Aufgaben konnten naturgemäß nur mit erhöhtem Aufwand an technischen Mitteln gelöst werden. Wenn Ladowskij die Aufgabe stellt (1922), eine *Gaststätte* an einen solchen Felshang zu plazieren (58c), dann entstehen Gebilde, die vom Brückenbau und vom Seilbahnbau abgeleitet sind und damit die Formen der technisch orientierten Konstruktionsarbeit selbst im Bereich der Gaststätten- und Erholungsbauten dominant hervortreten lassen.

Auch das eigentliche Erholungszentrum des revolutionierten Menschen – der *Arbeiter-Klub* – darf und soll solche Züge tragen. Berühmtestes Beispiel ist jener ›Palast der Arbeit‹, den die Brüder Wesnin im Wettbewerb von 1922/23 eingereicht haben (d). Wieder taucht das Brückenmotiv auf, das dann in Charkow (58a) sechs Jahre später tatsächlich verwirklicht worden ist – vermutlich dürfen die Brüder Wesnin, neben mancher anderen Innovation, gerade auch dieses Motiv als ihre Anregung beanspruchen. Allerdings hat diese ›Brücke‹ nichts mit einem Verbindungsgang zu tun. Sie war gedacht als obere und hintere Zone (zusätzlicher Zuschauerraum) des oval ausgelegten Hauptauditoriums. Neben der ›Brücke‹ sind es vor allem zwei mächtige Antennenmasten, der eine auf dem ovalen Baukörper, der andere auf dem höchsten der kubischen Baukörper, welche den Assoziationsfluß in Richtung auf *›Schiff‹*, *›Meerdampfer‹* gehen lassen. Damit beim Betrachter kein Zweifel aufkommt, ob er damit in erwünschter Art reagiere, erhält er gleich die Bestätigung: zwei schnorchelartig ausgebogene Ventilationsrohre auf dem Dach des Auditoriums bestätigen ihm, daß etwas Schiffsähnliches in der Tat gemeint ist.

Ein ebenfalls frühes *Theaterprojekt* – wir wählen Andrej Burows Entwurf von 1924 (e) – wirkt weniger kühn neben dem Projekt der Wesnins, dafür um so härter. Man glaubt, es mit einer elektrischen Zentrale zu tun zu haben, volle Glaswände mit Ventilationsklappen deuten auf Werkhallen oder Generatorenhallen, der stilisierte Blitz an der Stirnseite des Eckwürfels vorne bestätigt diese Vermutung. Doch es ist ein Theater, das heißt eine Baugattung, die wenig Naturlicht braucht, weil die Haupträume künstliches Licht benötigen. (Gerade dieses Beispiel zeigt, daß eine Leitvorstellung – hier: werkhallenmäßige Helligkeit durch Glaswände – mitunter selbst dann sich behaupten kann, wenn die Bauaufgabe dieser Leitvorstellung diametral entgegengesetzt ist.)

Aus der Gattung der *Denkmäler* schließlich (f) jener große Wurf Tatlins (1919/20), der inzwischen längst zum Sammelzeichen für die Gesamtvorstellung ›russische Revolutionsarchitektur‹ geworden ist – von ihm selber als Denkmal, als Monument bezeichnet, obgleich auch Gebrauchszwecke für dieses schräg ragende Turmgebilde vorgesehen waren: die frei schwebend eingefügten drei Elementarkörper (Halbkugel, Pyramide und Würfelform) hätten als Arbeitsräume für die Propagandaabteilung, die Exekutive und die Legislative der Dritten Internationale dienen sollen. Doch diese Zweckseite des Ganzen wird uns erst später interessieren. Hier ist es der konstruktive Aspekt, der uns beschäftigt. Und er fügt sich ohne weiteres ein in das Gesamtmotiv der Arbeit. Denn Tatlins

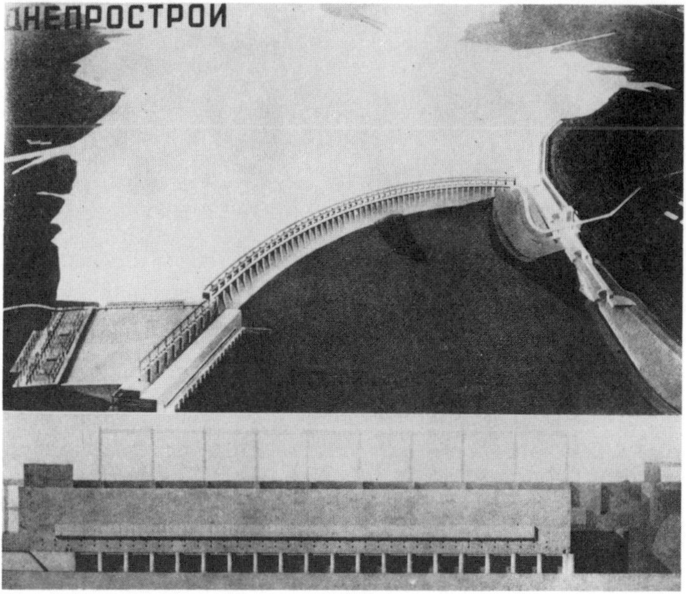

60 Viktor Wesnin und Mitarbeiter: Dnjepr-Staudamm, 1929

Turm ist durchwegs nach dem Vorbild von Eiffels Turm gestaltet, das heißt, er kennt überhaupt keinen Begriff der Hülle, er ist Skelett und nur Skelett. Alle für das Emporsteigen der Doppelspirale nötigen Stützkräfte werden gezeigt als das, was sie sind: *arbeitende, für die Konstruktion unerläßliche Teile.*

So ist es möglich, an allen nur denkbaren Baugattungen aufzuweisen – wir haben eben Beispiele aus dem Schulbau (Fig. 57 a–c), dann aus dem Verwaltungsbau, Wohnbau, Gaststättenbau (58 c), dem Klub- und Theaterbau und schließlich dem Denkmalbau herangezogen (Fig. 58 a–f) –, daß ein Arbeitsaspekt, ein Arbeitsmotiv vorherrschend ist. Vor allen Dingen trifft man immer wieder auf Ähnlichkeiten mit dem Industriebau.

Nun ist allerdings ›Arbeit‹ ein sehr weit gedehntes Begriffs- und Vorstellungsfeld, das viele Stufen von rein körperlicher bis zu rein geistiger Arbeit umfaßt, andererseits sich auch auffächert von ungeteilter zu hochgeteilter, spezialisierter Arbeit. In den eben erwähnten Beispielen sind denn auch offensichtlich ganz verschiedene Aspekte oder Zonen aus diesem Feld zum Ausdruck gelangt. Bevor wir danach fragen, welche Arten von Arbeitsbegriff vorherrschen, interessiert es uns, die russische Entwicklung der vorbildlichen Gattung selber – den *Industriebau* – zu beobachten.

Merkwürdigerweise hat jene Generation, die fast jeder Bauaufgabe das ›Gesicht‹ des Industriebaus aufprägte, sich mit dem Industriebau selber nicht allzu häufig befaßt. Die eine große Ausnahme ist das Projekt für den *Dnjepr-Staudamm*, wie es unter Leitung von Viktor Wesnin mit N. Kolli, G. M. Orlow u. a. ausgearbeitet worden ist (1929). Mit Recht wird dieses groß dimensionierte Bauwerk (Abb. 60) als eine echte architektonische Bewältigung technischer und landschaftlicher Gegebenheiten gelobt[141]. Der erste Volkskommissar für das Bildungswesen im Sowjetstaat, Anatoli Lunatscharski, der an der Entscheidung für Wesnin und seine Mitarbeitergruppe mitbeteiligt war, hat im Dnjepr-Staudamm das markante Beispiel sowjetischer Art der Industrialisierung gesehen. Vor dem Dnjepr-Projekt sagte er: »Es besteht ein enormer Unterschied zwischen amerikanischer und sowjetischer Industrialisierung. Er kommt aus der Tatsache, daß unsere werktätige Klasse nicht im Dienste der Industrie steht, sondern die Industrie steht im Dienste der werktätigen Klasse ...«. Er ist also nicht nur der Meinung, die Verhältnisse seien bereits in einem dialektischen Sinne umgewendet, er ist überdies auch der Meinung, diese Wendung spiegle sich in der Gestalt oder im Konzept einer derartigen Großanlage. »Wesnin hat es vermocht, Kraft, Leichtigkeit und Brauchbarkeit zu vereinen in dieser Architektur eines Industriebaues«, lautet seine Begründung[142]. Ob sie als Begründung befriedigt oder genügt, sei hier offen gelassen – außer Zweifel steht, daß Viktor Wesnins Team eine große Flußlandschaft in großem Stil umgestalten konnte, wobei die politische Unterstützung aus der Hauptstadt damals noch keine ästhetischen Implikationen enthielt.

61 I. W. Sholtowski: Thermische Zentrale, Moskau 1927

Zwei Jahre früher, 1927, ist in Moskau eine vergleichsweise kleine *thermische Zentrale* eröffnet worden (Abb. 61), deren durchgehende Glasfront in einem noch spürbar durch die Holzbautradition bestimmten Rußland eine viel stärkere Neuerungswirkung haben mußte als im damaligen Westeuropa. Der Architekt ist I. Sholtowski, also jener Konservative, der durch die ganze Epoche hindurch von seiner Überzeugung nicht abweicht, daß Palladio und italienische Renaissance überhaupt das einzige Vorbild für Architektur bleiben müsse. Offenbar ist dieses Kraftwerk, das man um einige Grade anders liest, wenn man es dementsprechend als ›Palladio in Glas‹ zu verstehen sucht, die äußerste Position des Entgegenkommens gewesen. Nicht umsonst ist es dann in der rückblickenden Darstellung des Lebenswerks von I. Sholtowski (1955) überhaupt nicht wiedergegeben[143], obgleich es eine durchaus ›ehrenhafte‹, weil immerhin kompetent durchgeführte Konzession darstellt. Gerade dieses Beispiel zeigt, daß Sholtowski eine konsequente Haltung einnahm – ganz im Gegensatz zu einigen Altersgenossen, die sich in diesen Jahren gegenüber der Avantgarde fortschrittlich ge-

62 E. Mendelsohn: Textilfabrik in Krasnoe Znamja, 1925

bärdeten, im übrigen aber ihre schlau abwartende Haltung beibehielten.

Wiederum zwei Jahre früher, 1925, ist in der Nähe von Leningrad ein Industriebau realisiert worden, dem man im gleichen Maße wie dem Dnjepr-Staudamm größere Ausstrahlung hätte wünschen mögen. ERICH MENDELSOHN konnte in Krasnoe Znamja eine *Textilfabrik* errichten (Abb. 62), die für die Gattung ›Fabrik‹ ebenso wegleitend hätte werden können wie der Dnjepr-Staudamm für seine Gattung. Allein es wird schwerfallen, eine Auswirkung dieser Anlage in Rußland aufzuweisen. Allerdings ist Mendelsohns Konzept ein ›Import‹ gewesen – er hatte eine weitgehend ähnliche Fabrik bereits 1912–23 in Deutschland errichtet, jene Hutfabrik in Luckenwalde[144], die vorab durch die neuartige Modellierung der Färbereihallen mit ihren Entlüftungstrichtern weithin bekannt geworden war.

Gerade weil Mendelsohn – neben Le Corbusier – zu den ganz wenigen Westeuropäern gehört, die in der frühen Sowjetphase nicht nur mitprojektieren, sondern auch wirklich bauen konnten, erhebt sich nun die Frage, weshalb das sogenannte ›expressive‹, auf seine Weise höchst bedeutsame Industriekonzept von Mendelsohn ebensowenig zum Zuge kam wie das nicht weniger originelle, allerdings zurückhaltendere Industriekonzept von Viktor Wesnin und dessen Mitarbeitern? (Mendelsohn hatte ja schon mitten im Weltkrieg und seither eine spezielle Industriearchitektur entwickelt (Abb. 59), die gerade deshalb für den Sowjetstaat hätte interessant sein können, weil sie sich hinreichend unterschied von der westlichen, insbesondere der amerikanischen Industriearchitektur. Gerade zu Lunatscharkskis eben zitierter These von der visuellen Ablesbarkeit der umgewandelten Verhältnisse hätte Mendelsohn einen Ansatz bieten können!)

Die Antwort liegt nicht in Richtungskämpfen der Architekten allein, sondern in der stockenden Entwicklung der Industrialisierung selber. Nicht ohne Grund wird immer wieder gesagt, die russische Revolution sei, von der marxistischen Theorie her gesehen, eine verfrühte Revolution gewesen in der Hinsicht, daß eine Arbeiterklasse im Sinne des Industrieproletariats noch gar nicht dominant genug gewesen sei.

Es ist somit gerade nicht so, daß der Industriebau deshalb das ›Gesicht‹ aller übrigen Gattungen prägt, weil er im Wirtschaftsleben des Landes tatsächlich die überragende Rolle spielt. Es ist vielmehr umgekehrt so, daß damals überhaupt kaum ein Industriebau verwirklicht werden kann, dennoch paradoxerweise das ›Industriebild‹, die ›Industriesprache‹ der einzige *durchgehend angewendet* Stempel ist, mit dem alle anderen Gattungen geprägt werden.

Man wird sich denn auch nicht wundern, daß von den wenigen erhaltenen Industrieentwürfen der frühen Revolutionsarchitektur nur vereinzelte zielgerichtet sind und einem faktischen Auftrag[145] entsprechen – der Rest gehört zu einer anderen Gruppe. Diese Gruppe sei vertreten durch jenen Röhrenturm für Alkalin-Lösungen (Abb. 63), der das eine Mal J. Gruschenko, das andere Mal Ladowskij zugeschrieben wird (und beide Zuschreibungen sind richtig). Ein Gefüge aus mehrgeschossigen Röhren, zusammengehalten durch eiserne Verstrebungen, überdeckt mit perforiertem Blech.

Khan-Magomedow bemerkt dazu, es sei eine »Studie in der Darstellung des Vollen und des Leeren« gewesen, durchgeführt im Kurs II des Jahres 1922, gezeichnet vom Studenten Gruschenko unter der Klassenleitung von Ladowskij[146a]. Also eine Übung im alten, wichtigen Schulungsthema ›le plein et le vide‹, des Körpers und des Räumlichen. Zwar als Architektur durchgeführt, jedoch jenseits des Begriffes ›Haus‹, angewendet auf

63 I. Gruschenko unter Leitung von Ladowskij: Röhrenturm zur Alkalin-Gewinnung, 1922

Bereiche, die kurz vorher noch nicht als architekturfähig oder architekturwürdig beurteilt wurden. Sehr wohl möglich, daß ein damaliger Industriechemiker die Anlage als praktisch ungeeignet bewertet hätte – dennoch bleibt dieses Studienblatt eines Studenten in der Überlieferungsmasse lebendig, indem es sich weiter reproduziert. Weshalb? Einerseits wohl aus ästhetischen Gründen: es wird hier gezeigt, daß das Volle und das Leere auch dann zu einem rhythmisierten Ganzen zusammengebracht werden können, wenn die Teile nicht traditionelle Architekturelemente sind. Aber dies allein gibt dem Blatt nicht seine Kraft. Der zweite Faktor ist wohl der, daß es die *Arbeitswelt* beschwört, die neue chemisch-technische Arbeitswelt, und zwar in einer Vergrößerung, einer eigentlichen Monumentalisierung. Die Arbeitsgeräte des Chemielabors erscheinen hundertfach vergrößert und so komponiert, daß sie ein *zweifaches* Monument der Arbeit ausmachen. Denn es wird ja nicht nur der Geistesarbeiter, der Chemiker gewürdigt in diesem nicht nur für den russischen Bauern neuartigen Gebilde – es wird auch noch die *arbeitende Materie selber,* das arbeitende Element

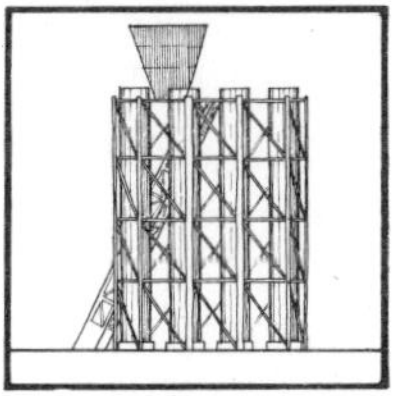

64 a

b

gewürdigt. Verwandlung durch wohldosierte Mischung, verstanden als ›*Arbeitsprozeß*‹ *der Natur,* der provoziert ist vom Chemiker, diesem Erben des Alchimisten – das ist das ›Mitgemeinte‹, das Konnotierte an diesem Stück Entwurf.

Um mit einem Vergleich zu präzisieren: als Ledoux um 1780 die erste neue Stadt baut, die bewußt als Stadt der Arbeit (Salzgewinnung) geplant ist, gestaltet er ein Zeichen, das wie ein Signet immer wieder auftaucht: Salzlösung, Sole, wie sie aus einem Rohrmund tritt und abfließend kristallisiert (Abb. 64 b). Auch hier werden die Naturelemente ›*an der Arbeit*‹ gezeigt. Es geschieht etwas, es verändert sich etwas, ein Prozeß spielt sich ab. Sowohl Ledoux um 1780 wie Ladowskij/Gruschenko im Jahr 1922 (64 a) scheinen in erster Linie darauf aus zu sein, diesen Prozeß, als Verwandlungsprozeß in der Natur irgendwie sinnfällig zu machen. Ledoux gestaltet ein Relief, er bedient sich also bildhauerischer Mittel; Ladowskij/Gruschenko versuchen, nicht abbildend, sondern architektonisch vorzugehen, das heißt, sie komponieren mit architektonischen Gesetzen und Dimensionen, aber mit (damals noch) nichtarchitektonischen Elementen.

Nicht nur der arbeitende Mensch, auch die ›arbeitende‹ Natur scheint also mit im Spiel und verborgenes Thema zu sein im neuartigen Konzept der Revolutionsarchitektur. Damit ist das Bedeutungsfeld ›Arbeit‹ nun allerdings derart gedehnt, daß wir zusehen müssen, wenigstens die Hauptzonen oder Hauptschichten des Motivs klar unterscheiden zu können.

Ein Wesen oder Ding arbeitet dann, wenn es Kräfte längs eines Weges ausübt. Unter der Voraussetzung, daß Kraft und Weg gleichgerichtet sind und daß die Kraft längs des Weges konstant bleibt, läßt sich Arbeit messen. Die Arbeitsleistung schließlich wird dadurch meßbar, daß die aufgewendete Zeit als dritter Faktor einbezogen wird.

Was haben diese Sätze aus der Mechanik mit Architektur zu schaffen? Unsere Beobachtungen führen uns zur These, daß die russische Revolutionsarchitektur nicht nur – wie jede Architektur – durch den Bau von Werkräumen das Arbeiten unter Dach ermöglichen will, sondern daß sie darüber hinaus den Arbeitsprozeß darstellen, verdeutlichen, oft auch mit einem gewissen Pathos augenfällig machen will. ›Arbeit‹ wäre demnach für diese Architekturphase nicht nur die *Aufgabe* (im doppelten Sinn: nur durch Arbeit entsteht ein Haus; dieses Haus kann zum Zwecke der Arbeit errichtet sein), sondern auch ideologisch prononciertes *Motiv*.

Dabei muß immerhin festgehalten werden, daß es sich vermutlich, historisch gesehen, um ein *neuartiges Bedeutungsfeld* handelt. Es konnte erst dann aktuell werden, als eine Gesellschaft sich in erster Linie als Arbeitsgemeinschaft, als Produktionsgemeinschaft zu verstehen begann, und das wiederum konnte sie erst, wenn das Arbeiten und die Arbeitsleistung als besondere *Werte* anerkannt waren.

Es muß für außereuropäische Besucher der Pariser Weltausstellung von 1867 (Abb. 65) eine seltsame Überraschung gewesen sein, daß der innerste – also ranghöchste – der Ausstellungsringe der ›Histoire du travail‹ und der Kunst gewidmet war. Eine Geschichte der Arbeit darzustellen und sie gleichberechtigt neben die Kunst zu setzen, das verrät ein typisch europäisches und ein typisch neuzeitliches Wertsystem. Denn es wird schwerlich eine außereuropäische Gesellschaft aufzufinden sein, die dem Begriff und auch dem sogenannten ›Ethos‹ der Arbeit ein derartiges Gewicht beimäße, wie das die neuzeitlichen Europäer tun.

Was das europäische *›Ethos‹ der Arbeit* eigentlich ausmacht, läßt sich am besten mit den Worten MAX WEBERS kennzeichnen, der in seiner Abhandlung ›Die protestantische Ethik und der

65 Die Weltausstelllung des Jahres 1867 in Paris aus der Vogelperspektive

Geist des Kapitalismus‹ ebenso faszinierende wie überraschende Zusammenhänge aufgedeckt hat. Das ›Ethos‹ der Arbeit hängt gemäß Max Weber von zwei Eigenschaften ab, nämlich erstens von der »Fähigkeit der Konzentration der Gedanken«, zweitens davon, daß der Arbeiter »sich ›der Arbeit gegenüber verpflichtet‹ zu fühlen« vermag. Beide Eigenschaften findet er vereint bei »spezifisch religiös erzogenen« Arbeitern, und zwar namentlich solchen von »pietistischer Provenienz«. Webers These besteht bekanntlich darin, daß vor allem die Calvinistische Prädestinationslehre das Ernstnehmen des Berufs, der Berufstätigkeit, der Arbeitsleistung gefördert habe – und da der Calvinismus vorab in Nordeuropa und Nordamerika verbreitet ist, erklärt er sich daraus das Zustandekommen eines dominierenden Kapitalismus vornehmlich in diesen Gebieten[146b].

Auch wer der These von Max Weber nur mit Vorbehalten zustimmen kann, wird gelten lassen, daß diese – einst aus religiösen Antrieben zustande gekommene – Arbeitsethik eine zunächst typisch nordeuropäisch-nordamerikanische Erscheinung ist, welche mit dem Industriekapitalismus der zweiten Hälfte des 19. Jahrhunderts zu ihrer eigentlichen Bedeutung kommt. Dennoch ist es ein eigentümlicher Zufall, daß sie dann ausgerechnet im selben Jahr 1867 ihre erste Würdigung und ihre erste fundamentale Kritik findet: durch die Weltausstellung 1867 mit ihrer ›Geschichte der Arbeit‹ und durch ›Das Kapital‹ von Marx in seinem ersten Band.

Wenn die Arbeit Ausstellungsthema wird, wie in der Exposition universelle von 1867, dann ist das noch bei weitem nicht dasselbe, wie wenn sie Architekturthema wird. Dies scheint sich in der russischen Revolutionszeit zu vollziehen, und zwar aus begreiflichen Gründen, ist doch die russische Revolution ausdrücklich im Namen der Arbeit und der Arbeitenden durchgeführt worden. Die Lehre von Marx, die die Theorie dieser Revolution darstellt, geht ja aus vom Begriff der Arbeit und sie mündet wieder in ihn, oder, wie es E. Metzke formuliert hat: »es geht bei Marx um das *›werktätige Gattungsleben‹*, und zwar als ein leibhaftes, sinnliches, reales Tätigsein«[147].

66 a A., L. und V. Wesnin: Entwurf zu einem Redaktionsgebäude für die ›Leningradskaja Prawda‹, 1923–24. Aufnahme nach dem Modell London 1971

b

c

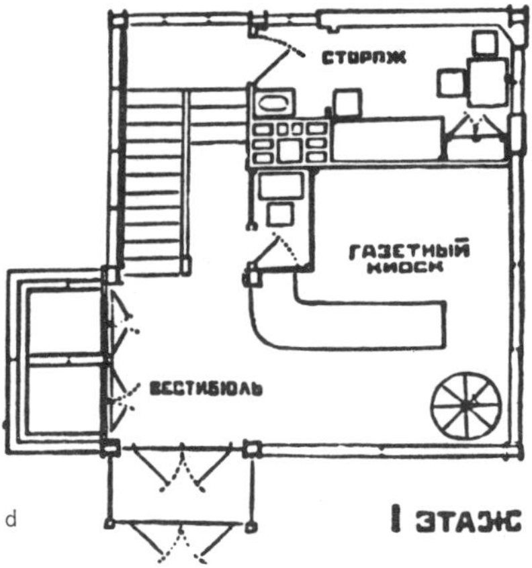

d

66 b–d
A., L. und V. Wesnin: Entwurf zu einem Redaktionsgebäude für die ›Leningradskaja Prawda‹, 1923–24. Aufnahmen nach dem Modell London 1971. Teilansichten und Grundriß

Gerade weil dieses ›werktätige Gattungsleben‹ vom Marxismus aufgefaßt wird als ein ›leibhaftes‹, damit auch ›sinnlich‹ wahrzunehmendes ›Tätigsein‹, ist es leicht verständlich, daß die Revolutionsarchitekten in ihren räumlichen Hüllen dieses ›Tätigsein‹ zu fassen und widerzuspiegeln versuchten, und zwar mit allen sinnlich wahrnehmbaren Mitteln, die ihnen zur Verfügung stehen konnten.

Ein Beispiel dafür, wie Revolutionsarchitektur den mehrschichtigen Charakter des Komplexes ›Arbeit‹ zu formulieren versucht, geben die Brüder WESNIN in ihrem Projekt für ein Redaktionsgebäude der Zeitung ›Leningradskaja Prawda‹, 1923–24 (Abb. 66 a–d). Dieses Gebäude, als gläserner Quader über quadratischem Grundriß (6 x 6 Meter), artikuliert sich in dreifacher Weise:

– Erstens als Bauarbeit oder *Konstruktionsarbeit*. Das heißt, die tragenden, die getragenen und die verstrebenden Teile sind möglichst klar erkennbar und unterscheidbar gemacht. Das Mittel der gläsernen Hülle macht es möglich, daß auch die diagonalen Verstrebungen visuell ganz zur Geltung kommen. Das gilt besonders auch für den gläsernen Liftschacht, der nicht nur einsichtig macht, wie dieser vorspringende Bauteil in sich hält und steht, sondern auch noch, wie der Lift in ihm arbeitet. Wenn eine Konstruktion derart genau zur Geltung kommen kann, in ihrer ganzen Sparsamkeit und Überlegtheit der Mittel, daneben auch in ihren einfachen, abgewogenen Maßverhältnissen, dann kommt damit auch das ›Arbeiten‹ der Bauteile zueinander und untereinander zur Geltung und zum Ausdruck. Arbeit, hier nun rein physikalisch, d. h. bauphysikalisch verstanden, wird zum visuellen Ereignis.

– Zweitens erlaubt die Durchsichtigkeit des Gebäudes auch die Einsicht in die Arbeitswege der Zeitungsredaktoren. Ihr Gehen und Stehen, ihr Sitzen, Schreiben, Telefonieren, Redigieren wird sichtbar. Es ist auch dann, wenn keine Menschen zugegen sind, als Wegnetz von Arbeitenden klar erkennbar, denn die Treppen sind ebenso einsehbar wie die Möbelgruppen. Mit anderen Worten: die *Funktionszusammenhänge* der Mitarbeiterschaft sind optimal klargestellt. Die Hülle ist knapp; jede Funktion ist ablesbar. Wer dieses Haus betritt, wird durch die Gestalt und Abfolge der Räume selber gelenkt.

– Drittens sind neben Konstruktion und Funktion, noch bestimmte *explizierende Zeichen* angebracht, die insgesamt dem Vorstellungskreis ›Information, Zeitungswesen‹ zugehören. Diese Zeichen können mit architektonischen, aber auch mit typografischen oder objektmäßigen Mitteln gebildet sein. Über dem Glasvorsatz des Hauseinganges ist es die Anschrift ›Leningradskaja Prawda‹, die den Zweck des Ganzen für die Nahsicht erläutert. Dieselbe Anschrift, nun größer, wird für die Fernsicht an der Stirn des Hauses wiederholt. Diese Wiederholung ist, um der besseren Lesbarkeit willen, auf einer schräg vorgeneigten Tafel angebracht. Um sie zu halten, springen zwei eiserne Halbkreise aus den Eckstützen, ausgestaltet wie Räder mit Speichen, was die Assoziation von ›Walze‹, genauer ›Druckwalze‹ auslöst. Diese raffinierte Kombination aus vorgeneigter Schrifttafel und Objekt-Nachahmung vermittelt damit auf einfache Art die Vorstellung ›Druckvorgang‹. Zwischen der unteren und der oberen ›Prawda‹-Anschrift tritt eine Auskragung aus der Front, die als glatte umgekehrte Böschung einen kleinen Balkon stützt. Diese umgekehrte Böschung kann, gut sichtbar von der Straße, hinter ihrer Glasscheibe Plakate, Photographien, vergrößerte Zeitungsseiten, Schlagzeilen aufnehmen.

Die Krönung des Baus trägt ein quadratisches Zifferblatt, einen Fahnenmast, einen Scheinwerfer und einen Lautsprecher. Der Lautsprecher sollte bei wichtigen Ereignissen mündliche Übermittlungen möglich machen, der Scheinwerfer war als Projektor von Nachrichten auf Wolken gedacht. Diese letzte Idee mag eher phantastisch anmuten – beim Klima von Leningrad ist sie nicht so ganz unrealistisch.

Kurz:
- die *Konstruktion* als bauphysikalisch arbeitendes Gehäuse
- die *Funktion* der Mitarbeiter als Bewegungsablauf, als Wegnetz und Verhaltensprozeß
- die *Zeichen* und Instrumente zur Verdeutlichung des Bauzweckes (Zeitungsgebäude, Informationszentrale)

sie sind alle, auf verschiedenen Ebenen, mit dem Gesamtbegriff ›Arbeit‹ verknüpft. Um es in einem Sprachvergleich zu sagen: das Arbeitsmotiv wird hier zweimal als Verb (das arbeitende, d. h. physikalisch ›tätige‹ Baumaterial; der arbeitende, d. h. seinen Tagesablauf bewältigende Mensch) und einmal als Substantiv (die Arbeit als explizites Zeichen) zum Ausdruck gebracht. Es wird gewissermaßen zweimal konjugiert – bezogen auf Objekte, bezogen auf Subjekte – und einmal dekliniert.

Wobei die eigentlichen Zeichen (Druckwalze, Scheinwerfer, Zifferblatt, Fahnenmast) überdies noch doppelbödig oder *zweischichtig* sind, denn sie sind nicht nur als Informationsutensilien lesbar, sie können auch erinnern an den Vorstellungskreis ›Schiff‹. Diese Vermutung wird bestätigt durch die Ausbildung des Dachgeschosses: es hat Metallgehäuse, Leitertreppen, Relingsgitter und eine Fahne, ganz in der Art eines metallenen Ozeandampfers.

Es ist nun bereits das zweite Mal, daß die Assoziation ›Schiffsformen‹ an einem Werk der Brüder Wesnin augenfällig wird – auch am ›Palast der Arbeit‹, der in derselben Zeit entworfen wurde, wiesen einige Zeichen in dieser Richtung. Hier muß man sich nun fragen, ob die Schiffs-Assoziation, die ja auch bei anderen Bauten der Avantgarde, etwa der ›Villa Savoie‹ von Le Corbusier, 1928, bewußt ausgelöst wird (Abb. 67 a, b), eine qualifizierte oder bloß eine modische Architekturaussage der zwanziger Jahre sei. Daß ihr mindestens Le Corbusier bewußt das Wort geredet hat, geht aus einer Stelle in seinem Buch ›Vers une architecture‹ (1923) hervor, wo er das Heck des Dampfers ›Aquitania‹ abbildet (Abb. 67 a) und darunter schreibt, man sollte auf den Dünen der Normandie eine Villa errichten, die in der Art von Schiffen gebaut wäre[148]. Er fordert also dazu auf, im Villenbau den Schiffbau nachzuahmen.

Gerade diese Tendenz der zwanziger Jahre, den Villenbau und andere Baugattungen als Schiffbau zu sehen, hat nun einen der interessantesten Architekturkritiker unter den marxistischen Denkern, Ernst Bloch, auf den Plan gerufen. Er schreibt unter ›Neue Häuser und wirkliche Klarheit‹ im ›Prin-

67 a

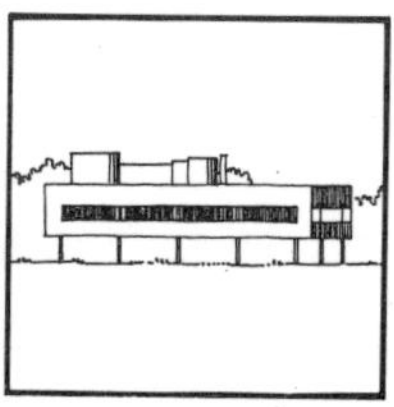

b

zip Hoffnung‹: »Heute sehen die Häuser vielerorts wie reisefertig drein. Obschon sie schmucklos sind oder eben deshalb, drückt sich in ihnen Abschied aus. Im Innern sind sie hell und kahl wie Krankenzimmer, im Äußeren wirken sie wie Schachteln auf bewegbaren Stangen, aber auch wie Schiffe. Haben flaches Dach, Bullaugen, Fallreep, Reling, leuchten weiß und südlich, haben als Schiffe Lust, zu verschwinden«[149]. Woraus er dann schließt, daß die »Schiffsform« so etwas wie ein »Fluchtmotiv der meisten heutigen Menschen in der kapitalistischen Kriegswelt« darstelle[150].

Was Bloch höchst anschaulich beschreibt, führt ihn also zum Schluß, mit der Schiffs-Assoziation sei gewissermaßen das Abfahren, die Flucht aus der kapitalistischen Kriegswelt als ein (unbewußtes?) Bedürfnis eingestanden. Eine kühne, weit ausholende These. Für die Brüder Wesnin dürfte sie schon deshalb unbrauchbar sein, weil diese ja in einem nichtkapitalistischen Staat leben. Überdies bezeugt ein langjähriger Mitarbeiter in ihrem Büro, Kahn-Magomedow, daß die Wesnins der Revolutionsentwicklung – ganz im Gegensatz zu vielen älteren Architekten – von Anfang an positiv gegenüberstanden und ihre Erklärung wörtlich meinten, daß der russische Architekt vor der Aufgabe stehe, »Schritt zu halten mit den Gestaltern des neuen Lebens«[151].

Mit anderen Worten: Wenn das Schiffs-Motiv bei derartig begabten Sowjetarchitekten wie den Wesnins auftaucht, dann deutet es gewiß nicht auf eine mehr oder minder eingestandene ›Lust‹, sich ›reisefertig‹ zu machen und ›zu verschwinden‹ aus einer Weltordnung, die sie nicht für akzeptabel halten. Wir müssen deshalb einen anderen Erläuterungszusammenhang suchen für das Motiv (das übrigens im ›Prawda‹-Bau nur unterlegtes, sekundäres Motiv ist nach dem Primärmotiv ›Druckereiwesen – Informationswesen‹). Dieser scheint ganz einfach darin zu liegen, daß das Schiffsmotiv auf ein *gleitendes, fahrendes* Haus hindeutet. Also auf ein ›arbeitendes‹ Haus: jede Bewegungserzeugung ist Arbeitsleistung, das Schiff leistet Arbeit, denn es setzt Kraft ein längs eines Weges innerhalb bestimmter Zeitabschnitte. So gesehen, erweist sich selbst diese

Assoziationsgruppe als eine Reverenz vor dem Gesamtbegriff der technisch orientierten Arbeit.

Die Epoche scheint mit Dampfmaschine, Eisenbahn, Dampfschiff, Automobil schlechterdings alles in Fahrt gebracht und gesetzt zu haben. Die einst von Pferdekraft gezogenen Geräte sind selbst-arbeitende, selbst-bewegliche, auto-mobile Geräte geworden. Der Architekt beginnt, diese Leistung des Ingenieurs zu reflektieren, indem er dem Haus Züge verleiht, die es als arbeitendes, fahrendes Gerät – als Arche Noah – erscheinen lassen.

Von hier aus müßte es nun möglich sein, das Gesamtfeld der russischen Revolutionsentwürfe auf jene prägnanten Fälle hin durchzugehen, die auf eine der drei Arbeits-Visionen – die konstruktive, die funktionelle oder die explizit zeichenhafte – besonders deutlich ansprechen. Wir können nicht eigentliche Reihen bilden, müssen uns mit Andeutungen oder markanten Belegen begnügen, und sind uns dabei selbstverständlich bewußt, daß ›Prägnanz‹ bei weitem nicht immer ein qualitatives Hervortreten meint, sondern nur einen besonderen Grad an typischem Verhalten innerhalb der Arbeits-Morphologie der Revolutionsphase.

1 *Arbeit als Konstruieren*

Die chronologische Reihung einiger herausgegriffener Beispiele (Abb. 68 a–h) zeigt zunächst (a), daß Tatlins Turm von 1920 nicht nur innerhalb der Denkmäler, sondern auch innerhalb betont konstruktiver Bauten als der große Wurf erscheint. Was immer die Gründe sein mögen zum Ziel, eine Doppelspirale konisch emporzuführen[152]: dieses Emporwinden und Emporstützen wird so intensiv vor unseren Augen vollzogen, daß es wie ein aktualisiertes bauphysikalisches Geschehen wirkt. Neben der Hauptstütze, die als schräges ›Rückgrat‹ emporgeht, gibt es (mit der Ausnahme zweier Basisbogen) nur noch ein Element, die Nebenstütze. Sie kann als Senkrechte oder als Schräge auftreten. Die Hauptschräge, die Nebensenkrechten

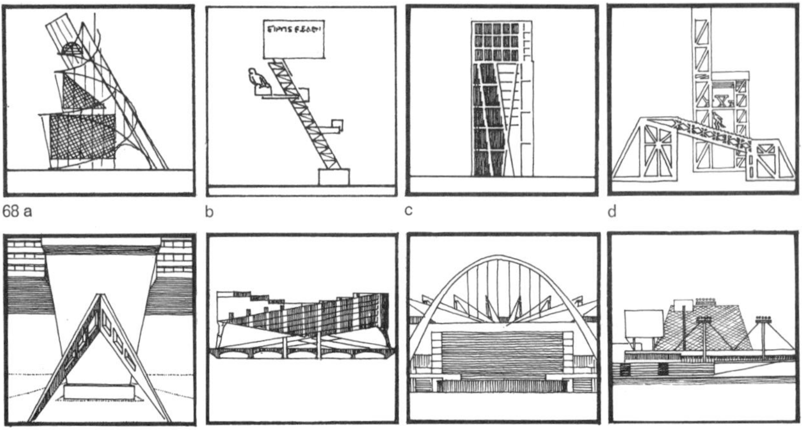

68 a b c d e f g h

und die Nebenschrägen (die nicht im gleichen Winkel geneigt sind wie das ›Rückgrat‹) sind die drei Elemente, die die Arbeit leisten, die beiden Spiralen heraufzutragen, heraufzuführen.

Lissitzkys Rednertribüne für Lenin (b), die er zwischen 1920 und 1924 entwickelt hat, wirkt zunächst wie das herausgebrochene ›Rückgrat‹ aus Tatlins Konzept. Sie ist ein Beispiel aus jener Versuchsreihe der Unovis-Gruppe, die das Schwergewicht visuell zu überwinden trachtete. Ein roter Würfel – das Symbol dieser Gruppe, die sich für Reform der Kunstschulen und für künstlerisch qualifizierte Propaganda einsetzte – bildet die Basis[153]. Aus ihm neigt sich der kranartige Mast empor, der die Tribüne und die Schrifttafel trägt. Konstruktion spricht hier deshalb so ungewohnt, provozierend und intensiv, weil die optisch als riskant wirkende Schräge weder eine zureichende Begründung hat (im Gegensatz zum Kran) noch ein beruhigendes Gegengewicht. Die Provokation des Revolutionsarchitekten besteht also darin, daß er mehr aufwendet, als rational nötig ist, wodurch ein irrationaler Überschuß ins pathetisch Zeichenhafte entsteht. Gleichzeitig wird uns gesagt, daß Bauphysik noch ganz anders arbeiten kann, als Tradition es für möglich hielt.

V. Krinskys Hochhaus für den Lubjanska-Platz in Moskau, 1923 (c), variiert das Konstruktionsschema von Tatlin, indem wieder die Senkrechte und die Schräge als Hauptakzent auftreten. Aleksander Wesnin (d) hat, so weit ich sehe, als erster, den Konstruktivismus in die Bühnenarchitektur übertragen: Szenengruppierungen für Chestertons ›Der Mann, der Donnerstag hieß‹ (1923) zeigen, wie viel Konstruktion, gerade wenn sie ganz einfach ist, tatsächlich ›sagen‹ kann. A. Wesnin hat die Provokation, die für (b) und (c) so wichtig ist, nicht nötig. Seine Zurückhaltung erweist sich als eine Qualität. Er vermag neuartig zu sein durch Freilegung einfacher Möglichkeiten.

Lissitzkys ›Wolkenbügel‹ (e) von 1924 ist ein in die Höhe gehobenes Verwaltungsgebäude, das er sich mehrfach wiederholt als Markierung der radial geordneten Quartiere Moskaus denkt. Hier wird die von ihm verworfene Variante gezeigt, die schräge Stützen aufweist. Später hat er nur noch die senkrecht gestützte Variante publiziert, und sicherlich mit Recht. Uns interessiert jedoch auch der Grenzfall mit den Schrägstützen, wiederum in der Absicht, damit das damalige Interesse für provozierend arbeitende Bauphysik zu belegen.

Auch Konstantin Melnikow hat seinen Tribut in dieser Richtung bezahlt. Er plant eine Autogarage über der Seine in Paris, 1925 (f), die auf einer Brücke aufruht, von den Ufern her jedoch von zwei Schrägstützen, verkleidet als Männergestalten, getragen wird. Das Spiel mit den Risiken wird bei dieser Bauweise zum Rausch – wiederum ein Grenzfall, der nicht dazu verführen darf, das übrige Werk des Architekten zu unterschätzen.

Aus der Reihe der Wettbewerbsentwürfe für den Sowjetpalast 1931 seien zwei Beispiele herausgegriffen. Le Corbusier (g) hängt das Dach des Auditoriums an einem Parabelbogen auf, ein ungewohnt entspanntes Motiv innerhalb des russischen Entwurfsfeldes. Von dem nun so häufig beobachteten Versuch, die Konstruktion wortwörtlich aus den Angeln, das heißt aus dem rechten Winkel und aus der Gravitationsachse herauszuheben, ist hier nichts zu spüren. Die Brigade SASS (Pawlow, Kusnetzow) schließlich (h) möchte denselben Palast als Gittergerüst sehen. Das Kraftfeld wird feiner unterteilt, als noch vor wenigen Jahren üblich, die Angestrengtheit der ›überhängenden Architektur‹ scheint abzuklingen.

Alles in allem: die russischen Architekten der Revolutionsgeneration folgen genauso begeistert wie die Westeuropäer dem Vorbild des Ingenieurs, dessen Metier das Konstruieren ist und nichts außerdem. Sie unterscheiden sich indessen von den Westeuropäern durch ihren Willen zu einem *erhöhten Risiko* im Kräftespiel. Die Erregung der Revolutionsjahre, die eine wirkliche, faktische Änderung des Menschen herbeihoffen ließ, scheint sich bei vielen russischen Architekten dahin auszuwirken, daß sie die überkommenen Schwergewichtsrechnungen zu verändern suchen. Welche Motive hinter diesem Versuch stehen, wird uns noch beschäftigen müssen.

2 *Arbeit als Funktionieren*

Im Gegensatz zum Arbeitsmotiv des Konstruierens, das die Verdeutlichung und Selbstdarstellung einerseits der Bauarbeit, andererseits des bauphysikalischen Kräftesystems zum Ziel hat, geht das Arbeitsmotiv des Funktionierens ganz vom Subjekt, vom Menschen aus. Ein Haus mit bestimmtem Zweck – etwa eine Brotfabrik – soll so gut funktionieren, daß alles das, was der Reihe nach geleistet werden muß beim Brotbacken, ohne Umwege und Hin und Her flüssig abgewickelt werden kann. Die funktionell entworfene Brotfabrik (Abb. 69), wie sie bei Lissitzky als Studentenarbeit aus dem Höheren staatlichen Kunst- und Technik-Institut (Wchutein) abgebildet wird[154], unterscheidet sich von der jahrhundertalten Backstube durch erhöhte Arbeitsteilung. Die vielerlei Arbeitsabläufe und Handreichungen, die in der Backstube im selben Raum sich überlagern, werden in der Brotfabrik in ein örtliches Nacheinander umorganisiert: Der Arbeitsprozeß wird geteilt in viele Etappen, kann deshalb vielen verschiedenen (auch ungelernten) Händen zugeteilt werden, erreicht damit höhere Produktionsziffern und schließlich Massenherstellung.

69 Studentenarbeit (aus dem Höheren staatlichen Kunst- und Technik-Institut Wchutein): Brotfabrik

Funktionieren, vom Gesichtspunkt des Arbeitsökonomen und des Architekten her gesehen, heißt deshalb so viel wie richtiger, weil sparsamer und rascher Ablauf eines Herstellungsprozesses – erreicht durch logische räumliche Reihung der Etappen dieses Prozesses.

So wie sich die Backstube zur Brotfabrik verhält, so verhält sich die konventionelle Wohnung zur Wohnkommune. Als Beispiel ziehen wir wieder jenes Projekt von M. Barstsch und W. Wladimirow (1929) heran, das uns (Kap. 5) als besonders klare Neugruppierung des gesellschaftlichen ›Moleküls‹ entlang einem Achsenkreuz erschienen ist (Abb. 6–11). Wir haben damals beobachtet, daß in dieser Wohnkommune die drei Altersstufen Kleinkind–Schüler–Erwachsener, die in der traditionellen Wohnung durchmischt zusammenleben, gewissermaßen ›aussortiert‹ werden (Abb. 7).

Es wird indessen in der Wohnarchitektur der zwanziger Jahre weit mehr ›aussortiert‹ als nur das Gefüge der Altersstufen. Der Tageslauf selber wird funktionell verstanden. Er wird im buchstäblichen Sinne als ein Arbeitsablauf begriffen, das heißt als das Einsetzen verschiedener Energien längs eines Weges. In der Kommune von Barstsch und Wladimirow heißt das, daß der alte Sammelbegriff ›Wohnen und Haushalten‹ aufgegliedert wird in viele Etappen. Diese Etappen führen eine berufstätige Frau beispielsweise am Abend, nach der Rückkehr von der Arbeit, zuerst zum Waschen und Umkleiden in die Schlafzelle (Abb. 9), dann in den Eßraum (Abb. 10), hierauf zum Besuch des Kleinkindes in den Kinderblock und des Schülers im Internat (Abb. 6), schließlich in den Lesesaal (Abb. 11) und so fort. Das Kommunehaus stellt somit den architektonischen Grenzfall dar in der räumlichen Aussortierung aller jener Arbeits- und Bewegungsabläufe, die das Wohnen insgesamt ausmachen – verstanden als Haushalten, Erziehen, Erholen, Weiterbilden usw.

Damit wird der Alltag als ein Ablauf von Tätigkeiten begriffen, und zwar nicht nur in der Berufsausübung, sondern auch in der Freizeit und Ruhezeit. Arbeit wird zum Nenner alles dessen, was der Mensch unternimmt, und die Ruhezeit, das Schlafen, wird folgerichtig als Nicht-Arbeit verstanden. Diese speziell europäische und neuzeitliche Auffassung des Alltagslebens als Arbeitsabfolge spiegelt sich in den Architekturplänen etwa darin, daß die einzelnen Räume im Grundriß nicht mehr substantivisch (›Schlafzimmer‹, ›Küche‹), sondern mit Tätigkeitswörtern (›Wohnen‹, ›Essen‹, ›Schlafen‹) bezeichnet werden.

So hat beispielsweise Le Corbusier seine ›Ville Radieuse‹ (1931–34) in ihren Funktionen unter vier Tätigkeitswörter gestellt:

»Wohnen
Arbeiten
Körper und Geist Ausbilden
Zirkulieren
(in dieser Reihenfolge und in dieser Hierarchie)«[155].

Dieses Verbalisieren, dieses Umdeuten oder Aufschlüsseln des Tages in einen Tagesablauf, Tätigkeitsablauf, spiegelt sich in der Architektur als eine Betonung des Weges, der Wegnetze, der Wegverflechtungen, die den Funktionalismus kennzeichnen. Julius Posener[156] hat eindringlich aufgewiesen und dokumentiert, wie sich die Anfänge des Funktionalismus in England herausgebildet haben. Lethaby, Voysey und Ashbee sind jene Pioniere, die in der Bewegung der ›Arts and Crafts‹

die Tendenz ausgelöst haben, das Haus als etwas Funktionierendes zu verstehen. Der deutsche Architekt Hermann Muthesius ist, um diese Bewegung zu studieren, 1896 nach England gekommen und dort sieben Jahre geblieben. Sein dreibändiges Werk ›Das englische Haus‹ ist der eigentliche Anstoß geworden zur Gründung des Deutschen Werkbundes (1907). Die stufenweise Entfaltung alles dessen, was Funktionalismus in Deutschland bedeutet hat, kann hier nicht nachskizziert werden. Wir müssen uns begnügen mit der Frage, ob der Weg von England nach Deutschland – so, wie er von Posener klargestellt wird – nicht doch folgerichtig weiterführt nach Sowjetrußland. Denn im russischen Kommunehaus ist die letzte Konsequenz dessen erprobt worden, was Alltagsleben, als Ablauf verstanden, bedeuten kann.

Eine scheinbar eher nebensächliche Bemerkung von Hermann Muthesius über ›Das Badezimmer‹[157] vermag die architektonische Veränderung durch funktionalistisches Denken in den zugehörigen Zusammenhang zu versetzen. Er schreibt:
»*Wasserzu- und -abflußröhren, Leitungen der verschiedensten Art* für heißes Wasser, für die Heizung, für elektrisches Licht, für den Nachrichtendienst *fingen an, das Haus zu durchziehen* und ihm den Charakter eines verfeinerten Organismus zu geben, mit *Arterien, Venen und Nerven,* wie sie der menschliche Körper hat. Die ästhetische Schönheit früheren Ideals mußte dabei zunächst in den Hintergrund rücken. Aber vielleicht tritt mit der Zeit überhaupt eine neue Art von Schönheit an ihre Stelle, die des vergeistigten praktischen Zwecks. Anzeichen dafür sind in den Teilen des Hauses gegeben, die mit gesundheitlichen Fragen zusammenhängen . . .« Damit ist die einfache, so oft übersehene Tatsache ins Licht gerückt, daß sich im Laufe des 19. Jahrhunderts – zuerst wohl in England, dann in Nordamerika und Frankreich – das Haus grundlegend verändert hat durch *Röhren.* Ein Rohrsystem und Leitungssystem für Wasser, Heizung, Licht. Diese Röhren »fingen an, das Haus zu durchziehen«, verwandelten es in einen »verfeinerten Organismus . . . mit Arterien, Venen und Nerven«. Die Tendenz, das Haus als System von Abläufen zu verstehen, beginnt somit in »jenen

Teilen . . ., die mit gesundheitlichen Fragen zusammenhängen«. Es ist zunächst Wasser – kaltes und heißes –, dann Strom, die durch das Haus geleitet werden, doch diese Flußbewegung greift über auf das *Menschenverhalten selber* im Haus: der *reife Funktionalismus gibt dem ›Tagesfluß‹ der menschlichen Tätigkeiten eine möglichst adäquate Hülle.* Die Kräfte von Wasser, Wärme, Licht, die längs eines vordisponierten Weges durch das Haus fließen (Kraft mal Weg, also Arbeit leistend), werden schließlich zum Leitbild für die Interpretation der menschlichen Wohn-›Tätigkeit‹ selbst. Zwischen die beiden Extreme des Installationsflusses im Haus und des Massenflusses von Menschen im Röhrensystem der Untergrundbahnen (Abb. 70) fügt sich das funktionell konzipierte Wohnhaus ein, als ein Organismus für den ›Abfluß‹ des menschlichen Tätigkeitsverlaufs. Und keine Konzeption geht hierin weiter als das sowjetrussische Kommune-Wohnhaus.

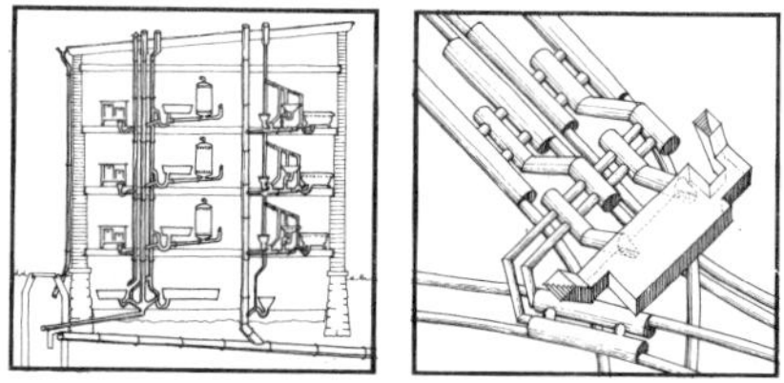

70 a b

Die Aufgliederung des Wohnens in Etappen der Besorgung, Erholung, Ruhe, Körperpflege usw. ist eine Parallele zu jener Aufgliederung der Berufsarbeit in zeitlich genau bemessene Etappen des einzelnen Handgriffs, wie sie in Nordamerika mit der Entwicklung der Fließbandarbeit und mit dem sogenannten ›Taylorismus‹ entwickelt worden sind. Daß das Fließband aus der Arbeitshalle in die Wohnsphäre übertragen wird und im Denken der Kommune-Architekten eine Rolle zu spielen beginnt, beweist Barstsch's Skizze des Speiseraums (Abb. 10). Zwischen den Eßtischen verläuft eine Konsole mit eingesetztem Richtungspfeil. Die Konsole ist also als Fließband zu verstehen zum Zwecke der Wegschaffung gebrauchten Geschirrs. Eine harmlose, kleine Übertragung aus dem ›Taylorismus‹ – scheinbar. Doch für einen Staat, der auf der marxistisch-leninistischen Theorie aufgebaut ist, sind derartige Entwicklungstendenzen nicht harmlos. Denn wenn nicht nur der Industriebau, sondern auch der Wohnbau – wie sich eben am Kommunehaus gezeigt hat – die räumliche Aufgliederung in Arbeitsetappen, Ablaufetappen, Fließbandetappen erstreben, dann droht, eine Art von *Taylorismus des Wohnens* sich abzuzeichnen. Und das ist für den jungen Sowjetstaat schon deshalb ein Dilemma, weil bereits Marx auf die gefährlichen Folgen der Arbeitsteilung drastisch aufmerksam gemacht hat.

3 *Arbeit als explizites Motiv*

Das Konstruieren als Arbeitsleistung und das Funktionieren als Arbeitsprozeß können am Bau mehr oder weniger artikuliert, mehr oder weniger deutlich zum Ausdruck gebracht werden. Bei besonders repräsentativen Baugattungen wird die Gesellschaft indessen eine implizite, das heißt ›inbegriffene‹ oder ›stumme‹ Formulierung als unzureichend empfinden und eine Verdeutlichung der Artikulation heischen, die den Grad eines expliziten Zeichens erreicht.

Wie kann das Motiv ›Arbeit‹ als explizites Zeichen formuliert werden? Gerade die Wettbewerbe um die neue Gattung des Arbeiter-Palastes (vom Wettbewerb 1922/23 für einen ›Palast der Arbeit‹ bis zum Wettbewerb 1931/33 für einen ›Palast der Sowjets‹) haben in dieser Hinsicht viele überraschende Formulierungsvorschläge gebracht. Wir wählen einige wenige Beispiele aus, um wenigstens auf die Hauptaspekte (und Hauptgefahren) der Darstellung von Arbeit als explizitem Motiv hinweisen zu können (Abb. 71).

Den naheliegenden Gedanken, dem alten Begriff der Stadt die neuartige Erscheinung der Industriewelt einfach aufzustülpen, und zwar buchstäblich, indem sie auf die Dächer aufgesetzt wird, verwirklicht G. Ludwig (71 a). Der burgartige von einem Spiralturm flankierte Palast trägt einen Trichter mit Landeteller für Flugzeuge und einen Kran. Romantische Verklärung einer

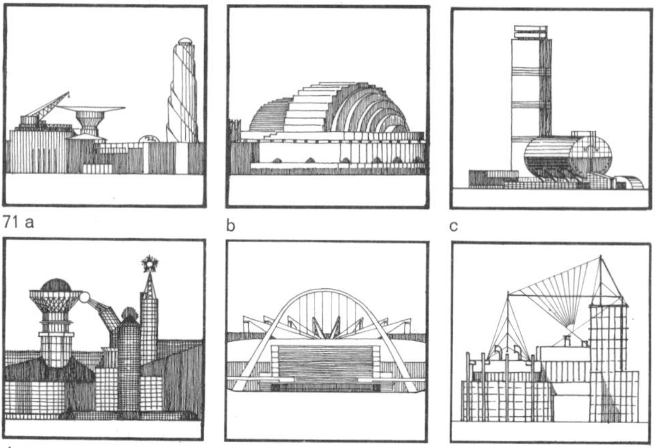

71 a b c d e f

neuen Welt, die wie Spielzeug auftritt, weil sie den ganzen schweren Unterbau an hergebrachter Architektur in keiner Weise mitzuverändern vermag. Ludwigs Versuch zum expliziten Zeichen betrifft somit wörtlich nur den Überbau – wogegen Ilja Golosow (b) und W. Paschkoff (c) aufs Ganze gehen. Golosow will dem Palast der Arbeit den Gesamtumriß eines Generators geben, Paschkoff gestaltet den Lesesaal der Lenin-Bibliothek rohrartig und kommt damit in die Nähe der Assoziationen ›Dampfkessel‹, ›Tank‹, ›Boiler‹[158]. Sowohl ›Generator‹ wie ›Dampfkessel‹ sind nicht Architekturbezeichnungen, sondern Maschinenbezeichnungen. Mit anderen Worten: es soll aus Architekturteilen ein Ganzes gebildet werden, das nicht mehr nach Architektur aussieht. Hier entsteht ein Widerspruch. Denn der Riesengenerator und der Riesentank sind ja nicht mit Magneten und Flüssigkeiten gefüllt, sondern für Menschen erstellt. So wird der Widerspruch zwischen geweckter Erwartung und faktischem Zweck entweder als fatale oder als komische Differenz registriert.

Die restlichen drei Beispiele sind diesem Widerspruch weit weniger ausgesetzt, und zwar zunächst deshalb, weil sie nicht als *Ganzes* eine Assoziation auslösen (*wie* ein Generator ..., *wie* ein Tank ...), sondern höchstens an Teilen und durch Teile Vergleichsvorstellungen auslösen. Der anonyme Arbeiter, der den Sowjetpalast (d) entworfen hat, vermag als Laie zwar seine Raumorganisation nicht hinreichend zu klären. Doch in der einfachen Idee, das Zeichen des Sowjetsterns je von einem senkrechten und von einem gekrümmten Turm emporheben zu lassen, verwickelt er sich zumindest nicht in Widersprüche der eben genannten Art.

Le Corbusiers Entwurf zum selben Wettbewerb (e) wird von einem Parabelbogen dominiert, der einerseits konstruktiv, andrerseits zeichenhaft begründet werden kann. Konstruktiv gesehen, sind an diesem Bogen indirekt die Decken aufgehängt, vom Zeichen her mag man im Bogen den Gang des Gestirns gespiegelt sehen. Doch beweisen läßt sich das nicht. Das kosmische Zeichen liegt also bloß ›in der Luft‹, genau wie im ›Palais der Arbeit‹ der Brüder Wesnin (f) die Anspielung an Meerdampfer auch nur ›in der Luft‹ liegt. An Einzelheiten zwar aufweisbar, im Ganzen des Gebäudes aber nicht.

Die drei Aspekte – Arbeit als Konstruieren, Arbeit als Funktionieren, Arbeit als explizites Motiv – haben in der russischen Revolutionsarchitektur offensichtlich alle drei eine in sich folgerichtige Entwicklung durchgemacht.

Das Motiv ›Arbeit‹ scheint in der Tat das durchgehende Motiv oder doch zumindest das stärkste Motiv dieser Architekturphase zu sein. Dieser Eindruck wird nicht widerlegt durch die Tatsache, daß alle drei Aspekte oder Richtungen offensichtlich jeweils auf Grenzen stoßen. Bei der Selbstdarstellung des Konstruktiven ist es zwischen 1920–30 in Rußland ganz einfach der Stand der Bau- und Ingenieur-Technik, der den Ambitionen eine Grenze setzt. Bei der funktionellen Architektur berührt die Übertragung des Taylorsystems auf Wohnkommunen deshalb eine Grenze, weil ein Widerspruch zu Marx' Auffassung von der Würde der Arbeit auftaucht. Beim Versuch schließlich, Architektur zum Träger expliziter Motive zu machen, liegt die Gefahr in der Auslösung ungewollt komischer oder ungewollt pathetischer Assoziationen, die weder mit dem Zweck noch mit der Bauweise etwas zu tun haben.

*

Daß die russische Revolution im Namen der Arbeitenden durchgeführt wurde, wird niemand bestreiten. Auch wenn ein eigentliches Industrieproletariat damals kaum bestand, die Bauern und Soldaten zahlenmäßig weit größere Gruppen darstellten und die Impulse selber kaum aus dieser Bevölkerungsschicht, sondern von den emigrierten Intellektuellen herkamen. Ein politischer Umsturz, der im Namen der Arbeitenden und für sie in die Wege geleitet wird, ist allerdings auch kein Sonderfall. Denn seit dem Zeitalter der Aufklärung ist eigentlich jede gesellschaftliche Veränderungsbewegung, die in die Nähe des Begriffs ›Revolution‹ kommt, mehr oder minder deutlich mit Forderungen der Arbeitenden gegenüber den Besitzenden verknüpft. (Wir werden zu überprüfen haben, wieweit das bereits für die Französische Revolution zutrifft.)

Daß die Architektur solcher Veränderungsphasen – unter dem revolutionären Pathos der Arbeit – selber auch (innerhalb ihrer *eigenen* Gegebenheiten) die Arbeitsleistung, den Arbeitsprozeß, das Arbeitszeichen darzustellen und herauszustellen beginnt, ist deshalb gewiß keine Überraschung. Überraschend ist höchstens, wie exakt und wie empfindlich diese Architektur den damaligen Stand der Arbeitsproblematik zu registrieren und auszudrücken vermag. Diesen Stand kann man, vereinfachend, als die Taylor-Stufe der Arbeitsteilung bezeichnen.

Es ist eindeutig, daß Karl Marx diese extreme Stufe der Arbeitsteilung hätte verurteilen müssen. (Er hat sie selber nicht mehr erlebt, sie ist erst um 1900 herum entwickelt worden.) Denn Marx hat schon 1867 vom »Stumpfsinn des Teilarbeiters« geschrieben, der »verunfähigt« werde, »etwas Selbständiges zu machen«[159], zu einer Zeit, als erst die weit weniger scharfe Arbeitsteilung der Manufaktur zur Diskussion stand. Den Unterschied zwischen einfacher Kooperation und Manufaktur sieht Marx darin, daß die Manufaktur den Arbeiter »verkrüppelt«. »Sie verkrüppelt den Arbeiter in eine Abnormität, indem sie sein Detailgeschick treibhausmäßig fördert durch Unterdrückung einer Welt von produktiven Trieben und Anlagen«[160]. Wieviel mehr müßte er die »treibhausmäßige« Förderung des »Detailgeschicks« bei der Fließbandarbeit beklagen!

Die neue Arbeitstechnik ist in die Wege geleitet worden durch jene Untersuchungen des Arbeitsablaufs, die F. W. Taylor, H. L. Gannt, Gilbreth u. a. zwischen 1880 und 1906 vorab in metallverarbeitenden Betrieben unternommen haben. Die Ergebnisse wurden in den beiden Werken ›Shop Management‹ (1903) und ›The Art of Cutting Metals‹ (1906) publiziert. Sie bringen einen Begriff der ›Funktion‹ ins Spiel, der uns vom architektonischen Funktionalismus her interessieren muß: »Alle wichtigen Entscheidungen und Planungen ... müssen aus der Hand des Arbeiters herausgenommen und zentralisiert werden bei wenigen Männern, von denen jeder speziell ausgebildet ist ..., so daß jeder seine eigene Funktion hat, in der er überlegen ist, und die die Funktionen der andern Männer nicht berührt«[161].

Deshalb bezeichnet Taylor sein System als »Funktionelle Betriebsleitung« (»functional foremanship«), und er läßt es nicht nur beim Unterscheiden von wichtiger oder unwichtiger, konzipierender oder repetierender Arbeit bewenden, sondern er fordert ausdrücklich eine »scharf geführte (clearcut) und neuartige Trennung zwischen geistiger und körperlicher Arbeit im ganzen Betrieb. Sie basiert auf einer exakten Zeit- und Bewegungs-Studie jeder Aufgabe des einzelnen, isolierten Arbeiters ...«[162]

Das Dilemma des Marxismus vor der Taylorschen ›funktionellen‹ Arbeitsteilung besteht darin, daß auf der positiven Seite Arbeitsökonomie, Zeitersparnis, Fortschritt, damit auch erhöhte Freizeit möglich werden, auf der negativen Seite aber in verschärftem Maß der ›Stumpfsinn‹, die ›Verkrüppelung‹ des Teilarbeiters drohen. In der Tat konnte das Taylor-Dilemma auch in der zweiten und dritten Stufe der Sowjetentwicklung nicht überwunden werden, was in einer ostdeutschen Beschreibung der »sozialistischen Veränderung im Charakter der Arbeit« deutlich wird. Als Haupttendenz erstrebe sie »allmähliches Verschwinden der wesentlichen Unterschiede zwischen geistiger und körperlicher Arbeit, Reduzierung der schweren körperlichen Arbeit, Zunahme des Anteils der geistig-schöpferischen Arbeit ...« Doch: »diese Entwicklung des Charakters der sozialistischen Arbeit *vollzieht sich in Widersprüchen;* z. B. nimmt im Zusammenhang mit der sozialistischen Mechanisierung und Rationalisierung in vielen Bereichen *vorerst die monotone Arbeit zu,* und in vielen Bereichen wird auch die schwere körperliche Arbeit nur *langsam abnehmen*«[163].

Wenn das ›linear programming‹ des Taylorismus, mit seiner exakten Messung der Arbeitsabläufe, während mehr als einem Halbjahrhundert sowohl für kapitalistische wie für kommunistische Wirtschaftsformen ein Dilemma geblieben ist, dann kann es nicht nur einfach die – zugleich vorteilhafte und gefährliche – Erfindung oder Entdeckung eines Einzelnen sein. Es ist vielmehr die folgerichtige Weiterentwicklung aus den Teilungsstufen der einfachen Kooperation, der Manufaktur und der »Maschinerie und großen Industrie«, wie das Marx genannt hat[164]. Wie tief der Kampf um die Vorteile und Nachteile dieser Arbeitsform reicht, ist daraus abzulesen, daß auch Staaten mit kommunistischen Eigentumsverhältnissen ihn bisher nicht zu schlichten vermochten und zugestehen müssen, daß ›vorerst‹ die ›monotone Arbeit‹ sogar noch zunehmen wird.

Die avantgardistische Architektur der zwanziger Jahre spiegelt diesen Prozeß durchwegs, in ganz Europa und Nordamerika. Das Konstruktive der Unterkunft, das Funktionelle der Wege, das Arbeitspathos der Zeichen fordert gebieterisch sein Recht und findet erstaunlich rasch seine Gestalt, die wirklich eine neuartige Gestalt ist – wobei dem Dilemma des Taylorismus ein Paradox in der Architekturgeschichte antwortet. Zwischen 1920 und 1930 ist es nämlich Rußland, das noch kaum zum eigentlichen ›linear programming‹ in seiner Industrie gelangt. Aber ausgerechnet dieses industriell und betriebsökonomisch rückständige Land bringt damals – als russische Revolutionsarchitektur – die Extremstufe der Avantgarde hervor. Einen Konstruktivismus mit höchsten technischen Ansprüchen (von Tatlin bis zu den Brüdern Wesnin), einen Funktionalismus von letzter Konsequenz (von der Brotfabrik bis zur Wohnkommune) außerdem explizite Arbeitsmotive mit einer kaum mehr überbietbaren Pathetik (Ilja Golosows ›Generator‹ und Paschkoffs ›Boiler‹ zum Beispiel).

Ein Impuls, der so stark ist, daß er das Motiv ›Arbeit‹ zum Leitmotiv einer ganzen Architektur machen kann, ist schwerlich nur von Fragen der Betriebsökonomie her ausgelöst worden – so sehr diese Fragen das Menschliche unmittelbar berühren. Das Phänomen ›Arbeit‹ muß in der politischen Bewegung, die die russische Revolution ausgelöst hat, einen ganz besonderen Platz eingenommen haben, um derartige Wirkungen auch in der ›Matrize‹ der Architektur auslösen zu können.

Wie dieser Platz etwa umrissen worden ist von der bolschewistischen Intelligentsia, kann mit einigen Zitaten von ALEKSANDER BOGDANOW deutlich gemacht werden. Bogdanow war der Führer der ›Proletarischen Kulturbewegung‹, deren Belang für die Architektur uns noch beschäftigen wird (Kap. 20). In seiner Schrift über ›Die Wissenschaft und die Arbeiterklasse‹ von 1920, die zu den wichtigsten grundsätzlichen Erörterungen des jungen Sowjetstaates gehört, setzt er den Begriff der Arbeit dort ein, wo man eigentlich den Begriff ›Wahrheit‹ erwartet. Anstatt die Wissenschaft als Summe der erkennbaren oder erkannten Wahrheiten zu definieren, bezeichnet er sie als »organisierte Erfahrung der menschlichen *Arbeits*gemeinschaft«[165]. Für ihn haben beispielsweise die chaldäischen Magier und ägyptischen Priester »nicht aus purer Neugierde« und damit auch nicht aus reinem Wissensdurst »das geheimnisvolle Leben auf dem Himmelsfirmament« beobachtet. Vielmehr waren sie zu solchen Beobachtungen gezwungen, um die periodisch wiederkehrenden Überschwemmungen – und damit Ackerbau und Wirtschaft – regulieren zu können. »Die Astronomie und die damals von ihr noch untrennbare Geometrie waren in den Händen der Priester – der damaligen Intelligenz – das mächtigste Mittel zur Organisierung der Arbeit des ganzen Volkes.«[166] Ganz abgesehen davon, daß uns Bogdanows Verknüpfung von Geometrie mit Arbeitsorganisation (im Kap. 20) noch beschäftigen wird, macht sie nun auch seine Definition von Wissenschaft verständlich: »Die Wissenschaft ist das Organisationsmittel der gesellschaftlichen Arbeit«[167].

Es ist hier nicht die Frage zu klären, ob Bogdanows Wissenschaftsbegriff annehmbar sei oder ob er eindeutig hinter denjenigen von Wissenschaft als Wahrheitsfindung zurückgestellt werden müsse. Wir zitieren hier Bogdanow, um zu zeigen, welche geistigen Impulse um 1920 auf russische Architekten und Künstler gewirkt haben, welche Grundvorstellungen und Axiome damals an sie herangetragen wurden.

Selbstverständlich müßte nun neben Aleksander Bogdanow noch manche Stimme aus der marxistisch denkenden russischen Intelligenz zitiert werden – auch Lunatscharski, Lenin, Trotzki haben sich direkt und indirekt über ›Arbeit‹ geäußert, und am originellsten hat es wohl G. W. Plechanow getan.

Genau wie Lunatscharski und Lenin hatte auch PLECHANOW als Emigrant in Zürich gelebt und an der dortigen Universität Prof. R. Avenarius über den Materialismus Marxscher Prägung lesen gehört. Seine Auseinandersetzung mit dem dialektischen Materialismus führte ihn in die Kunstsoziologie. Er suchte aufzuweisen (in den ›Briefen ohne Adresse‹, 1899–1900), daß die Kunst ursprünglich aus der Arbeit – nicht aus dem Spiel – hervorgegangen sei; daß Arbeit »älter« sei als das Spiel und daß Primitivkunst deshalb als Motiv die Arbeit habe, d. h. Arbeitsweisen und Arbeitsbetätigungen widerspiegle[168].

Alle diese *Rückführungen auf Arbeit* – Bogdanows Wissenschaft als Arbeitsorganisation, Plechanows Kunst als Arbeit – sind ihrerseits auf Prinzipien oder Axiome von Marx abgestützt. Nicht umsonst könnte sein Hauptwerk, ›Das Kapital‹, sehr wohl auch den Titel ›Kapital und Arbeit‹ tragen, und diese Überschrift hat ja Johannes Most auch gewählt für seine »handliche Zusammenfassung« (die von Marx und Engels selbst revidiert und überarbeitet worden ist)[169]. Es braucht hier nicht darauf hingewiesen zu werden, wie sehr im ›Kapital‹ die Optik des arbeitenden Menschen die ganze ›Kritik der politischen Ökonomie‹ beherrscht. Diese Optik hat schon den *jungen* Marx durchdrungen, und ihm gelte ein letzter Hinweis.

In seinem Frühwerk, den *›Pariser Manuskripten‹* von 1844[170a] hat Marx eine Gedankenkette vorgelegt, die mit der Unterscheidung von Mensch und Tier beginnt: »Das Tier ist unmittelbar eins mit seiner Lebenstätigkeit. Es unterscheidet sich nicht von ihr. Es ist sie.« Ganz im Gegensatz zum Menschen:

er »macht seine Lebenstätigkeit selbst zum Gegenstand seines Wollens und seines Bewußtseins ... Die bewußte Lebenstätigkeit unterscheidet den Menschen unmittelbar von der tierischen Lebenstätigkeit«. Diese »bewußte Lebenstätigkeit« zeigt sich als »das praktische Erzeugen einer gegenständlichen Welt, die Bearbeitung der unorganischen Natur« – also zum Beispiel: die Erzeugung des Gegenstandes ›Haus‹ durch Bearbeitung von Stoffen wie Holz, Stein, Metall, weiterhin die Erzeugung von Werkzeug, von Gerät und Gefährt usw.

Von dieser Leistung unterscheidet Marx sogleich die Leistung des Tiers: »Zwar produziert auch das Tier. Es baut sich ein Nest, Wohnungen, wie die Biene, Biber, Ameise usw.« – was man auch so formulieren könnte: manche Tiergattung ist ›architektonisch‹ tätig. Doch dieses architektonisch tätige Tier baut anders als der architektonisch tätige Mensch. Denn das Tier »produziert nur, was es unmittelbar für sich und sein Junges bedarf; es produziert einseitig, während der Mensch universell produziert; es produziert nur unter der Herrschaft des unmittelbaren physischen Bedürfnisses, während der Mensch selbst frei vom physischen Bedürfnis produziert und erst wahrhaft produziert in der Freiheit von demselben«. Eben in dieser ›universellen‹ Produktion des Menschen, in dieser »Bearbeitung der gegenständlichen Welt« bewährt sich der Mensch daher erst wirklich als ein Gattungswesen. Durch sie (diese Bearbeitung) erscheint die Natur als *sein* Werk und seine Wirklichkeit.

Genau in diesem Unterschied sieht nun aber Marx die Tragödie oder das Elend oder die Krise des Menschen. Während nämlich das Tier, wie bereits zitiert, »unmittelbar eins (ist) mit seiner Lebenstätigkeit«, ist der Mensch dies nicht, sondern er hat sich »werktätig, wirklich verdoppelt«. Diese Verdoppelung aber »verwandelt seinen Vorzug vor dem Tier in den Nachteil, daß sein unorganischer Leib, die Natur [wir würden heute sagen: seine zweite oder dritte Hülle – Haus, Umgebung, Lebensraum], ihm entzogen wird«.

Dieser Entzug heißt für Marx Entfremdung. Er unterscheidet:
– Entfremdung von der Natur
– Entfremdung von den anderen Menschen
– Entfremdung von seinem eigenen Wesen

Diese *dreifache Entfremdung* von der Natur, vom Nachbarn, vom eigenen Wesen hat für Karl Marx eine *einzige* Wurzel, sie ist hervorgegangen aus der einen, fundamentalen Grund-Entfremdung, derjenigen der *Arbeit.* Denn die Arbeit des Menschen ist im Laufe der Geschichte »entfremdete, entäußerte Arbeit« geworden. Deshalb fragt Marx: »Wenn das Produkt der Arbeit mir fremd ist, mir als fremde Macht gegenübertritt, wem gehört es dann?«

»Wenn meine eigene Tätigkeit nicht mir gehört, eine fremde, eine erzwungene Tätigkeit ist, wem gehört sie dann?«
»Einem anderen Wesen als mir.«
»Wer ist dieses Wesen?«
»Die Götter?«

In einem knappen historischen Exkurs zeigt nun Marx, daß beispielsweise beim Tempelbau der Ägypter, der Inder, der Mexikaner das Produkt der Arbeit vermeintlich den Göttern gehörte. Vermeintlich, denn »die Götter allein waren nie die Arbeitsherren«. Folgerung: »Das fremde Wesen, dem die Arbeit und das Produkt der Arbeit gehört ... kann nur der Mensch selbst sein«[170b].

Das ist, soweit ich sehe, der *früheste Gedankengang* von Marx, den man als Grundriß zum späteren Werk ansprechen kann. Er geht vom Begriff der Arbeit aus, und er begreift deshalb das Menschenleben – um nochmals Metzke zu zitieren – als »werktätiges Gattungsleben«, und zwar als ein »leibhaftes, sinnliches, reales Tätigsein«.

*

Mit diesen Hinweisen auf Aleksander Bogdanow, G. W. Plechanow, Johannes Most und die ›Pariser Manuskripte‹ des jungen Marx ist wiederum jene kleine Ahnenreihe rückschreitend erörtert, die uns schon im Teil I (Wohn-Utopie) beschäftigt hat. Diese Reihe scheint mir für die Sowjetarchitektur deshalb so wichtig zu sein, weil den russischen Revolutionsarchitekten ohne Zweifel die erwähnten Theoretiker mehr als nur dem Namen nach bekannt waren. (Dies kann allerdings für die ›Pariser Manuskripte‹ kaum gelten, denn sie waren Ende der zwanziger Jahre auch in Rußland nur in Teilstücken bekannt; die volle Publikation erfolgte erst 1932.)

Es dürfte nun bestätigt sein, was am Ende des Teils I erstmals erörtert wurde. Daß nämlich Marx den Menschen einseitig als Arbeitswesen versteht, daß der Marxismus demzufolge die Selbstverwirklichung des Menschen primär in der Arbeit sieht.

Dieser Einseitigkeit gegenüber müssen nun auch hier die Argumente der Anthropologie vorgebracht werden, so wie wir sie (Kap. 7) erstmals erwähnt haben. Und zwar vor allem das Hauptargument: daß der Primitive ebenso wie der Technozivilisierte keineswegs nur die Selbstverwirklichung in der Arbeit, sondern ebensosehr auch die *Selbstdarstellung im Spiel* braucht und vollzieht. Es ist uns jetzt auch möglich, selber einen Beleg dafür vorzuweisen, wie beharrlich die Selbstdarstellung im Spiel vollzogen wird – sogar von Marxisten. Denn das ganze in diesem Kapitel 18 beschriebene Phänomen (der russische Konstruktivismus als Motiv der Arbeit) ist ja nichts anderes als eine Selbstdarstellung, und zwar eine Selbstdarstellung im Spiel, d. h. mit künstlerischen Mitteln. Das Arbeits-Motiv wird von der Sowjetarchitektur nicht einfach praktisch angewendet und durchgeführt, sondern es wird in Zeichen gespiegelt, sie bringt es zum Ausdruck, sie verhilft ihm zur Selbstdarstellung. Anders gesagt: wäre der Mensch nur ein Selbstverwirklicher und *nicht immer auch ein Selbstdarsteller*, könnte er nie auf die Idee verfallen, beispielsweise die Universität Minsk wie eine Metallwerkstätte, wie eine Maschinenfabrik auszugestalten oder dem Palast der Arbeit die Züge eines Meerdampfers oder eines Generators zu verleihen.

Selbstverständlich ist das Phänomen der Arbeit, in seiner Zuspitzung in der Neuzeit, keineswegs nur eine Frage innerhalb der marxistischen Ideologie. Schon der Hinweis auf den

Taylorismus hat das deutlich gemacht. Daß Arbeit überhaupt zum Motiv werden kann, setzt voraus, daß Beruf, Berufstätigkeit, Leistung bereits zu bewußten und geforderten ethischen Postulaten geworden sind. Max Weber hat, wie am Anfang dieses Kapitels erwähnt, das Zustandekommen des Ethos der Arbeit auf bestimmte religiöse Forderungen des Protestantismus, insbesondere des Calvinismus, zurückgeführt. Wo hat sich nun, in dieser langen Entwicklung einer neuartigen Gesinnung seit dem 16. Jahrhundert, erstmals eine Widerspiegelung in der Architektur ereignet? Soweit ich es übersehe, geschieht das kurz vor und während der Französischen Revolution. In einem Augenblick also, wo der *Newtonismus* sich eindeutig durchgesetzt hat. Was indessen soll der Newtonismus mit dem Arbeits-Motiv zu schaffen haben? Immerhin dies, daß er das Weltgebäude nicht mehr als ein statisches ›Gebäude‹, sondern als eine dynamisch *›arbeitende‹* Maschine, als eine perfekt *›arbeitende‹* Uhr - die sich vorausberechnen läßt – versteht. Im folgenden 19. Kapitel soll das Aufkommen des Architektur-Motivs ›Arbeit‹ beobachtet werden; die Einwirkung des Newtonismus kommt im 21. Kapitel zur Sprache.

19 1789: Das Architekturmotiv ›Arbeit‹ taucht auf

Wo und wie der Eigenwert ›Arbeit‹ seit dem 16. Jahrhundert in den Bildenden Künsten zum Ausdruck gelangt, ist eine weitläufige Frage. Im Gerät selbst, in frühen Maschinen, in Ingenieur-Konstruktionen, selbstverständlich auch in Gemälden und in der Graphik kommt er mannigfach zur Selbstdarstellung. Auf dem Gebiet der Architektur mag eine Mühle, eine Werkstätte, ein Lagerhaus, ein Arsenal, eine Waffenschmiede längst schon diesen Eigenwert mitformulieren. Doch als bewußtes und dominantes Motiv, das Architektur und Städtebau gleicherweise bestimmt, taucht ›Arbeit‹ als Eigenwert erst gegen Ende des 18. Jahrhunderts auf.

Claude Nicolas Ledoux hatte kurz vor Ausbruch der Französischen Revolution die Chance – und verstand sie wahrzunehmen, wie kaum ein Zeitgenosse –, eine Stadt der Arbeit zu planen. Grund dazu war sein Auftrag, für den König eine neue Stadt, und zwar als ›Saline‹, als Ort der Salzgewinnungsindustrie, zu bauen. 1771 wird er vom Hof ernannt zum Inspektor der ›Salines de Franche-Comté‹. In diesem Amt hat er die neue Stadt zu planen. Die Salzkammer selber befindet sich in einer Schlucht des Juragebirges der Franche-Comté, in Salins-les-Bains. Er entscheidet sich aber nicht für einen industriemäßigen Ausbau dieser bereits bestehenden Ortschaft, sondern er legt seine neue Stadt einige Kilometer entfernt in die Ebene des Flusses Loue, an den Rand der großen Waldungen von Chaux. Die Begründung für diese Standortwahl ist von geradezu ›funktionalistischer‹ Rationalität: »La distance moyenne étoit de quatre lieues; il étoit plus facile de faire voyager l'eau que de voiturer une forêt en détail«[171]. Die vier Meilen Distanz zwischen Salzkammer und Holzreservoir will er also dadurch überwinden, daß er das Salz (die Sole) zum Holz bringt, und nicht umgekehrt, was immerhin zu anspruchsvollen Aquädukt-Bauten zwingt. 1774 werden die Pläne genehmigt; 1775 beginnt der Bau der neuen Stadt, die zwischen die Dörfer Arc und Senans zu liegen kommt und vom riesigen Waldrevier den Namen *Chaux* übernimmt[172]. Vier Jahre lang schreiten die Bauarbeiten voran, so daß immerhin die Hälfte vom Kern des Ganzen, nämlich der innere Halbkreis mit zugehörigem Durchmesser, verwirklicht werden kann. 1779 zwingen die Finanznöte der Staatskasse zur Einstellung der Arbeit. Ein prinzipiell neuartiges Stadtkonzept bleibt damit auf halbem Weg der Verwirklichung – doch Ledoux plant weiter, mitten in den Wirren der herannahenden Revolution. Aus dem konkreten Projekt wird mehr und mehr ›La ville *idéale* de Chaux‹, eine der wichtigsten Architekturutopien der Neuzeit.

Das prinzipiell Neue an Ledoux' Konzept besteht gerade darin, daß der Arbeitsprozeß (der Salzgewinnung) buchstäblich zum Mittelpunkt und Leitmotiv des Stadtaufbaus gemacht wird (Abb. 72). Nicht die Kirche, nicht ein Schloß, nicht das Rathaus sind das Zentrum, sondern die beiden großen Werkgebäude, in denen das Eindämpfen der Sole und das Abpacken

72 C. N. Ledoux: Das 2. Projekt für die neue Stadt Chaux, die als ›Arbeitsstadt‹ zum Zwecke der Salzproduktion ab 1775 teilweise errichtet worden ist

der Salze in Fässer durchgeführt wird. Der Salinendirektor hat sein Haus zwischen diesen beiden Werkgebäuden. Die Mitte des Stadtovals wird also nicht besetzt von einem sakralen oder politischen Repräsentationsbau, sondern von zwei Fabrikgebäuden und vom Direktionsgebäude. Wenn in dieser Ovalanlage noch hierarchische Stufen deutlich werden, dann sind es ausschließlich Hierarchien der Arbeit – und nicht mehr sakrale oder politische Hierarchien.

Wie sehr diese Veränderung der Wertsetzungen dem Architekten bewußt gewesen sein muß, kann man daraus schließen, daß er nun auch versucht, den *Charakter* des einzelnen Handwerks am zugehörigen Gebäude zur Geltung zu bringen[173]. Drei besonders wichtige Berufsgattungen im Zusammenhang mit der Salzgewinnung waren beim damaligen Stande der Arbeitstechnik die Holzfäller, die Köhler und die Küfer.

Für die Holzfäller (Scieurs) und die Köhler (Charbonniers) entwirft er die Unterkünfte (Abb. 73 und 74), die ›sprechende‹

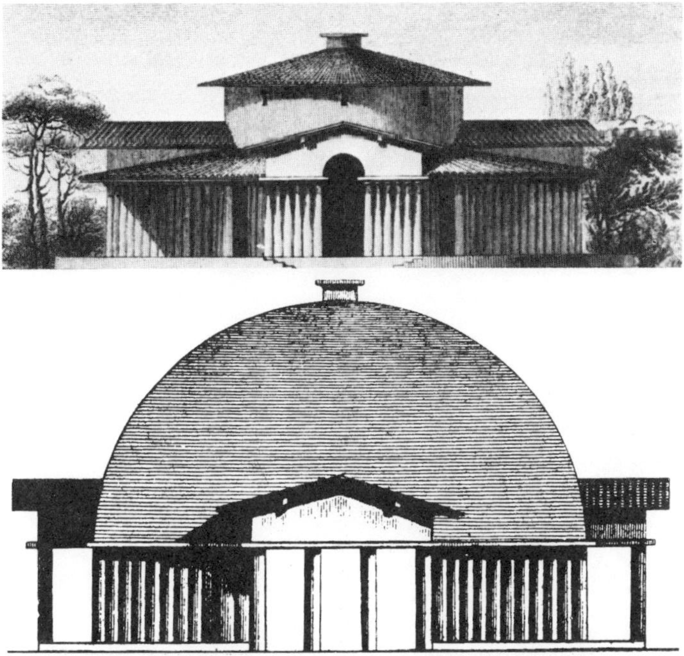

73/74 C. N. Ledoux: Unterkunft der Holzfäller und Unterkunft der Köhler (unten) für die Salzproduktion von Chaux

Unterkünfte sein sollen, indem sie aussagen, womit diese Berufsleute zu tun haben. In beiden Fällen sind die eigentlichen Wände wie Palisaden gebildet, sie bestehen aus gestaffelt aneinandergereihten Holzstämmen. Sowohl die Rolle der Säule wie die Rolle der Wand wird vom selben Element Baumstamm übernommen. Das also, was die beiden Berufe in ihrer Alltagsarbeit beschäftigt, wird als Leitform zur Gestaltung der Unterkunft übernommen. Im ›Atelier des ouvriers destinés à la fabrication des Cercles‹ (Abb. 75) ist es nicht das Arbeitsmaterial, sondern das Arbeits*produkt* der Bewohner, das die Form ihres Hauses bestimmen soll. In der Werkstätte werden ›Kreise‹ hergestellt, die doch wohl als Metallringe für die Salzfässer, also als Küferarbeit zu verstehen sind. Den Charakter dieses speziellen Handwerks zum Ausdruck zu bringen, hält Ledoux nun

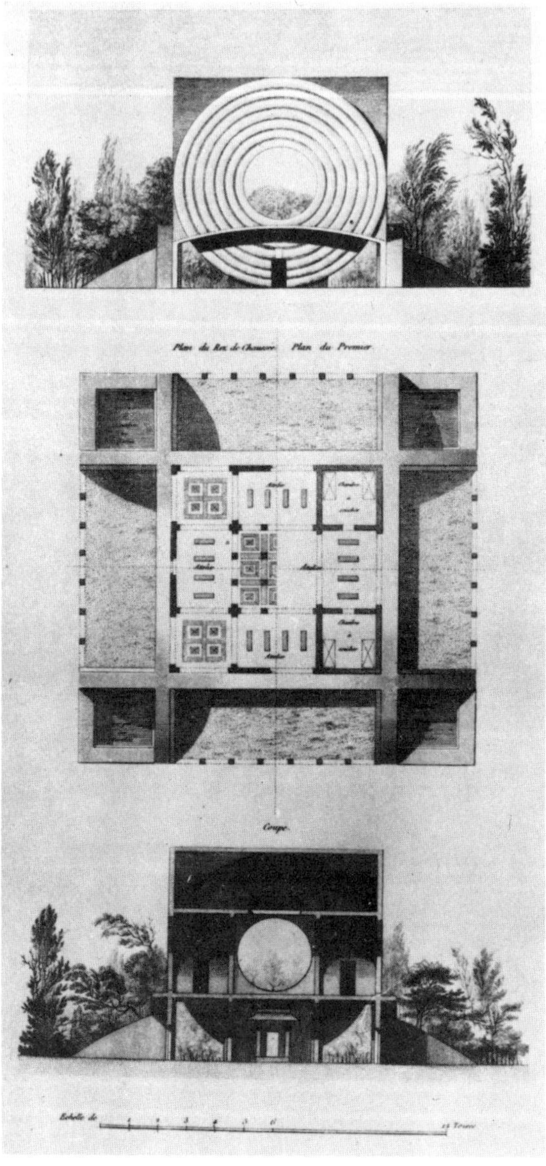

75 C. N. Ledoux: Werkstatt und Unterkunft jener Arbeiter, die ›Kreise‹ (das heißt wohl: Metallreifen für die Salzfässer) herstellen

für derart wichtig, daß er alle vier Fassaden des Gebäudes vom Kreismotiv bestimmt sein läßt. Sieben Ringe in der Form von konzentrischen Kreisen, zu verstehen als Analogie oder abstrahierende Darstellung der verschieden großen Kreisbänder, die der Küfer braucht für das Faß. Damit begnügt er sich nicht: die Dachform wird als Durchdringung zweier Zylinder ausgebildet, der Sockel des Hauses als Kreissegment. Völlig neue, im 18. Jahrhundert singuläre Formen brechen sich ihre Bahn.

Diese drei Beispiele, die durch eine Reihe weiterer ergänzt werden könnten, belegen Ledoux' Bemühung, Arbeit irgendwie zum Leitmotiv seiner Salinenstadt zu machen. Irgendwie, denn sein Vorgehen ist eine merkwürdige Mischung aus direkter Nachahmung und idealisierender Symbolik. Wenn es hier möglich wäre, die wichtigsten Arbeitsmotive bei Ledoux zusammenzutragen und zu vergleichen, dann würde sich wahrscheinlich ergeben, daß eine klare Aufgliederung in konstruktive, funktionelle und explizit-zeichenhafte Motive schwerfällt. Fast immer sind diese Kategorien bei ihm vermischt, wie beispielsweise bei der Ausgestaltung der Brücke über die Loue (Abb. 76):

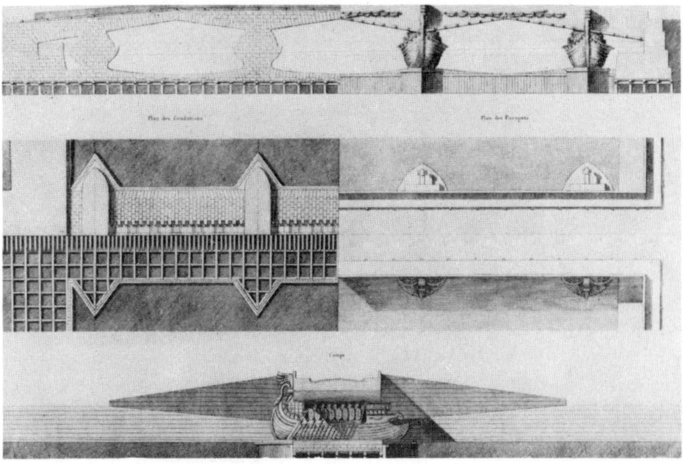

76 C. N. Ledoux: Brücke über die Loue

77 a, b C. N. Ledoux: Das Stadtportal zur Salinenstadt Chaux

wenn die Brückenpfeiler als Schiffsformen ausgebildet werden, dann ist das eine symbolische Verdeutlichung des Stützvermögens, des Tragevermögens (Tragen in Schwimmen umgedeutet); wenn hingegen diagonal gekreuzte Masten den Brükkenkörper schmücken, dann ist das eine konstruktive Verdeut-

78 a, b C. N. Ledoux: Das Stadtportal als Salz-Grotte ausgestaltet

lichung, ein erster Versuch, das eigentliche bauphysikalische Kräftespiel visuell mitteilbar zu machen.

Als Aufgeklärter ist sich Ledoux selbstverständlich bewußt, daß die Arbeitsleistungen des Menschen in Analogie stehen zu den Veränderungsprozessen der Natur. Gerade in der Salinenindustrie ist dieser Bezug besonders deutlich, denn die Arbeit des Menschen besteht dort vorab darin, die Natur selber zum ›Arbeiten‹, d. h. die Sole zum Auskristallisieren der Salze zu bringen. Der Eingang zu Ledoux' Salinenstadt (Abb. 77) geht deshalb unter Säulen auf eine künstliche Grotte zu, die solche Ausflüsse und Kristallisationsvorgänge darstellt (Abb. 78). Dieses Motiv, stilisiert zur ›Urne à congelations‹, macht Ledoux dann zum oft wiederholten Zeichen der Stadt. Natur bei der ›Arbeit‹ beobachtet – das ungefähr ist der Gehalt dieses Zeichens, der nicht nur eine veränderte Optik, sondern auch ein verändertes Verhältnis des Menschen zur Natur anzeigt.

Aus der gleichen Verflechtung von Naturwachstum und menschlicher Arbeit erklären sich die französischen Revolutionsarchitekten auch die Entstehung des ersten Hauses, der Ur-Hütte. *Abbé Laugier*, der führende Theoretiker der Generation vor Boullée und Ledoux, hat in seinem Traktat von 1752 die Behauptung aufgestellt, diese erste Behausung sei aus vier Bäumen erstellt worden, die durch Querbalken verbunden und durch gegeneinander gelehnte Äste mit einem Giebeldach ver-

79

sehen worden seien. Zur Verdeutlichung hat er diese Erste Hütte stechen lassen und der 2. Auflage seines Traktates (1753) beigegeben (Abb. 79).

Die Wahrscheinlichkeit oder Unwahrscheinlichkeit dieser These braucht uns ebensowenig zu beschäftigen wie die Vorwegnahme des griechischen Tempels, die in ihr steckt. Wichtig ist, daß Laugiers Ableitung damals große Beachtung und Auswirkung erlangte, wie WOLFGANG HERRMANN gezeigt hat[174], und daß in ihr zum Ausdruck kommt, was man als *Frühform des Konstruktivismus* bezeichnen darf. Denn der primitive Architekt, so wie ihn sich Laugier denkt, ist ein Konstrukteur, der sein Vorgehen lernt oder ableitet aus den Wachstumsgesetzen der Bäume.

Dieser erste Konstruktivismus bei Laugier und die Bemühungen von Ledoux, das Motiv der Arbeit in die Architektur und Städteplanung einzuführen, sind nicht denkbar ohne einen Hintergrund von *Theorie*. Mit anderen Worten: Die ›Matrize‹ der Architektur kann schwerlich solche Motive zu entwickeln beginnen, wenn diese nicht schon in der ›Patrize‹ der Sozialphilosophie und Sozialutopie ihre Rolle zu spielen begonnen haben. »Der Mensch der Aufklärungslehre«, schreibt Werner Hofmann in seiner ›Ideengeschichte der sozialen Bewegung‹, »das ist zum ersten der *tätige* Mensch. *Arbeit* ist für ihn zugleich Mittel der Vervollkommnung seiner Individualität und Betätigung seiner Gesellschaftlichkeit«[175]. Das erste große Kompendium des arbeitenden Menschen ist die *›Encyclopédie‹*, die zwischen 1745 und 1772 unter der Leitung von Diderot entstanden ist[176]. Nicht umsonst heißt diese alphabetisch nach Stichwörtern geordnete Gesamtdarstellung des Wissens und

Könnens der Epoche im Untertitel ›*Dictionnaire raisonné des Sciences, des Arts et des Métiers*‹. Unter ›Arts et Métiers‹ werden die damaligen Berufstätigkeiten ausführlich beschrieben. Mit dem Erscheinen des ersten Bandes der Bildtafeln (1762) werden nicht nur die Wissenszweige der Mathematik und Astronomie mit Illustrationen versehen. Auch die Arbeitsprozesse des Handwerks, der Manufaktur und der Frühindustrie werden höchst anschaulich erläutert. Die Redaktoren der ›Encyclopédie‹ haben durch die Graveure eine eigene Darstellungstechnik entwickeln lassen, um die Arbeitsprozesse so anschaulich wie möglich vermitteln zu können. Wenn beispielsweise der ›Fourneau à fer‹, die Eisenhütte, erläutert werden soll, dann wird das Gebäude von außen, gleichzeitig aber wie in einem spielzeugartigen Modell durch abgedeckte Mauern oder Wände auch in der Innenorganisation gezeigt. Arbeitergestalten sind in ihren charakteristischen Bewegungen und Handgriffen gezeigt, und durch das Einfügen von Buchstaben und Zahlen können die Vorgänge im Text exakt beschrieben werden.

Das Bedürfnis nach solchen *neuartigen Illustrationen,* die man als zeichnerische Darstellungen des modellmäßig schematisierten Arbeitsprozesses bezeichnen kann, wird im ›Discours préliminaire‹ von D'Alembert (in dem teilweise Formulierungen aus dem ›Prospectus‹ von Diderot übernommen sind) eigens begründet. »Man kann nicht auf Erläuterungszeichnungen (figures) verzichten, ohne in obskure und unbestimmte Beschreibungen zu verfallen ... Ein Blick auf das Objekt oder auf seine Darstellung gibt mehr Auskunft als eine Seite Abhandlung. Man hat deshalb Zeichner in die Werkstätten geschickt. Man hat Skizzen von Maschinen und Werkzeugen aufnehmen lassen ... (Um den Arbeitsprozeß zu verstehen), muß man manchmal aufsteigen von der Kenntnis des Produkts zur Kenntnis der Maschine, manchmal absteigen von der Kenntnis der Maschine zur Kenntnis des Produkts«[177].

Die neuartige *didaktische Verflechtung von Wort und Bild,* wie sie in der ›Encyclopédie‹ durchgeführt ist, basiert nach D'Alembert auf der Überzeugung, daß man »zuviel über die Wissenschaften« geschrieben habe: »aber man hat nicht genug über die meisten freien Künste geschrieben, und man hat fast gar nichts geschrieben über die technisch orientierten Berufe (arts mécaniques) ... Alles das hat uns dazu gebracht, uns an die *Arbeiter selber* zu wenden. Wir haben uns an die tüchtigsten in Paris und im Königreich gewandt, wir haben uns die Mühe genommen, in ihre Werkstätten zu gehen, sie auszufragen, nach ihrem Diktat aufzuschreiben, ihre Gedanken zu entwickeln, daraus die für ihre Berufe geeigneten Sachbeziehungen zu bestimmen, entsprechende Zeichnungen anzufertigen . . .«[178].

So hat die unmittelbar *vor*revolutionäre Generation im Kompendium der ›Encyclopédie‹ erkennen können, wie wenig sie noch einer feudalen Welt angehört und wie sehr sie bereits in einer industriell bestimmten Arbeitswelt lebt. Diese weit verbreitete, stark beachtete Publikation hat sicherlich auch auf junge Architekten – wie etwa Ledoux – eingewirkt. Und zwar bei weitem nicht nur mit jenen Bildtafeln, die unter dem Stichwort ›Architektur‹ (von Blondel ausgewählt) präsentiert wurden, sondern wohl eher noch mehr durch jene Bildtafeln, die Arbeitsprozesse der verschiedensten Art aus den ›Arts mécaniques‹ – sowohl als konstruktive wie auch als funktionelle Abläufe – darstellten.

Mit dem Hinweis auf die ›Encyclopédie‹ ist allerdings immer noch nicht hinreichend begründet, auf welche Weise die einzigartige Aufwertung des Begriffs der Arbeit im Laufe des 18. Jahrhunderts zustande kam. Erklärbar ist sie letztlich nur durch eine neue Konzeption des Verhältnisses zwischen *Arbeit und Besitz*, wie sie sich auf dem Gebiete der Philosophie, speziell der Rechtsphilosophie, durchgesetzt hat. Die Vertreter des *Naturrechts* versuchen das Recht auf Eigentum in neuer Weise zu definieren. Peter Stadler kennzeichnet den Vorgang wie folgt: »Die überlieferten Bindungen und Abhängigkeiten bleiben zwar bestehen, aber sie werden allmählich überwölbt vom Glauben an ein Recht, das älter, ursprünglicher und echter ist, weil es in der Natur des Menschen selbst angelegt ist und von seiner Vernunft bestätigt wird. In der Natur des Menschen aber liegt die Gleichheit, die mindestens in Urzeiten einmal bestanden haben muß. Wie sie verloren ging, wie es zur Bildung der bestehenden Herrschafts- und Untertanenverhältnisse kam, ist in den natur- und staatsrechtlichen Theorien des 17. und frühen 18. Jahrhunderts immer wieder erörtert worden«[179].

Das Naturrecht stützt sich auf die ›Okkupationstheorie‹, wie sie vor allem von H. Grotius, aber auch von Hobbes und Locke vertreten wurde: »Der einzelne hat das Recht, durch *eigene Arbeit* der Natur so viele Dinge zu entreißen, wie er zu seiner Lebensfristung braucht. Was darüber ist, steht ihm nicht zu. Das Aneignungsrecht an den Produkten der Natur schließt das Eigentumsrecht auf den Boden ein. Eine solche *Ableitung des Eigentums aus der Arbeit* richtete sich gegen das ruhende Feudalvermögen«[180].

Obgleich er »die Bücher zu hassen vorgab«, schrieb JEAN-JACQUES ROUSSEAU aus »einer umfassenden Kenntnis der älteren Theorien« des Naturrechts und der Okkupationstheorie[181], als er 1755 der Akademie in Dijon seine Abhandlung über den *›Ursprung der Ungleichheit unter den Menschen‹* einreichte. In ihr wird, in dem berühmten Anfangspassus des zweiten Teils, jener unglückselige Habgierige beschrieben, der vor einem Stück Land erstmals zu sagen wagte: »Ceci est à moi« – und damit die traurige Zivilisation anbrechen ließ, in der wir leben: »Der Erste, der ein Stück Land eingrenzte und sich zu sagen erkühnte: Dies da gehört mir, und der hinreichend einfache Gemüter fand, dies zu glauben, war der wahre Begründer der zivilen Gesellschaft. Wie viele Verbrechen, Kriege, Morde ... hätte uns jener erspart, der seinesgleichen zugerufen hätte: ›Hütet Euch, diesen Betrüger (imposteur) anzuhören; ihr seid verloren, wenn ihr vergeßt, daß die Früchte allen gehören und daß der Erdboden niemandem gehört!‹.«[182]

Sieben Jahre später, 1762 – im gleichen Jahr, in dem der erste Band der Bildtafeln zur ›Encyclopédie‹ erscheint – publiziert Rousseau den ›Contrat social‹. In ihm beschreibt er (im Kap IX: Du domaine réel) die drei Bedingungen zur Eigentumsberechtigung. Damit jemand autorisiert ist, irgendein Stück Land zu beanspruchen, darf erstens nur unbewohntes Terrain im Auge haben, zweitens nur so viel Fläche fordern, wie er zum Lebensunterhalt persönlich benötigt, drittens nur so viel, wie er mit eigener Arbeit und Pflege bewältigen kann. Er soll also als *»seul signe de propriété«* die *eigene Arbeitsleistung* gelten, und nur *sie* bringt das Recht auf Respektierung durch die andern. Denn es darf niemals zugelassen werden, daß einer »den Fuß auf Allgemeinbesitz« setzt und »sich kurzerhand als dessen Meister« erklärt[183].

Für die französischen Revolutionsarchitekten ist es ohne Zweifel Jean-Jacques Rousseau, der die Thesen des Naturrechts mit intensivster Wirkung vorzutragen vermochte. Sein ›Contrat social‹ hat in den nachfolgenden Generationen die Überzeugung geweckt, daß Arbeit gerechterweise der alleinige Rechtstitel auf Besitz sein sollte. Wenn also Claude Nicolas Ledoux es zwei Jahrzehnte später unternimmt, eine Arbeitssymbolik und Ansätze zu konstruktiven und funktionellen Arbeitsmotiven in seiner Architektur zum Ausdruck zu bringen, dann ist er, wie so viele andere in seiner Generation, zum Schüler Rousseaus geworden.

Da der Architekt für sein Werk ein Stück Erdboden braucht, das er so oder so besetzt und zum Besitz herrichtet, ist für ihn das Verhältnis zwischen Besitz und Arbeit eine Grundfrage. Wie sehr die Definition dieses Verhältnisses für die Architekten französischer Kultur immer noch mit dem Namen Rousseaus verbunden ist, belegt Le Corbusier anderthalb Jahrhunderte später, 1933, in der Einleitung zur ›Ville radieuse‹. Dort schreibt er unter dem Titel ›Propriété stérile‹: »J.-J. Rousseau (›Contrat social‹) anerkannte das Prinzip des individuellen Eigentums, aber er präzisierte instinktmäßig dessen doppelte Funktion als Nutzung und als Verpflichtung: *nur so viel, wie ein Mann pflegen und bearbeiten kann.* Nun, heute besitzt man Boden, aber ohne daß man sich im geringsten verpflichtet fühlte, ihn zu bearbeiten.«[184]

Kurz: *Rousseau hat etwa so auf die französischen Revolutionsarchitekten gewirkt wie Marx auf die russischen*[185]. In beiden Revolutionsarchitekturen ist das Auftauchen des Motivs der Arbeit nur verständlich, wenn es als Einwirkung der jeweils in der betreffenden Region aktuellen Soziallehre verstanden wird.

VI Das Motiv der Übereinstimmung

20 1917: Der russische ›Kosmismus‹

»Es hat immer geheißen, die Gestirne sind an einem kristallenen Gewölbe angeheftet, daß sie nicht herunterfallen können. Jetzt haben wir Mut gefaßt und lassen sie im Freien schweben, ohne Halt, und sie sind in großer Fahrt, gleich unseren Schiffen, ohne Halt und in großer Fahrt.«

Bertolt Brecht: ›Galilei‹

Nun ist es allerdings so, daß das Motiv ›Arbeit‹ bei weitem nicht alles abzudecken vermag, was in den Entwürfen und Neukonzeptionen der beiden Revolutionsarchitekturen zum Ausdruck kommt. Es gibt so etwas wie einen Überschuß, eine weitere, andere Kraft, die offensichtlich ebenfalls zu motivieren vermag – wir haben sie bis jetzt, vor allem bei der Erörterung der Werkreihen durch die beiden Revolutionsherde (Kap. 13), als *Tendenz zur Geometrisierung* bezeichnet.

Und dieser Hang zur ›niederen Stereometrie‹ kann im Ernste nicht mit Motiven der Arbeit begründet oder erklärt werden.

Vielmehr scheint es sich um so etwas wie eine Dichotomie zu handeln, um eine Zweiteilung zwischen Arbeitsmotiven und geometrisierenden Ordnungsmotiven. Aber was soll das heißen: Motive zum geometrischen Gestalten? Woher könnten sie erklärbar sein? JULIUS POSENER hat den Gegensatz, den wir hier meinen, im Werk und in der Theorie von Le Corbusier erkannt.

Er beobachtet eine »Dichotomie, welche die Theorien Le Corbusiers logisch unbefriedigend macht«. Posener begründet seine Beobachtung wie folgt:

»Ein Haus, sagt diese Theorie, ist eine Wohnmaschine. Das ist reiner Funktionalismus. Zugleich aber sagt sie, Architektur sei Ordnung, Maß und Zahl, und das Spiel des Lichtes auf geometrischen Körpern. Das ist ganz etwas anderes, und *beides ist nicht auf den gleichen Nenner zu bringen.* Le Corbusier hat den Versuch unternommen, hier eine Einheit herzustellen, indem er behauptet hat, daß jene rein geometrischen Körper sich immer dann sozusagen automatisch einstellen, wenn der Ingenieur seine Aufgabe sachlich zu Ende denkt. Das läßt sich aber nicht beweisen. Die Beispiele, die er gibt: Schiffe, Flugzeuge und Wagen seiner Frühzeit sind in der Tat komplexe Gebilde, die sich aus einfachen Elementen aufbauen. Heute sind solche Arbeiten des Ingenieurs im Umriß geschlossen, von einheitlicher Gesamtform, aber geometrisch keineswegs einfach. Die Formen, die das Ergebnis der gedanklichen Durchdringung der Ingenieuraufgabe sind, sind also durchaus andere, sind das Gegenteil der Formen, die Le Corbusier postuliert hatte und in gewissen Arbeiten seiner Zeit zu erkennen glaubte. Die Dichotomie seiner Theorie bleibt ungelöst.«[186]

Posener stellt die These auf, daß »Ordnung, Maß und Zahl und das Spiel des Lichtes auf geometrischen Körpern« etwas ganz anderes sei als die funktionelle Wohnmaschine, und zwar so verschieden, daß »beides nicht auf den gleichen Nenner zu bringen« sei. Diese These scheint uns von prinzipieller Bedeutung zu sein. Sie betrifft bei weitem nicht nur Le Corbusier. Sie scheint auch die ganze russische Revolutionsarchitektur unmittelbar zu betreffen – ja, wir müssen uns fragen, ob Poseners Dichotomie nicht sogar auch schon in der französischen Revolutionsarchitektur beträchtliche Bedeutung habe.

Um zu überprüfen, wieweit tatsächlich »Ordnung, Maß und Zahl und das Spiel des Lichtes auf geometrischen Körpern« auch bei den Russen eine Rolle spielen, bedienen wir uns eines Maßstabes, den Le Corbusier selber aufgestellt hat. Er hat, wie bereits im 14. Kap. erwähnt, in jenen »drei Ordnungsstufen an die

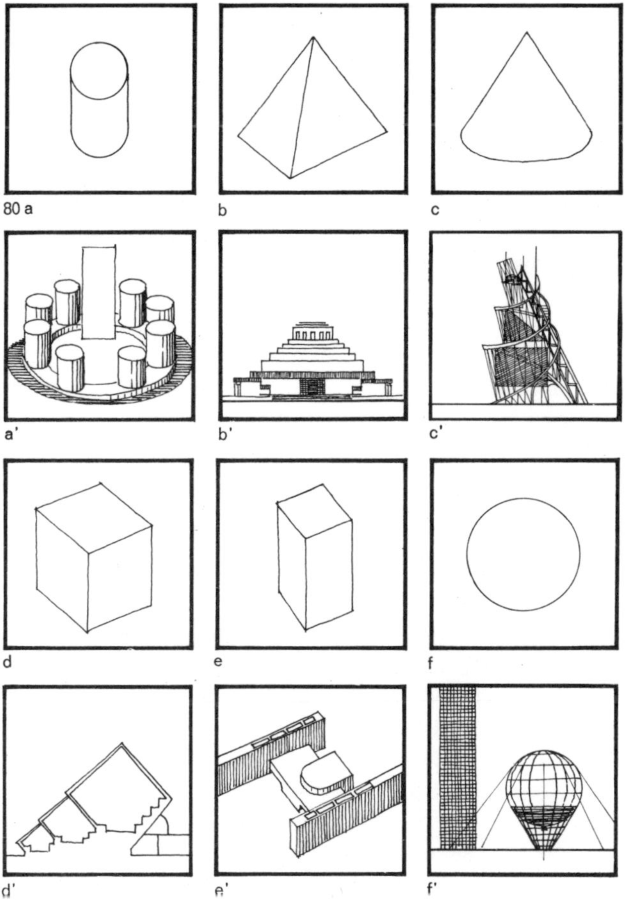

80 a b c

a' b' c'

d e f

d' e' f'

Herren Architekten« (Trois rappels à MM. les architectes) von 1923 die Forderung aufgestellt, daß die »grandes formes primaires«, das heißt die geometrisch reinen Volumen von Kugel, Kegel, Zylinder usf., eine künftige Architektur bestimmen müßten.

Ergänzen wir die fünf Elementarkörper, die er über seine Skizze von Alt-Rom setzte (Abb. 22), mit einem sechsten, dem Kegel, und versuchen wir abzuklären, wieweit die Russen derartigen ›Ordnungsrufen‹ nachkommen.

In der Tat tun sie es in einem überraschenden Grad (Abb. 80). Die avantgardistischen Russen bezeugen eine deutliche Vorliebe, nicht nur den Quader – das selbstverständliche Element so vieler Architekturen –, sondern auch den Würfel und den Zylinder zu artikulieren, mitunter eindeutig dominieren zu lassen. Aber auch die selteneren Primärformen: Pyramide und Kegel, finden ihre Verkörperungen.

Als Beispiel für den Zylinder wähle ich den Entwurf der Zentralverwaltung der Industrie von Siltschenko. Er könnte ersetzt werden etwa durch das Komintern-Projekt der Komarowa[187] oder durch zwei besonders prägnante Arbeiten von Ilja Golosow: den zylinderförmigen Kulturpalast für Stalingrad von 1926[188] und den – tatsächlich verwirklichten – Arbeiterklub an der Lesnny-Straße in Moskau mit seinem mächtigen Glaszylinder für den Treppenaufgang[189]. Die Pyramide sei hier belegt durch das Lenin-Mausoleum von Schtschussew – der Wettbewerb um dieses Grabdenkmal brachte eine ganze Reihe von Pyramidenentwürfen. Der Kegel ist das Grundmotiv von Tatlins Denkmal, wobei einzuräumen ist, daß er gerade nicht als reiner Körper mit glatten Flächen zur Geltung kommt bei Tatlin, sondern eben als konstruktives Gebilde, das heißt als ›arbeitendes‹ Gerüst. Doch die Doppelspirale von Tatlin ist, gerade weil sie keine Deckflächen hat, eine einzigartige Variation zum Thema Konus. Der Würfel kommt zu jener überraschenden Formulierung der Kantenstellung in dem früher schon erörterten Ausstellungsgebäude von M. Korgjew. Für akzentuierte Quaderformen gibt es viele Beispiele; wir wählen den Vorschlag für ein Kommune-Wohnhaus ›Type A‹, wie er von Ginsburg, Barstsch u. a. ausgearbeitet worden ist. Die Kugel schließlich, der extreme Fall, ist in Leonidows Auditorium der Lenin-Bibliothek das dominante Thema.

Der Ordnungsruf oder ›Rappel‹, wie ihn Le Corbusier 1923 erhoben hat, findet somit in Rußland Gehör. In derartigem Ausmaß sogar, daß die Russen päpstlicher wirken als der Papst selbst. Dieser Eindruck entsteht nicht nur deshalb, weil die Russen Formen dominant einsetzen, die Le Corbusier im eigenen Werk kaum je dominant eingesetzt hat (die Pyramide beispielsweise nur in kleinem Maßstab – etwa als kleines Monument neben der Kapelle Ronchamp –, den Konus nur im Spätwerk der Kirche in Firmigny, die Kugel nie). Er entsteht vorab deshalb, weil die Russen diese Formen überdies in ungewohnter, buchstäblich neuartiger Lage einsetzen: Tatlins Konus ist asymmetrisch durch das ›Rückgrat‹ des geneigten Mastes; Korgjew stellt den Würfel auf eine Kante; Leonidow setzt die Kugel nicht auf den Boden ab, sondern hebt sie durch einen Gittertrichter.

Deshalb: *Mutation zur Klarheit*, gewiß, und zwar weitgehend im Sinne von Le Corbusiers Ordnungsruf. Aber mehr als das, auch noch eine Tendenz zum *Mutationssprung in die exponierte Lage*. Und gerade hierin sind die Russen nicht Schüler der westlichen Avantgarde, sondern bringen eine ganz eigene Entwicklung hervor. Der Impuls zu diesen Motiven, speziell zu den exponierten Motiven, kann also nicht einfach als Einfluß aus anderen Architekturzentren erklärt werden, er muß spezielle Wurzeln haben.

Selbstverständlich wäre es nun möglich, selbst beim beschränkten Kenntnisstand von heute, den Grad an Faszination durch ›niedrige Stereometrie‹ bei den einzelnen Architekten auszumachen. Welche Elementarkörper brauchen sie, und wie oft? Es würde sich erweisen, daß beispielsweise die Brüder Wesnin und M. J. Ginsburg, aber auch G. B. Barkhin, Pantelemon Golosow und A. Burow eher zurückhaltend sind im Einsetzen der heikleren unter den Elementarkörpern. Auch Lissitzky bleibt, solange er als Architekt arbeitet und nicht als Graphiker, eher zurückhaltend. Wogegen N. A. Ladowskij, M. Barstsch, Ilja Golosow, K. Melnikow – ähnlich wie der Ingenieur Korgjew – den Mutationssprung in die exponierte Lage versuchen, seit es mit einzelnen oder mehreren Projekten, sei es mit Teilen oder mit Ganzen[190].

Es gibt aber, soweit man bis heute zu sehen vermag, nur einen einzigen unter den russischen Avantgardisten, der auf alle diese Elementarformen antwortet, sie alle einbezieht in seine Projekte. Das ist Iwan Iljitsch Leonidow. Sein Lenin-Institut (Abb. 28) besteht aus Kugel, Kegel (auf die Spitze gestellt als

81 Warwara Stepanowa: Kostüme zum Stück ›Tarelkins Tod‹

Trichter) und Quader. Sein Wettbewerbs-Projekt für einen Kultur-Palast in Moskau, 1930 (Abb. 28 d), bringt auf weiten Grasflächen mit Sportanlagen eine Pyramide, einen Würfel, zwei Halbkugeln und einen Längsquader auf Pilotis ins Spiel. So unpathetisch und so großzügig zugleich, meint man, ist geometrisierte Architektur noch nie vorgetragen worden.

Brauchte es einen weiteren Beweis dafür, daß die russischen Avantgardisten die ›grandes formes primaires‹ folgerichtiger und kühner aufleben lassen als ihre Kollegen im Westen, dann wäre ein Hinweis auf die zweite oder auf die erste Hülle des Menschen geboten. Architektur ist ja, vom menschlichen Körper aus gesehen, erst die dritte Hülle. Die Möbel und Geräte kommen ihm näher, die Kleider am nächsten.

Warwara Stepanowa beispielsweise hat Theaterkostüme entworfen (Abb. 81), wie sie geometrisierter nicht mehr sein könnten. Sie wirken wie ein übersteigertes Echo dessen, was Oskar Schlemmer in der Geometrisierung der menschlichen Körperhaltungen versucht hat.

Diese Hinweise zeigen, daß die Geometrisierung nicht nur spurenhaft, sondern beinahe allgegenwärtig an alles heranzudrängen scheint, was die revolutionierende oder revolutionierte russische Intelligentsia an Neuem sich vornimmt, von der engsten Hülle der Kleidung über Gerät und Möbel (ein eigenes, wichtiges Gebiet, das hier leider nur erwähnt, aber nicht erörtert werden kann) bis zur Architektur.

Deutlich wird zugleich, daß die russische Avantgarde im Vergleich zur westeuropäischen in der Verwendung der Elementarkörper ungleich weiter, ja bis ans extreme Ende geht. Summarisch überblickt, mag gelten, daß die westeuropäischen Architekten von den sechs Elementarformen nur drei – den Quader, den Zylinder, den Würfel – dominant einsetzen. Die übrigen drei, die Pyramide, der Konus und die Kugel, werden von ihnen kaum je beansprucht, geschweige denn in exponierten labilen Lagen eingesetzt.

Damit sind Beobachtungen festgehalten, aber noch keineswegs erklärt. Doch das Phänomen ist so deutlich, es erreicht bei den russischen Progressiven eine derartige Prägnanz, daß die Frage nicht unterdrückt werden kann, ob nicht doch eine Begründung für diesen singulären Impuls gefunden werden könnte.

Mit dem ›aufrechten Gang‹ allein, um den ja jede revolutionäre Bewegung der Neuzeit auf ihre Weise gekämpft hat oder doch zu kämpfen wähnte, wird man sich die Sache nicht hinreichend zurechtlegen können. Doch vielleicht gibt jener Entwurf eines anonymen Arbeiters zum Sowjetpalast einen Hinweis (Abb. 82 a), der, neben einem Turm mit Sowjetstern, als explizites Zeichen eine große Kugel aufweist, die deutlich als

82 a

b

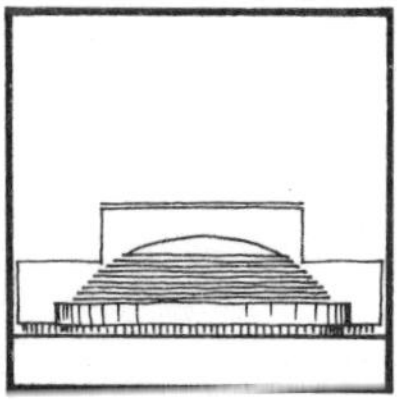
c

d

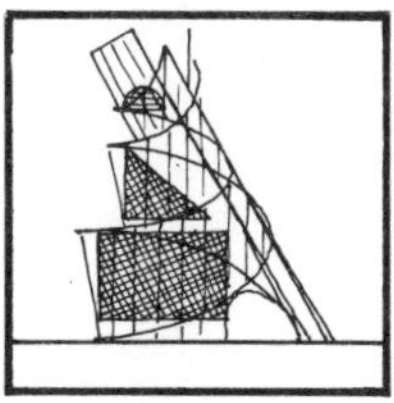
e

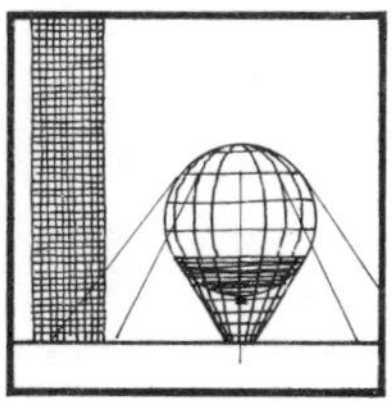
f

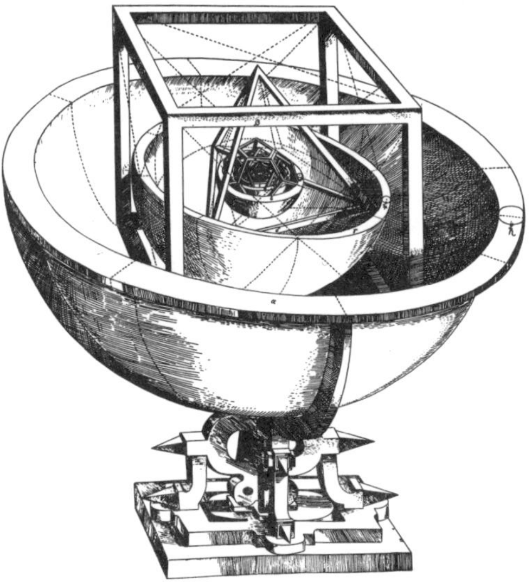

83 Johannes Kepler: Die ›Machina mundi artificialis‹ (Weltmodell) von 1596

schräg gestellte Erdkugel mit Kontinenten und Meridianen gekennzeichnet ist. Dieses unbeholfen formulierte Projekt scheint etwas zum Ausdruck zu bringen, was auch bei anderen Entwürfen mitgemeint ist, wenn sie es auch nicht mit ähnlich naiver Unmittelbarkeit aussagen. Zum mindesten wird man zuerkennen müssen, daß dieses Arbeiterprojekt nicht einfach aus der Reihe fällt. Zieht man andere Projekte aus demselben Wettbewerb heran, und zwar solche von großen Namen wie Le Corbusier (b), Erich Mendelsohn (c) oder Nikolai A. Ladowskij (d) – alle im selben Jahr 1931 entstanden –, so findet sich das Arbeiter Projekt sogar unvermittelt in bester Gesellschaft. Etwas Gemeinsames ist spürbar, und diese Gemeinsamkeit scheint darin zu liegen, daß explizit oder implizit Assoziationen geweckt werden auf Vorstellungen hin wie ›Sonnenlauf‹ (b) oder ›Erdkugel‹ (c und d). Gewiß ist es nicht beweisbar, ob Mendelsohn und Ladowskij, die sich in ihren Entwürfen übrigens geradezu ergänzend nahekommen, in ihren Variationen zum alten Thema des Pantheons die Sphäre, die Planetenkugel ›meinten‹ –

genausowenig wie beweisbar ist, ob Le Corbusier, wie schon vermerkt, den Gang der Gestirne ›meinte‹. Aber sie lassen solche Assoziationen mindestens zu, sie haben – als Meister ihres Faches – keinerlei Vorkehrungen getroffen, um sie abzuwehren oder auszuschließen, im Gegenteil. So ist es erlaubt, von *kosmischen Motiven* zu sprechen, die, zwar in verschiedenem Grad der Verdeutlichung oder Verhüllung, doch eindeutig mitwirken. (Wenn Mendelsohn [c] eine gemäßigte und Ladowskij [d] eine dynamisierte Variation zum Thema altrömisches Pantheon vorlegen, dann ist gerade auch der Pantheon-Bezug nicht etwa eine Schwächung, sondern eine Stärkung der kosmischen Konnotation. Denn das Römer Pantheon war Abbild des Himmelsgewölbes, genaue Halbkugel, ausgeschmückt mit Kassetten, die je einen Stern als Gottheit darstellen.)

Sobald man Tatlins Turm (e) nicht nur in seinem Gerüst, sondern auch in seinem ›Inhalt‹ näher betrachtet, so weist auch er kosmische Anspielungen auf. Dieser Turm beherbergt nämlich zuoberst eine Halbkugel über Zylinder, darunter eine Pyramide, an der Basis einen Würfel – sie sollten die Propagandaabteilung, die Exekutive und das Parlament der III. Internationale aufnehmen und so eingefügt sein, daß sie sich *drehen* können: die Halbkugel einmal im Tag, die Pyramide einmal im Monat, der Kubus einmal im Jahr. Dieser recht ambitiöse Plan, wie immer er technisch gelöst werden sollte, macht auf jeden Fall deutlich, daß astronomische Bezüge mit im Spiel sind. Es gibt eine Reihe Herleitungen zu Tatlins Turm, aber keinen authentischen Kommentar: man hat ihn hergeleitet vom Turm zu Babel, vom Eiffelturm, von Rodins ›Turm der Arbeit‹, von einer Skizze Hermann Obrists, von Boccionis ›Entwicklung einer Flasche im Raum‹[191]. Achtet man indessen speziell auf die Innendisposition mit ihren drehbaren rein geometrischen Körpern, so liegt es ebenso nahe, an Johann Keplers ›Machina mundi artificialis‹ zu denken (Abb. 83), jene ›Weltmaschine‹, mit der der junge Naturforscher 1596 das Weltgefüge aus den fünf regulären geometrischen Körpern erklären wollte[192]. Wenigstens drei dieser Körper (Kugelschale, Würfel und Tetraeder) tauchen ja bei Tatlin wieder auf. Damit soll nicht gesagt sein, Tatlin hätte

Keplers Weltmaschine gekannt oder gar sich von ihr inspirieren lassen. Der Vergleich will nur verdeutlichen, wie sehr auch bei Tatlin astronomische, kosmische Bezüge verkörpert sind, was durch die geplante Tages-, Monats- und Jahresdrehung ohnehin schon eindeutig ist.

Gerade die Tatsache, daß Tatlins Turm schon zwölf Jahre vor den eben erwähnten Entwürfen zum Sowjetpalast (Abb 82 a–d) konzipiert worden ist, verstärkt den Eindruck, daß die Geometrisierungen erstens schon in der frühesten Phase der neuen russischen Architektur ein nicht zu überhörendes Leitmotiv sind – also authentisch mit zu diesem Neuen gehören –, zweitens immer dann, wenn sie sich dem extremen Elementarkörper, der Kugel, nähern, ein astronomisches Motiv aufzunehmen scheinen.

So gesehen, ist es nun auch nicht verwunderlich, daß drei Jahre vor dem Globus-Projekt des anonymen Arbeiters (Abb. 82 a), die schwebende Kugel von IWAN ILJITSCH LEONIDOW auftaucht (f). Der geschulte Architekt formt *implizite*, was der anonyme Arbeiter *explizit* ausmalt. Aber auch er wehrt Assoziationen astronomischer Art nicht ab, denn er hat ja ausdrücklich sein Kugelgebilde nicht nur als Auditorium, sondern auch als Planetarium geplant, und auch seine Kugel – ein Glasgebilde – trägt die Meridianeinteilung.

Die Bauaufgabe selber (Abb. 28) kann man als eine der Lieblingsideen von Lenin bezeichnen. Er hielt das Errichten von Bibliotheken im ganzen Land für die entscheidende Voraussetzung zur Entfaltung einer Sowjetkultur. Unter den Dekreten und Regierungsanweisungen von Lenin gibt es deshalb eine große Gruppe, die das Bibliothekswesen betrifft. In dieser Frage kümmert er sich selber um jede Einzelheit.

Nach Lenins Tod (1924) war es deshalb gegeben, eine geplante Zentral- und Hauptbibliothek für das ganze Land als *Lenin-Institut* zu bezeichnen. Als Ort war vorgesehen eine der schönsten Lagen in Moskau: die Lenin-Hügel im Süden der Moskwa, die von der Rampe über dem Flußbogen einen weiten Blick auf die Stadt bieten. (Die Landesbibliothek ist später, 1937–39, tatsächlich ausgeführt worden von den Architekten

Schtschuko und Helfreich. Sie trägt den Namen Lenin-Bibliothek und liegt beim Manegeplatz vor der Kreml-Mauer.)

Leonidow projektierte seine Bibliothek somit für jene Hügelzone, auf der dann schließlich der eigentlich repräsentative Großbau der Stalin-Ära, die Lomonossow-Universität von Rudnew u. a., von 1948 bis 1952 errichtet worden ist. Der Kontrast zwischen den beiden Projekten, dem geträumten von 1927 und dem realisierten von 1948, wirkt als die schärfste denkbare Konfrontation zwischen den beiden Bauweisen, die beide im Namen der Revolution sich herausgebildet haben.

Leonidow gliedert das Institut auf in einen Hochbau für die Bücherlagerung, einen flachen Trakt für Lese- und Arbeitsräume, ein Auditorium (das, wie gesagt, zugleich als Planetarium ausgestaltet werden soll) und schließlich in eine Bahnstation für die Zufahrt per Hochbahn aus dem Stadtkern (Abb. 28 b). Diese vier Bauglieder ordnet er in ein Achsenkreuz. Die Senkrechte für den Bücherturm, die eine Waagrechte für Lese- und Arbeitsräume (fortgesetzt, leicht verschoben, auf der westlichen Seite mit vier Wohnhäusern für Angestellte), die andere Waagrechte als Linie der Hochbahn.

Dem Kreuzungspunkt selber ist vorgelagert ein Glaspavillon in Kreisform (Abb. 28 b), der die verschobene Querachse bestimmt, auf der Kugelauditorium und Wohntrakt liegen.

Diese bis ins äußerste bereinigte Geometrie, die nun nicht nur den Baukörper, sondern den offenen, weiten Raum bestimmt, ist in ihrer Strenge nicht möglich ohne besondere Vorkehren technischer Art. Das Hochhaus und die Kugel werden mit Drahtseilen verspannt und fixiert, nach dem gleichen Prinzip, mit dem der Antennenmast gesichert wird.

Diese Verspannungen sind optisch so wichtig, daß die Anlage einen deutlichen *konstruktiven* Faktor bekommt. Der *funktionelle* Faktor liegt in der klaren Aufteilung der Tätigkeiten: das Lesen, das Aufbewahren der Bücher und das Versammeln zum wissenschaftlichen Austausch vollziehen sich in drei verschiedenen, auch verschieden geformten Gebäuden. Arbeitsmotive sind also bei Leonidow durchaus mit im Konzept, wiewohl das Konzept zunächst reine Geometrie, und nur das, zu sein scheint.

Leonidow, der sich zuerst als Zeichner und Maler ausgebildet hatte, reichte dieses Projekt als Diplomarbeit an der Architekturfakultät in Moskau ein. Unter den Lehrern dieser Fakultät beeindruckte ihn vor allem Aleksander Wesnin. Die Schülerschaft der Wchutemas war von Leonidows Entwurf so fasziniert, daß sie auf seine Anstellung als Dozent drängte, die 1928 erfolgte[193].

Diese Faszination ist aus der Stimmung jener Jahre heraus begreiflich. Welche rational faßbaren Wurzeln hat sie? Leonidow bringt es fertig, eine streng geometrische Harmonisierung nicht nur der Baukörper, sondern der Körper im Raum zu erstellen: Achsenkreuz und Kugel. Dieser höchste Anspruch an stereometrische Klärung wird für einen bestimmten Zweck eingesetzt: Bibliothek – Erarbeitung einer Bildung der Arbeiterklasse – Arbeiterkultur. Dieser Zweck findet seine Gestalt in den zwei Grundformen der Astronomie: der Kugel als dem astronomischen Elementarkörper, dem Koordinatenkreuz als dem astronomischen Ordnungsprinzip.

*

So einfach, so unüberbietbar elementar Leonidows Anordnung von Baukörpern im Raum ist, so ist doch die Motivreihe: *Arbeiterklasse – Arbeiterkultur durch Bildung – Astronomie* eine seltsame Verknüpfung. Seltsam ist sie für den heutigen Leser, aber nicht für den russischen Zeitgenossen der zwanziger Jahre.

Denn eine der prominentesten Gestalten der sowjetischen Kulturbewegung, der Gründer und Leiter des sogenannten ›Proletkult‹ (Proletarische Kulturbewegung), der früher schon erwähnte ALEKSANDER BOGDANOW, war in der Propaganda für seine Idee gerade von *dieser* Verknüpfung ausgegangen. Bogdanow, von Haus aus Naturwissenschaftler, hatte 1909 die Parteischule in Capri (Italien) gegründet, 1917 mit Lunatscharski zusammen die ›Sozialistische Akademie für Gesellschaftswissenschaften‹ geschaffen, bevor er 1918 den ›Proletkult‹ ins Leben rief. Die Grundsatzerklärung dieser Bewegung ist formuliert in seinem programmatischen Essay ›*Die Wissenschaft und die Arbeiterklasse*‹ von 1920[194]. Dieser für die frühen Sowjetjahre so wichtige Text hat uns bereits (im Kap. 18) interessiert im Hinblick auf die Definition der Arbeit. Der Anfangspassus beginnt wie folgt:

»Was ist Wissenschaft?

Untersuchen wir diese Frage an einem Beispiel. Nehmen wir eine der reinsten, der ›erhabensten‹, d. h. der Arbeitermasse zugänglichen Wissenschaften: die Astronomie.«[195]

Die Verknüpfung zwischen ›Arbeitermasse‹ und ›Astronomie‹ wird – hier abgekürzt referiert – durch folgenden Gedankengang begründet:

- Astronomie ist die Wissenschaft zur Bestimmung der Zeit und zur Orientierung im Raum;
- die Entwicklung der Astronomie hat die Tochterwissenschaft Geometrie entstehen lassen;
- der ausgebildete Astronom und Geometer kann Zeit und Raum bestimmen, dadurch die Arbeit organisieren, dadurch die Macht im Staat erlangen;
- welche Macht astronomisches Wissen verleiht, zeigt die Handelsschiffahrt: gestützt »auf die Tabellen der kastilischen Astronomen, später auf Kopernikus und Galilei«, konnte sie sich vom Ufer ablösen und auf hoher See navigieren;
- dadurch konnten »neue Länder zu Arbeit und Ausbeutung und neue Wege für den Welthandel« gefunden werden.[196]

Bogdanows Zusammenfassung: »In einer Klassengesellschaft verwandelt sich die Wissenschaft aus einem Mittel zur Organisierung der Arbeit in ein Mittel zur Klassenherrschaft . . . Vom 14. bis 17. Jahrhundert gab die Entwicklung der Handelsschiffahrt, d. h. die Forderungen des Handelskapitalismus den Anstoß zur Entwicklung der neuen Astronomie, wie wir bereits ausgeführt haben. Der Handelskapitalismus jedoch war der Exponent der bürgerlichen Gesellschaftsordnung, der aus der feudal-mittelalterlichen Organisation aufkeimte. Die Bourgeoisie begann den Kampf um die Herrschaft gegen den Landadel und den Klerus, die herrschenden Kräfte jener Zeit. Die Astronomie entsprach den Bedürfnissen des Handels, des Kapitals und der neu sich bildenden Klasse als der Vertreterin des Kapitals; sie entsprach aber nicht den Ansichten der alten Welt, der

Lehre der Geistlichkeit. Damit untergrub sie deren Autorität und schwächte die Organisationskraft der herrschenden Klassen. Die sahen dies bald ein und begannen einen fanatischen Kampf gegen die revolutionäre Wissenschaft: einer ihrer ersten Verkünder, Giordano Bruno, wurde auf dem Scheiterhaufen verbrannt, Galilei gefangengehalten und zum Schweigen gebracht. Aber um so enger und fester verband sich die fortschrittliche Bourgeoisie zum Angriff auf die herrschenden Klassen. Dies wurde wenn nicht das einzige, so doch das wertvollste Kampfeszeichen der damaligen fortschrittlichen Klasse und trug viel zum Siege bei. Wie ersichtlich, kann die Wissenschaft zu einem Mittel werden, die Kräfte für den Sieg im sozialen Kampfe zu organisieren.«[197]

»Man sieht also«, fügt er als eine Art von *Selbstverteidigung* bei, »daß die Idee von der ›Bürgerlichkeit‹ der heutigen Astronomie, Mathematik usw. *gar nicht so komisch* ist, wie die alten Vertreter des Marxismus meinen.«[198] Diese Selbstverteidigung war offensichtlich schon um 1920 nötig. Denn einer jener »alten Vertreter des Marxismus«, die Bogdanows »Idee von der ›Bürgerlichkeit‹ der heutigen Astronomie« deutliches Mißtrauen entgegenbrachten, war niemand geringerer als Lenin selber. Die Entwicklung der Spannung zwischen Bogdanow und Lenin und deren Folgen wird uns noch beschäftigen (Kap. 23 u. 24).

Bogdanows Idee von der »Astronomie (als) Wissenschaft von der Arbeit«[199], die in den Händen des Proletariats »vollkommener, tiefer und mächtiger« sein werde, als sie es in den »Gedankengängen der bürgerlichen Gelehrten« sein kann[200a], ist zwar für die Politiker, wie sich zeigen wird, zum Problem geworden. Auf die Künstler hingegen scheint sie höchst anregend gewirkt zu haben. Man kann sich nämlich fragen, ob Bogdanows Text, der Galilei mehrmals erwähnt und der schon 1920 auch deutsch übersetzt vorlag, nicht der erste Impuls war zu BERTOLT BRECHTS Schauspiel *›Leben des Galilei‹*, das 1938/39 im Exil in Dänemark verfaßt worden ist. Gleich in der ersten Szene heißt es dort: »Ich denke gerne, daß es mit den Schiffen anfing. Seit Menschengedenken waren sie nur an den Küsten entlanggekrochen, aber plötzlich verließen sie die Küsten und liefen aus über alle Meere . . .«

Diese mögliche Spur zu Bertolt Brecht (1898–1956) können wir hier selbstverständlich nicht weiter verfolgen[200b]. In Rußland selber aber war offenbar auch der ungefähr gleichaltrige Leonidow (1902–1959) empfänglich für Bogdanows Traum von einer künftigen Wissenschaft, geboren aus dem Geist der Astronomie und Geometrie, in ihrem Wesen »vollkommener, tiefer und mächtiger« als alle bisherige Wissenschaft. Sein Lenin-Institut, das als zentrale Stelle für die Arbeiterbildung gedacht war, ist als architektonische Leistung eine einzige Reverenz vor dem Geiste der Geometrie, und zwar einer Geometrie, die als Tochter der Astronomie verstanden ist.

*

Genau das gilt im Grunde auch schon für Tatlin, der ja mit dem Turm für die III. Internationale chronologisch gesehen das erste Zeichen einer neuen Architektur im neuen Staat gesetzt hat. Daß dieser Entwurf ebenfalls der *Geometrie* huldigt, und zwar auch bereits einer Geometrie, die als Tochter der *Astronomie* zu verstehen ist, wird ihm von einem eher skeptischen russischen Beurteiler ausdrücklich attestiert. Kyrill N. Afanasjew, der Tatlin unter anderem »technischen Analphabetismus« und »Ungeschliffenheit der konstruktiven Formen« vorwirft und den Turm vorab als »ein Bündel Emotionen« empfindet, vermerkt andererseits, daß dieser Turm eine bestimmte »Symbolik« mit sich führe, »denn die Spirale ist das Symbol der Revolution, und die schräge Achse des Turmes verläuft parallel zur Erdachse«.[200c]

Ob und weshalb allenfalls eine Revolution das Zeichen der Spirale für sich beanspruchen darf, bleibe hier offen. Der zweite Hinweis hingegen, daß die schräge Achse des Turms der Neigung der Erdachse entspreche – das nun trifft allerdings, so weit ich zu sehen vermag, ein echtes Novum. Überprüfen wir an Tatlins Zeichnung der Seitenansicht (Abb. 84), die 1920 in Punins Pamphlet publiziert worden ist, den Neigungswinkel des ›Rückgrates‹ der ganzen Komposition, das heißt jenes Pfeilers

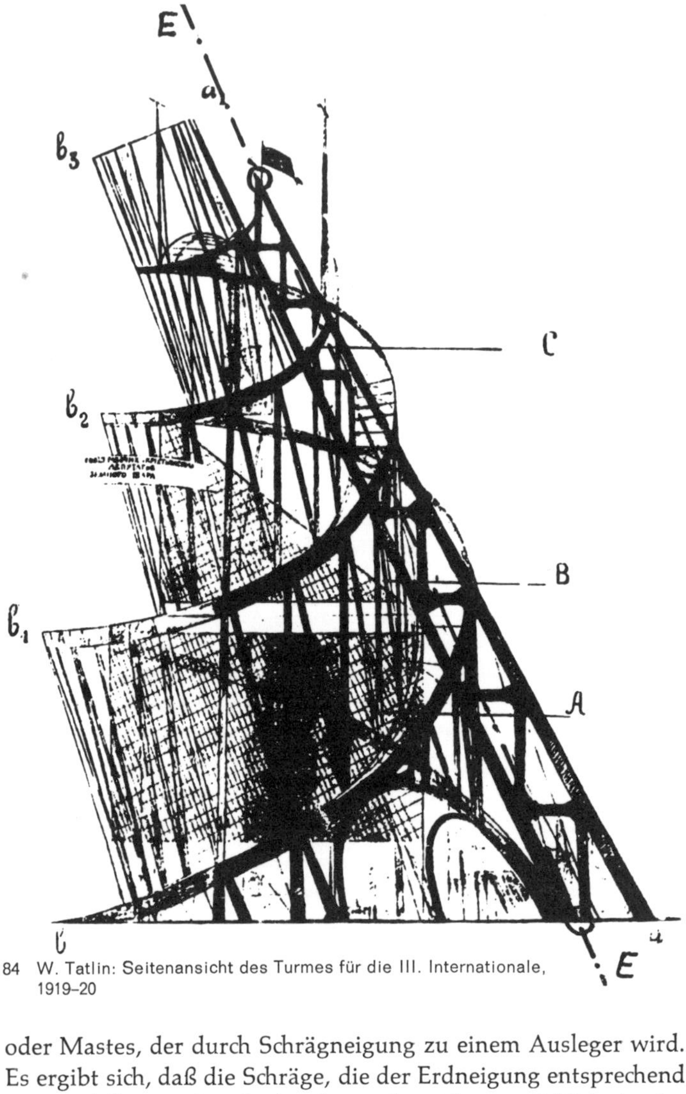

84 W. Tatlin: Seitenansicht des Turmes für die III. Internationale, 1919–20

oder Mastes, der durch Schrägneigung zu einem Ausleger wird. Es ergibt sich, daß die Schräge, die der Erdneigung entsprechend um $23^{1}/_{2}$° von der Senkrechten abweicht, tatsächlich in der Richtung des Auslegers verläuft – und zwar so, daß sie vom

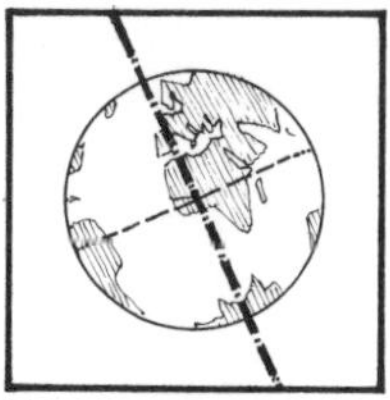

85 a

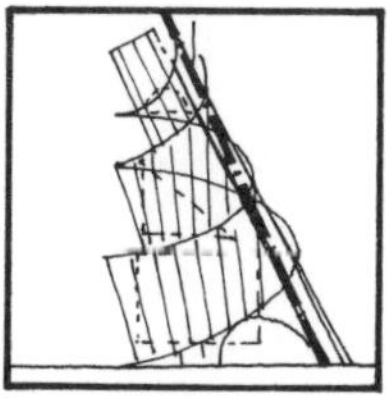

b

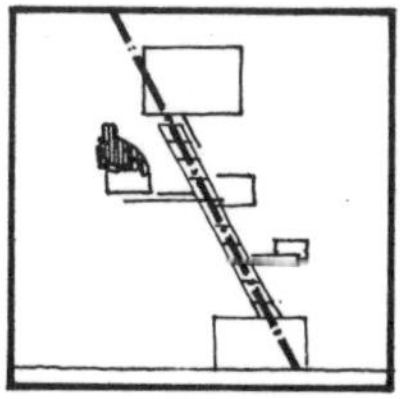

c

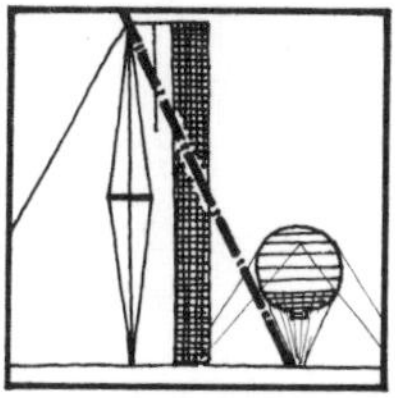

d

e

f

Basispunkt des inneren Balkens zur Spitze des äußeren Balkens aufsteigt, also gewissermaßen diagonal durch das treppenartig angelegte Fachwerk (Abb. 84, Linie E).

Vergegenwärtigt man sich, auf welche Weise eigentlich ein Architekt mit Mitteln der Körperform (also nicht mit Mitteln des Lichts, der Farbe, des Raums etc.) eine kosmische Übereinstimmung geltend machen kann, dann sind es tatsächlich entweder die Kugel (als Planetenform) oder die Schrägneigung (als Erdachse), die sich in erster Linie anbieten.

Sollten sich nicht noch überraschende Vorläufer aufweisen lassen, so kann man Tatlin den primären Einfall nicht nehmen, die Erdachsen-Richtung als Ausdruckselement, als Leitmotiv einer Baukonstruktion entdeckt und verwertet zu haben. Dieses Motiv hat so sehr gewirkt, hat ganz offensichtlich auch der Zeitstimmung jener Jahre so gut entsprochen, daß es nicht schwerfällt, eine Reihe von Wiederaufnahmen chronologisch zu reihen (Abb. 85). Lissitzkys Rednertribüne von 1924 (85 c) weicht um etwa zwei Grad von der Erdachsen-Richtung ab, was sich indessen daraus erklärt, daß die uns erhaltene Darstellung perspektivisch ist, nicht ganz parallel zur Bildebene. Leonidows Hochhaus und Kugel von 1928 (85 d) geht in den Bauformen nicht auf Tatlins suggestive Steilschräge ein, doch zeigt es sich, daß in der Zeichnung der Frontalansicht jene Antennen-Verspannung, die dann auch die Auditoriums-Kugel tangential berührt, genau dem Abweichungswinkel entspricht. Der schon erwähnte anonyme Entwurf eines Arbeiters von 1931 (85 e) verkoppelt geradezu beide Motive, Tatlins Polachse und Leonidows Meridiankugel – oder einfacher umgekehrt gesagt: er ist unmittelbares, nicht umgesetztes Abbild dessen, was der Schüler im Geographieunterricht über Form und Lage des Erdplaneten lernt. Ob vielleicht auch Le Corbusier in seinem Sowjet-Palast 1931 (85 f) Tatlins Anregung mitverarbeitet hat, sei zum mindesten gefragt. Denn die dominierende Parabel ist so gewählt, daß die Astrichtung in Basisnähe wiederum der Polachse entspricht.

Die Grenze von Tatlins Richtungsbeschwörung liegt im Dreidimensional-Architektonischen dort, wo das Bewegen im Raum dem Betrachter perspektivische Veränderungen bringt. Tatlin selber hat in seinem Spiralturm mit der treppenförmigen Ausfachung des Auslegers allerdings meisterhaft dafür gesorgt, daß der Betrachter instinktiv erfaßt, welche Ansicht die verbindliche ist. – Derartige Zusatzprobleme gibt es nicht in der Flächenkunst: dem Plakat, der Typographie, der Graphik, der Malerei. Das erklärt, weshalb Tatlins Schräge gerade in diesen Gattungen eine so große Rolle zu spielen beginnt. Wir können hier die Beispiele nicht zusammentragen, bilden nur ein Plakat von Klutsis (1930) für den Fünfjahresplan ab (Abb. 86), um zu zeigen, wie sehr in diesen Jahren durch die Polarachse das ganze Richtungsbündel der Linksdiagonalen visuell aufgewertet und aussagekräftig gemacht worden ist.

Da das russische wie das westliche Auge von links nach rechts liest, geht ihm diese Linksschräge buchstäblich ›wider den Strich‹ – daraus resultiert die Konnotation von so etwas wie ›Auflehnung‹. Zugleich ist diese Schräge so steil, daß sie vom Auge nicht als absinkend, sondern als aufsteigend gelesen wird. Woraus sich, zumeist unbewußt wahrgenommen, ›Aufstieg‹ und ›Auflehnung‹ verbinden zum Gesamteindruck *›Fortschritt wider das Gewohnte‹*. Was genau dem entspricht, was diese Generation in Rußland bewegte, was sie mitzuteilen wünschte. Und

86 Klutsis: Plakat für den ersten Fünfjahresplan, 1930

doch war diese Schräge der Auflehnung und des Fortschritts gleichzeitig aus einem größeren Zusammenhang heraus *legitimiert*: dadurch eben, daß sie unserer planetarischen ›Lage‹ entsprach, das heißt sich deckte mit der Polarachse des Erdballs.

*

Weshalb hat Aleksander Bogdanows Lehre von der Proletarischen Kulturbewegung so stark auf Künstler, vor allem auch auf Schriftsteller gewirkt – und gleichzeitig aber die Politiker so skeptisch gemacht? Um es verkürzend vorwegzunehmen: Bogdanow verspricht und propagiert mehr, als die Politiker von sich aus bewerkstelligen können. Er verspricht eine neue Übereinstimmung mit der Natur durch neue ›tiefere‹ Erkenntnis der Natur. Und gerade diese Hoffnung, die so deutlich über das Politische hinausging und eine Art von *Heilserwartung* in sich schloß, hat die Künstler fasziniert. Mit anderen Worten: Bogdanow verspricht nicht nur, wie die damaligen Politiker, eine erste (nationale) und eine zweite (internationale) Übereinstimmung – er verheißt eine *dritte* Übereinstimmung.

Das Postulat der *besseren Übereinstimmung* ist das Grundpostulat aller Neuerer, ob sie nun durch Revolution oder durch Reform zum Ziel gelangen wollen. Wenn zum Beispiel G. A. Gradow, wie wir gesehen haben, in der heutigen Stufe der sowjetischen Wohn-Utopie das Wohnkollektiv verteidigt und fordert, dann tut er es ausdrücklich deshalb, weil er sich vom Kollektiv eine bessere ›Übereinstimmung‹ des einzelnen Menschen mit der Gemeinschaft verspricht (vgl. Teil I).

Die Oktoberrevolution will alle Russen in Übereinstimmung setzen, beispielsweise durch die »positive Aufhebung des Privateigentums«. Es heißt aber schon im Kommunistischen Manifest von 1848: »Proletarier *aller* Länder, vereinigt Euch ...«, denn die Übereinstimmung, die durch die arbeitende Klasse geschaffen werden soll, soll und kann nicht nur ein Land, sie müßte sukzessive alle Länder ergreifen. So sind die Gründungen und Neugründungen der ›*Internationale*‹ 1864 in London, 1889 in Paris, 1919 in Moskau (für die Tatlin seinen Turm konzipierte) Versuche zur Vorbereitung dieser zweiten, weltweiten Übereinstimmung.

Es konnte nicht ausbleiben, daß die Woge der Begeisterung darüber hinaus eine dritte und letzte Übereinstimmung zu fordern begann: jene mit der ›*Natur*‹ selbst, das heißt mit dem *Kosmos,* dem *Weltgebäude.* Es ist verständlich, daß Künstler diese dritte, kosmische Übereinstimmung als das Thema ihrer Arbeit empfinden. Es ist ebenso verständlich, daß Politiker diese ›höhere‹ oder ›letzte‹ Übereinstimmung als gefährliche Illusion bewerten. Marxistische Politiker müssen sich indessen hüten vor allzu rigoroser Kritik – denn es ist Marx selber, allerdings der junge Marx, der gerade diese *dritte* Übereinstimmung deutlich verheißen hat. In den Pariser Manuskripten von 1844 lautet diese Verheißung: »Der Kommunismus (als positive Aufhebung des Privateigentums) ... ist ... die wahrhafte Auflösung des Widerstreites zwischen dem Menschen mit der Natur und mit dem Menschen, die wahre Auflösung des Streites zwischen Existenz und Wesen ... Er ist das aufgelöste Rätsel der Geschichte und weiß sich als diese Lösung.«[201] Auf solche Stellen, wären sie damals schon publiziert gewesen, hätte sich Bogdanow – gegen Lenin – berufen können[202]. Daß er selber Marx in diesem Lichte sah, beweist sein Vergleich von Marx mit Kopernikus: »Kopernikus faßte einen Gedanken: vielleicht ist das (damals geltende Weltsystem) so kompliziert und verwirrt, weil wir es von der Erde aus betrachten?« Und es wurde »alles klar und einfach«, als er erkannte, daß die *Sonne* das Zentrum ist.[203] – »Was hat Marx getan?« Auch er hat, wie Kopernikus, »den Standpunkt verändert. Er beschaute sich die Gesellschaft vom Standpunkt derer, die erzeugen – der Arbeiterklasse, und alles erschien anders. Es stellte sich heraus, daß gerade dieser Standpunkt das Zentrum der Gesellschaft ist, die Sonne, von der der Weg und die Bewegung des Menschen, der Gruppen und Klassen abhängig sind.«[204]

Wenn Aleksander Bogdanow Marx und dessen Lehre als ›Sonne‹ bezeichnet, dann bezeugt er eine ähnliche ›kosmische‹ Verehrung für ihn, wie sie im 18. Jahrhundert der englische Dichter Alexander Pope für Isaac Newton bezeugt hat. Popes Verse von 1732 auf den Naturforscher heißen:

»Nature and Nature's laws lay hid in night
God said, let *Newton* be! And all was light!«[205]

Nun kann die Erhabenheit dieser Art von Verehrung leicht ins *Lächerliche* geraten. Dafür hatte unter den russischen Zeitgenossen keiner einen so scharfen Blick wie LEO TROTZKI.

In seiner Sammlung von kritischen Aufsätzen, 1924 erschienen[206], behandelt er im VI. Stück ›Proletarische Kultur und proletarische Kunst‹. Seine brillante Kritik dessen, was innerhalb der Proletkult-Bewegung der ›*Kosmismus*‹ vertritt, bezieht sich zwar auf Dichtung. Doch der Gattungsunterschied besagt wenig, denn es handelt sich um dasselbe Problem, das uns beschäftigt: »Im ›Kosmismus‹«, sagt Trotzki, »ist die Vorstellung etwa die, daß man die ganze Welt als eine gewisse Einheit empfinden sollte und sich selbst als einen aktiven Teil davon, mit der Aussicht, künftig nicht nur die Erde allein, sondern auch den ganzen Kosmos beherrschen zu können. Alles das ist natürlich sehr prächtig und wunder wie großartig. *Einst begrenzte sich unsere Heimat auf Kursk und Kaluga, vor kurzem haben wir ganz Rußland erobert und schreiten nun zur Weltrevolution. Und da*

87 a b c

sollen wir uns an der Grenze unseres Planeten aufhalten lassen? Laßt uns in einem Zuge den proletarischen Reifen gleich um das Faß des Weltalls legen. Nichts einfacher als das! Darin sind wir erfahren: Wir machen es mit der linken Hand!

Der Kosmismus erscheint außerordentlich kühn, stark revolutionär und proletarisch oder er könnte so erscheinen. In Wahrheit aber enthält der Kosmismus schon fast Elemente von *Fahnenflucht in interstellare Sphären,* um den komplizierten und für die Kunst schwierigen irdischen Dingen auszuweichen. Dadurch erweist sich der Kosmismus völlig unerwartet als der Mystik verwandt, denn das Reich der Sterne in die eigene künstlerische Weltanschauung zu übertragen ... ist eine immerhin recht schwierige Aufgabe, selbst wenn man den Grad der Vertrautheit mit der Astronomie außer acht läßt.«[207]

Für die Architektur stellt sich die Frage, ob es so etwas wie ›Fahnenflucht in interstellare Sphären‹ auch in *ihrer* Gattung gebe. Wenn es sie gibt, liegt sie beim expliziten Motiv, das eine Assoziation als Ganzes auf sich zieht, wie das für die ›Boiler‹-Assoziation von Paschkoffs Entwurf der Lenin-Bibliothek zutrifft (Abb. 87 a). Daß das *Kosmische* durchaus das *Komische* berühren kann, gilt ohnehin auch für die Architektur. Sobald man weiß, daß in Tatlins Turm drehbare Idealkörper hätten eingebaut werden sollen, und sich vorstellt, daß täglich Menschen ihre Arbeit dort verrichten müßten, gerät selbst dieses so wichtige Werk hart an den Rand des Komischen (b). Auch Lissitzkys Rednertribüne (c) ist nicht frei von solchen Streiflichtern. Warum so kompliziert, wenn es auch einfach ginge?, wird man einzuwenden haben – und ein einziger Redner, der die typische Lenin-Pose spiegelverkehrt einnähme, würde schon belustigte statt aufmerksame Zuhörer haben. Mit anderen Worten:

der hochbegabte Zeichner und Graphiker Lissitzky glaubte, ein kleines Stück Architektur entworfen zu haben, in Wahrheit hat er aber ein Plakat – und ein einprägsames dazu – geschaffen.

Werner Hegemann, der Herausgeber von ›Wasmuths Monatsheften für Baukunst‹, hat im Jahrgang 1929 nicht nur Paschkoffs ›Boiler‹, Golosows ›Dynamo‹ (Abb. 71 b) und Lissitzkys ›Wolkenbügel‹ »in dieselbe humoristische Klasse gerechnet«[208] – was man ihm nicht verargen kann (wenn auch der ›Wolkenbügel‹ eine differenziertere Beurteilung verdiente). Er hat überdies die Frage gestellt: ›*Auditorium, Glühbirne oder Luftballon?*‹, und zwar bezogen auf Leonidows emporgehobene Auditoriumskugel im Projekt für das Lenin-Institut. Selbstverständlich hat er recht, wenn er fragt, wie wohl die Menge der Zuhörer den »Engpaß« der »trichterförmigen Gestalt« des Zugangs bewältigen werde[209]. Ob aber die ›Glühbirne‹ oder der ›Luftballon‹ Assoziationen sind, die Leonidows Projekt definitiv ins Lächerliche ziehen, wird man sich etwas genauer überlegen wollen.

Die ›Glühbirne‹ trifft als Formvergleich nicht genau, denn der Trichter ist nicht als Gewinde ausgebildet. Der ›Luftballon‹ hingegen ist ein Vergleich, den Leonidow selber womöglich akzeptiert hätte, genau wie anzunehmen ist, daß Le Corbusier die Bemerkung von Hans Sedlmayr akzeptiert hätte, die Villa Savoie gleiche einem »gelandeten Raumschiff«[210]. Beide Vergleiche verkörpern für diese Architekten positive Werte, für ihre Kritiker stellen sie, aus einer bestimmten kulturkritischen Haltung heraus, negative Werte dar. Damit soll nicht gesagt sein, daß die neuartigen Formvorschläge von Leonidow und Le Corbusier jedem kritisch-ironischen Aspekt entzogen seien. Dieser stellt sich aber vor allem dann ein, wenn die Darstellung einer schwebenden, nahezu schwerefrei wirkenden Erscheinung als Postulat a priori abgelehnt wird. Daß diese Architekten ihre Gründe hatten für das Postulat der schwebenden Leichtigkeit, wird sich noch erweisen (Kap. 25 u. 26).

An Verteidigern für den Versuch, in der Architektur etwas von dem abzubilden, was das Weltgebäude darstellt, hat es indessen nie gefehlt. PALLADIO beispielsweise erweist sich als

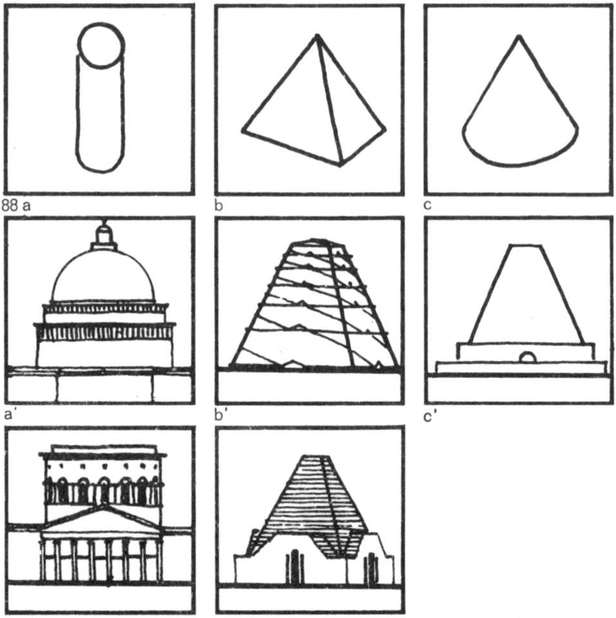

88 a, b, c, a', b', c', a'', b''

ein Befürworter *kosmisch motivierter* Architektur, wenn er in den ›Quattro libri‹ von 1580 sagt: »Und wenn wir dieses schöne Gebilde der Welt betrachten ... können wir nicht zweifeln, daß die *kleinen Tempel, die wir machen, ähnlich sein sollten jenem ganz großen Tempel,* welcher vollendet worden ist durch ein einziges Wort Seiner unendlichen Güte.« Und diese Äußerung Palladios steht, wie ich an anderer Stelle zu zeigen versucht habe, nicht isoliert da; vielmehr ist sie Ausdruck einer Tradition, die man bis Plato zurückverfolgen kann[211].

21 1789: Der französische Newtonismus

Dieselbe Dichotomie zwischen Arbeits-Motiven und Geometrie-Motiven, die Julius Posener bei Le Corbusier beobachtet hat und die wir im vorigen Kapitel in der russischen Revolutions-

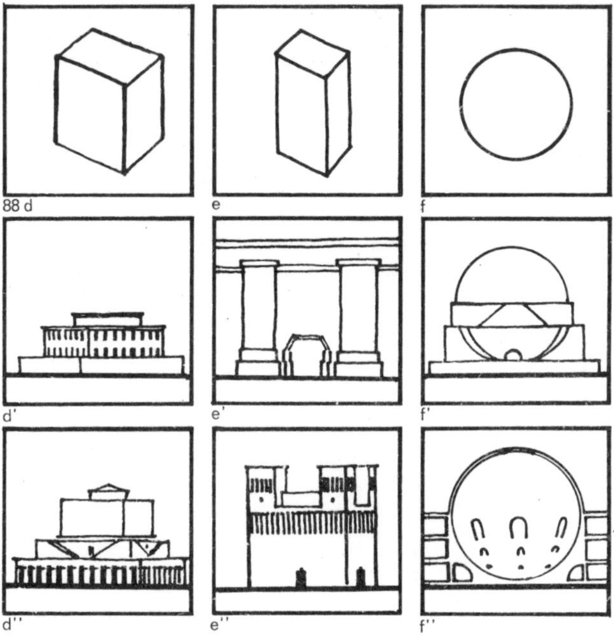

architektur in womöglich noch deutlicherem, verschärftem Grad angetroffen haben – spielt sie auch bei den Franzosen von 1789 eine Rolle? Wir überprüfen den Hang zur dominanten geometrischen Gestalt auf dieselbe Weise wie bei den Russen (Abb. 88), wobei wir uns an das Œuvre von Boullée und von Ledoux halten, weil diese beiden Lebenswerke bisher am besten überblickbar erschlossen worden sind.

Sowohl Boullée (mittlere Reihe) wie Ledoux (untere Reihe) kommen den »grandes formes primaires« in außergewöhnlichem Grade entgegen. Oft sind es mehrere Beispiele, die in eindeutig dominanter Form denselben Elementarkörper zum Leitmotiv machen. Der Unterschied zwischen Boullée und Ledoux scheint einzig darin zu liegen, daß Ledoux, so weit ich sehe, den Kegel nie verwendet hat, während er bei Boullée, speziell für Grabdenkmäler, eine Vorzugsform ist. Beide, Boullée wie Ledoux, gehen bis zum Extrem, bis zur ›absurden‹ Form: sie versuchen, Kugelprojekte zu schaffen.

Die Entschiedenheit, mit der Boullée in der zweiten Hälfte seines Lebenswerks die Elementarform zur Leitform macht, macht ihn zum Exponenten der ›niedrigen Stereometrie‹ in der Architekturgeschichte überhaupt. Er ist der *›Ägypter‹* unter den europäischen Architekten wie keiner vor ihm.

Was nun die Dichotomie zwischen Arbeits-Motiven und Geometrie-Motiven betrifft, so scheint sich eine Art Rollenverteilung abzuzeichnen. Der um einige Jahre ältere Boullée ist der eigentliche Pionier im Durchbruch zu den Elementarformen; hingegen wird es schwerhalten, deutliche Arbeitsmotive, seien sie funktionell oder konstruktiv, bei ihm vorzufinden. Bei Ledoux hingegen hat sich (Kap. 19) gerade das Konzept der Stadt Chaux als eine Arbeitsdarstellung von primärer Bedeutung erwiesen. Dennoch sind auch seine Beschwörungen der reinen Geometrie zahlreich, vielleicht sogar zahlreicher als bei Boullée, denn sein Werk hat quantitativ einen größeren Umfang und ist besser erhalten als das von Boullée. Doch der chronologische Vergleich zwischen den beiden Architekten erweist, daß die entscheidenden Schritte in der Richtung auf *»Glorifizierung der Geometrie«* in der Architektur *alle von Boullée zuerst* unternommen worden sind[212].

Boullées Entwicklung zum eigentlichen Revolutionsarchitekten vollzieht sich – wie ich in meinem Buch über diesen Architekten zu zeigen versucht habe – zunächst am Thema des Sakralbaues. Er möchte die Bauleitung der Kirche Ste. Geneviève (später ›Panthéon français‹) in Paris übernehmen, um das von Soufflot begonnene Werk fertigzuführen. Diese Stelle bekommt er nicht, dafür entwickelt er nun gewaltige, utopische Kirchenbauten (a), die aus vollkommen reinen Quadern, Zylindertrommeln und Halbkugelkuppeln bestehen. Von der so geometrisierten Kirche aus wendet er sich Grabbauten zu, die zumeist Gedächtnisbauten (Leergräber, sog. Kenotaphe) sind. Für sie setzt er Pyramiden (b) ein, dann aber auch Kegelformen (c) – und damit beginnt, vom rein Formenmäßigen aus gesehen, der interessanteste Prozeß in seinem Œuvre: er setzt das ›Ägyptische‹ mit seinen absoluten Flächen und reinen Kanten *ins Runde,* ins Sphärische um (f). Vollkommen gelingt ihm dies im Newton-Denkmal von 1784 (Abb. 24). In ihm ist die ganze ägyptische Formenreihe, selbst noch die Rampe, in größere oder kleinere Sektoren der Kugelwölbung umgesetzt[213]. Was reine Fläche war bei den Ägyptern, wird so reine Sphäre.

Da die beiden wichtigsten Vertreter der französischen Revolutionsarchitektur der Geometrisierung einen geradezu eklatanten Tribut gezollt haben, stehen wir vor der gleichen Frage wie im Kap. 20: Damit sind Beobachtungen festgehalten und aufgereiht, aber sie sind nicht geklärt. Auch hier, wie 1917, scheint es sich um einen singulären Impuls zu handeln, dessen Wurzeln, dessen Zustandekommen wir gerne erkennen möchten. Da dieselbe Erscheinung (der Geometrisierung) in zwei verschiedenen Geschichtsphasen (1917 und 1789) keineswegs zum vorneherein dieselben auslösenden Motive haben muß – der Entscheid für eine klassische Tempelfront, einmal von einem Bischof, das andere Mal von einem Bankier vollzogen, hat z. B. verschiedene Motive –, fragen wir erneut nach möglichen, erkennbaren Gründen.

Dabei scheint es richtig, daß wir uns gleich an den primären absurden Fall – das Newton-Denkmal – halten, erstens, weil es das früheste bekannte Beispiel einer vollen Kugel in der Architektur darstellt[214], zweitens, weil es von Boullée selber als sein großer Wurf bewertet worden ist[215], den er auch selber kommentiert hat[216], drittens, weil sich nachweisen läßt, daß ein auch chronologisch belegbarer Entwicklungsgang vom Sakralbau über das ägyptisierende Monument zur Kugelidee führt[217].

Etienne-Louis Boullées Projekt, das Werk und die Person des englischen Naturforschers SIR ISAAC NEWTON mit einem kugelförmigen Kenotaph zu ehren, hängt zusammen mit der Astronomiegeschichte und der mit ihr damals so eng verbundenen philosophischen Frage der Erklärung des Weltzusammenhangs. In Frankreich hat sich diese Frage damals zugespitzt auf eine Konfrontierung zwischen der älteren Lehre Descartes' und der neueren Lehre Newtons. Als Newton 1727 starb, war es ein Franzose, Bernard le Bovier de Fontenelle, der als erster ein

›Elogium‹ auf Newton schrieb, in dem er den Engländer in den gleichen Rang erhebt wie Descartes. Die Auseinandersetzung zwischen Cartesianern und Newtonianern, an der sich vor allem auch Voltaire beteiligt, führt schließlich auch in Frankreich zur Ablehnung von Descartes. Newton wird in der Mitte des 18. Jahrhunderts für alle aufgeklärten Geister Europas zum eigentlichen Wahrheitsträger, der das Gelobte Land, nämlich »le vrai système du monde«, als erster beobachtet, erkannt und berechnet hat[218].

Boullée versucht nun, diesem Mann, der für die Vorstellungen der Epoche geradezu eine Art von Messias des Wissens, eine Art von Weltbaumeister geworden ist, ein würdiges Denkmal zu bereiten. Nach Vorstufen gelangt er zur definitiven Form, die aus einer riesigen Kugel besteht, die man durch unterirdische Zugänge betreten kann. Im Gravitationspunkt der Hohlkugel befindet sich auf einem kleinen Sockel der (leere) Sarkophag; über ihm wölbt sich die dunkle Sphäre (Abb. 24 b), die mit leuchtenden Sternen besetzt ist. Diese Sterne werden vom natürlichen Außenlicht erzeugt, denn die Kugelschale hat viele rohrförmige Öffnungen.

Boullée hat, wie gesagt, in seiner Architekturtheorie auch einen eigenen *Kommentar* zu seinem Denkmalprojekt verfaßt. Dieser Kommentar ist in einem für die Zeit typischen gehobenen Ton geschrieben und bekommt, sobald Newton selber angesprochen wird, geradezu empathischen Klang. Ins Deutsche übersetzt heißt diese Stelle wie folgt:

»Erhabener Geist! Großangelegtes und tiefsinniges Genie! Göttliches Wesen! Newton! Geruhe (du) die Ehrbezeugung durch meine schwachen Talente anzunehmen! Ach! Wenn ich sie (die Ehrbezeugung) öffentlich bekanntzumachen wage, dann nur aus der Überzeugung, die ich habe, mich selber überschritten (übertroffen) zu haben in dem Werk, von dem ich sprechen will.

Oh Newton! Wenn du durch die Ausgedehntheit deiner Erkenntnisse und durch die Erhabenheit deines Genies die Gestalt der Erde bestimmt hast: dann habe ich das Projekt geschaffen, dich mit deiner Entdeckung einzuhüllen. In einem gewissen

Sinn heißt das, dich mit dir selbst eingehüllt zu haben. Nun! Was hätte sich, außerhalb von dir, finden lassen, was deiner hätte würdig sein können! Nach diesen Überlegungen habe ich mich dazu entschlossen, die Grabstätte durch die Gestalt der Erde zu kennzeichnen. Nach Art der Alten und im Vorhaben, dir Ehre zu erweisen, habe ich sie mit Blumen und Zypressen umgeben.«[219]

Nun ist an dieser hochfeierlichen Würdigung und Erläuterung allerdings nicht klar, was es eigentlich heißen soll, daß Newton »die Gestalt der Erde bestimmt« habe und daß Boullée ihn, den Erkennenden (Newton), »der sich selbst einhüllen« wolle – deshalb der Grabstätte »die Gestalt der Erde« verleihe?

Da durch J. M. Pérouse de Montclos als Nachlaß-Verzeichnis die Liste der Privatbibliothek Boullées bekanntgemacht worden ist[220], habe ich vor allem in den Werken über Astronomie, die Boullée selber besessen hat, nach einer möglichen Abklärung gesucht. In der Tat ergibt sich aus der ›*Histoire de l'Astronomie*‹, verfaßt von JEAN-SILVAIN BAILLY, publiziert 1782 (also zwei Jahre vor dem Projektdatum 1784), der gesuchte Aufschluß. Es handelt sich – hier kurz zusammengefaßt – bei der Wendung »Gestalt der Erde« um die *ursprüngliche, reine* Kugelgestalt, wie sie bestanden haben muß *vor der Abflachung durch Rotation.* Denn der Astronom Bailly beschreibt ausführlich »le beau spectacle ... de voir Newton applatissant la terre d'abord fluide ...«[221], wobei übrigens diese Sprachform allein schon bezeugt, daß Newton als der Weltbaumeister betrachtet worden ist von dieser Generation. Denn sie glaubt ja, Newton dabei zu beobachten, wie er die zunächst flüssige Erdkugel abflacht. – Die »Entdeckung«, mit der Boullée den Naturforscher »selber einhüllen« will, betrifft somit den Unterschied der *reinen,* ursprünglichen Kugel von der *abgeflachten* heutigen Kugel.

Nur der aufgeklärte und gelehrte Besucher hätte beim Besuch des Monuments diesen Unterschied wirklich auch visuell erkennen können – aber die Diskussion des ›Newtonismus‹ war für Boullées Generation ein mindestens so erregendes Thema, wie für spätere Generationen die Diskussion der Lehren von

Marx, von Freud oder Einstein. Boullée konnte auf ein vorbereitetes Publikum zählen.

Mit dem Newton-Denkmal gibt Boullée ein prägnantes Beispiel für das, was wir als *Abbild der dritten Übereinstimmung* bezeichnet haben. Der Satz von Palladio, »daß die kleinen Tempel, die wir machen, ähnlich sein sollten jenem ganz großen Tempel . . .«, wird von Boullée geradezu wörtlich wahrgenommen. Und zwar in dem Sinne, daß er »den ganz großen Tempel« in seiner ersten, uranfänglichsten Form abbilden will. Das Interesse für die *anfängliche reine Gestalt des Kosmos* geht damals *parallel* zu jenem Interesse für den *anfänglichen, reinen unschuldigen Menschen,* das Jean-Jacques Rousseau mit so mächtiger Wirkung geweckt hatte.

Ledoux muß fasziniert gewesen sein von Boullées Beschwörung der dritten Übereinstimmung. Denn er übernimmt das Motiv im Plan der Friedhofsanlage für die Salinenstadt Chaux (Abb. 25 a, b). Mehr als das: Auch er gibt einen Kommentar, allerdings nicht in Worten, sondern mit bildnerischen Mitteln. Denn er entwirft ein Wandgemälde, bezeichnet als ›Elévation du Cimetière de la Ville de Chaux‹ (Abb. 25 c). Diese Darstellung beschreibt die Erdkugel mit erkennbaren Kontinenten, umgeben von den Gestirnen, und zwar beleuchtet von unten, so daß die Planetenkugeln so auf den Sonnenstrahlen zu schweben scheinen, wie kleine Bälle auf einem aufsteigenden Springbrunnen – eine meisterhafte Vergegenwärtigung des Gravitationssystems von Newton. Denn durch diese umgekehrte Lichtführung wirken die Planetenkugeln visuell eindeutig als schwebende Körper in der leeren Weite des Raums.

Diese drei kosmischen Konzepte, das Newton-Denkmal, der Friedhof von Chaux und das Wandbild für diesen Friedhof, kommen so nahe heran an das, was die Russen beschäftigt hat – vom anonymen Arbeiter mit seinem Globus-Entwurf bis zu Leonidow –, daß man sich fragen kann, ob die Russen die französische Revolutionsarchitektur gekannt haben können. Es ist unwahrscheinlich, aus der Publikationsgeschichte her fast undenkbar[222].

Ähnlich wie bei Leonidows Kugelauditorium sind natürlich auch bei den Kugelkonzepten von Boullée und Ledoux ironische Vergleiche möglich. (Der Vergleich mit dem Luftballon hätte zudem sein eigenes Salz, denn die Brüder Montgolfier sind im Juni 1783 zum ersten Mal in die Lüfte gestiegen – ein Jahr vor Boullées Kugelentwurf). Kennt man indessen die Begründungen, die eigentliche Motivierung durch den Newtonismus, so wird man diese Werke nicht »in dieselbe humoristische Klasse« rechnen, die Hegemann angesichts der Russen so zu schaffen machte.

Dennoch ist es so, daß auch in der französischen Revolutionsarchitektur mehr als einmal das *Kosmische an das Komische* rührt. Boullée fällt dieser Gefahr kaum je zum Opfer, um so deutlicher aber Ledoux (Fig. 25 d).

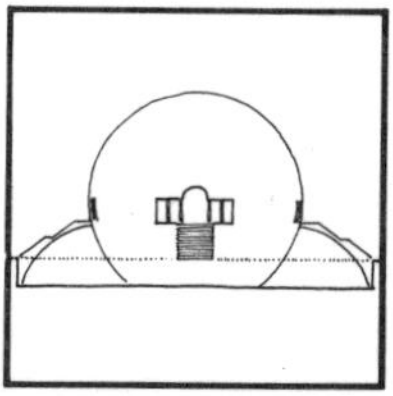

89 a

b

Denn wenn er den Gardes agricoles, also den Flurwächtern und Landarbeitern auf einem großen Gutsbesitz zumutet (89 a), in einem Kugelhaus zu wohnen und in höchst unbequemen sphärisch abgeflachten Dachkammern (ohne Fenster) zu hausen, dann zwingt er kosmische Vorstellungen in einen Alltag, der sie lediglich als unzumutbare Unbequemlichkeit registrieren kann. Auch das röhrenförmige Haus für die ›Flußdirektoren‹ des Flusses Loue bei Chaux (b) wird zu einem Stück unfreiwilliger Komik, weil sich auch in ihm der Alltag mit der beabsichtigten ›höheren‹ Zeichensetzung nicht vereinen läßt.

BOULLÉE hat den Newtonismus in die Architektur eingeführt, aber nicht etwa nur in biographischem Sinne (indem er ein Denkmal für Newton schuf), sondern in prinzipiellem Sinne: Er hat versucht, Baukörper zu bilden, die in Analogie stehen zum Newtonschen Weltgebäude. LEDOUX hat dann innerhalb des von Boullée abgesteckten Rahmens – es ist der Rahmen dessen, was später als Revolutionsarchitektur bezeichnet wird – eine ungemein fruchtbare Tätigkeit entwickelt und erstaunlich viele Innovationen hervorgebracht. Unter diesen Innovationen gibt es einige Fehlleistungen, wie die eben erörterte Wohnkugel für Feldarbeiter oder die Wohnröhre für Flußdirektoren.

Man kann diese aus voreiliger oder hastiger Begeisterung geschaffenen *kosmo-komischen* Konzepte sogar als Verrat an Boullées Idee empfinden – dieser Idee, die immer konsequenter darauf ausging, den richtigen »kleinen Tempel« zu Newtons »ganz großem Tempel« zu finden.

Dennoch hat Ledoux mit dem Projekt zum Friedhof in Chaux und mit dem dazugehörigen Wandbild einzigartig zu verkörpern oder abzubilden vermocht, was die Menschen seiner Epoche am Newtonismus oder durch den Newtonismus so sehr betroffen hat.

Nehmen wir diesen Wandbild-Entwurf (Abb. 25 c) nochmals vor und fragen wir uns, welche Eigenschaften dieses Weltall-Bild hervorhebt. Erstens wird mit harten Hell-Dunkel-Kontrasten betont, daß die Gestirne im geometrisch strengen Sinne Kugeln sind. Zweitens sind diese Kugeln in ›bodenloser Lage‹, sie schweben. Drittens bewegen sie sich, befinden sich auf Umlaufbahnen. Wobei der aufgeklärte Newtonianer der Epoche weiß, daß sowohl das Schweben wie die Bewegung mit dem Newtonschen Gravitationsgesetz etwas zu tun haben: fernwirkende, unsichtbare Kräfte der Massenanziehung halten diese Himmelskörper auf ihrer Bahn.

Am Newtonschen Weltbild – das zu Unrecht nur auf Newton allein bezogen wird, denn es ist die Leistung vieler Forscher – ist somit einerseits die strenge Geometrie, andererseits die ›Arbeitsleistung‹ des Gestirnsystems eindrucksvoll. Ledoux versteht es, in seiner Darstellung sinnfällig zu machen, daß die Planeten als *›arbeitende‹* Körper zu verstehen sind. Daß somit das ganze Weltsystem als *Arbeits*system zu begreifen ist, das Kräfte längst bestimmter Wege ausübt. Die Welt eine Weltmaschine. Diese Weltmaschine ist geometrisch geformt, und sie arbeitet. Sie arbeitet so konstant wie ein Uhrwerk. Oder besser: Das *Uhrwerk*, das in dieser Epoche entscheidend verbessert und allgemein verbreitet worden ist, läuft so konstant wie die Gestirne auf ihren Umlaufbahnen laufen. Die Uhr ist, als die erste, die *prinzipielle Maschine,* ein kleiner Spiegel der Weltmaschine. Und als Spiegel des »großen Tempels« hat die Uhr auch dieselben beiden Eigenschaften: Sie ist geometrisch geformt, und sie arbeitet. Für das Newtonische Weltbild scheinen demnach Geometrie und Arbeit *keine Dichotomie* zu sein. Sie gehören vielmehr zusammen, und am viel beschworenen Uranfang aller Welten gehörten sie womöglich noch deutlicher zusammen. Denn im Entstehungsprozeß, vor der Abflachung durch Rotation, müssen ja die Planeten – nach der Vorstellung der Newtonisten – reine Kugeln gewesen sein. (Daß diese Vorstellungen heute nicht mehr gelten, ändert nichts an den damaligen Überzeugungen und deren Auswirkung.)

VII Avantgarde und Klassizismus

»Das Alte sagt: so wie ich bin,
bin ich seit je
Das Neue sagt: Bist du nicht gut,
dann geh.«

Bertolt Brecht: ›Galilei‹

22 Rechenschaft

Ergebnis aus den Kapiteln 18–21: Sowohl das Motiv der Arbeit wie das Motiv der Übereinstimmung spielt in den beiden Revotutions-Architekturen eine beträchtliche Rolle. 1789 überwiegt das Übereinstimmungs-Motiv deutlich, wogegen das Arbeits-Motiv erst überhaupt im Entstehen begriffen ist. 1917 ist es umgekehrt: Das Arbeits-Motiv bildet die durchgehende Basis, aus der sich dann glückliche und weniger glückliche Motive des ›Kosmismus‹ herausheben.

Dieser Unterschied wird begreiflich, wenn wir die Zeitpunkte der Einwirkung bestimmter Theorien noch einmal in Erwägung ziehen. Schon im I. Teil haben wir die ›Ahnenreihe‹ der treibenden Ideen und Forderungen zurückverfolgt, dieselbe Methode dann auch bei den Motiven ›Arbeit‹ und ›Übereinstimmung‹ eingehalten.

Schematisiert ergibt sich aus diesen ideengeschichtlichen Verknüpfungen folgendes Bild der Einwirkungen:

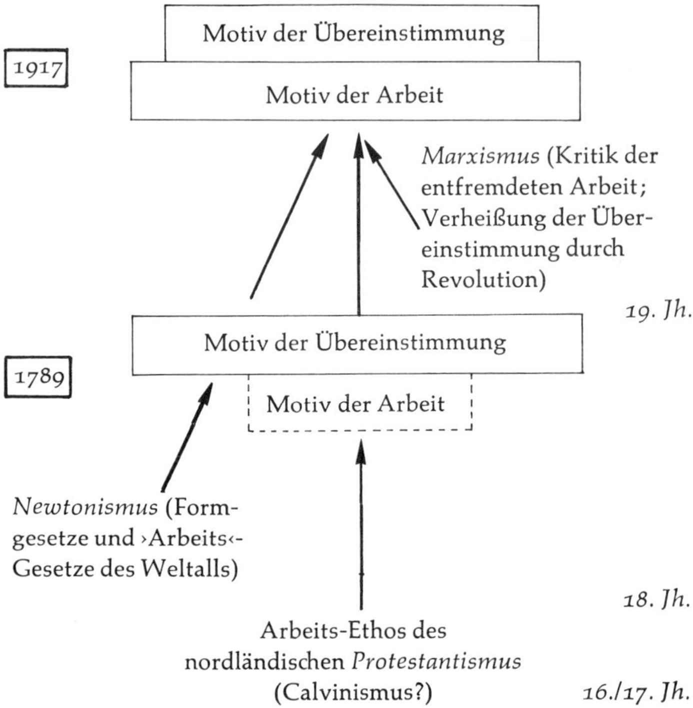

Nun hat uns allerdings, nach dem einleitenden I. Teil über die Wohn-Utopie, im II. und III. Teil nicht nur die Ähnlichkeit der beiden Avantgarden von 1789 und 1917 interessiert, sondern auch ihr schlechtes Schicksal: Beide Revolutions-Architekturen sind nach wenigen Jahren in Gegenströmungen geraten und schließlich verschiedenen Arten von Klassizismen zum Opfer gefallen.

Wölfflins Frage: ». . . das gleiche Phänomen zweimal?« haben wir ja überhaupt erst vor diesem Umschwung in Erinnerung gebracht. Er erschien uns wie ein Umschlag von Weiß zu Schwarz, wie ein binäres Feld – und zwar beide mal in nahem zeitlichen Bezug zu einer der großen Revolutionen der europäischen Neuzeit.

Mit dem 21. Kapitel sind nun allerdings – um im selben Bilde zu bleiben – erst die beiden weißen Felder der Avantgarden von 1917 und 1789 einigermaßen beobachtet und beschrieben. Der Umschwung selber und sein Zusammenhang mit der ökonomisch-politischen Veränderung nach den beiden Revolutionen ist zwar diskutiert worden (Kap. 15), doch müßte nun das, was unter der Herrschaft Napoleons und unter der Herrschaft Stalins an Architekturentwicklungen geschieht, im einzelnen gekennzeichnet werden. – Indessen erweist sich bei näherem Zusehen gerade diese Aufgabe als ein derart beträchtliches Stück Arbeit, daß es den Rahmen dieser Publikation sprengen müßte. Die Gründe dafür sind mannigfach.

Die Rückbildung des Geometrischen, sein Zurücktreten in den Mantel des Klassizismus, wie es sich am Beispiel der Börse de Thomons auf der Strelka von Petersburg gut beobachten ließ (Kap. 16), mag immerhin stellvertretend Aufschluß gegeben haben über das, was sich in der Ära Napoleons abspielt. Doch ist damit der französische Klassizismus um und nach 1800 bei weitem nicht erörtert. Ungleich heiklere Ansprüche an eine einigermaßen objektive Würdigung stellt indessen die sowjetrussische Entwicklung. Nicht nur deshalb, weil mindestens zwei Arten von Klassizismen zur Ausprägung gelangen – der vergleichsweise ›reine‹ Klassizismus der Schule von Sholtowski; der vergleichsweise ›derbe‹ Klassizismus der Schule von Rudnew (der ja in den Hochhäusern von Moskau so etwas wie einen Volks-Klassizismus, einen von der Volksmasse gewünschten und für sie verständlichen ›Stil‹ definieren will.)

Es müßte also, was das russische Umschlagsfeld betrifft, zunächst die eigentliche Wende (im Wettbewerb um den Sowjet-Palast, 1931–33, mit seinen insgesamt drei Stufen) beschrieben werden[223], hierauf die berufspolitische Veränderung bis zum Verbot der freien Architektenvereinigungen und bis zur Gründung des ›Bundes sowjetischer Architekten‹, der auf seinem ersten Kongreß ein Statut über ›Sozialistischen Realismus‹ annimmt (1937). Schließlich würde sich die Aufgabe stellen, die Verzweigung in den ›hohen‹ Klassizismus Sholtowskis und in den Volksklassizismus der Richtung Rudnew herauszuarbeiten –

was wiederum nicht möglich ist ohne Vergleiche mit dem vorausgehenden Klassizismus der Nationalsozialisten in Deutschland, wie er durch Ludwig Troost und Albert Speer in Szene gesetzt worden ist. Gerade weil ich mich mit dem letzten Thema bereits in einer Vorarbeit befaßt habe[224], erscheint mir das Gesamtfeld dessen, was man als faschistisch-sowjetrussische Klassizismen bezeichnen kann, im buchstäblichen Sinne als ein ›weites Feld‹. Nicht nur deshalb, weil es emotional enorm belastet ist, sondern noch mehr deshalb, weil dieser jüngste europäische Neoklassizismus redlicherweise nicht beurteilt werden kann ohne Überblick über alles das, was sich seit Bramante und Palladio in dieser Stilambition an Höhen und Tiefen, an Verklärungen und Banalisierungen, verzeihlichen und unverzeihlichen Vulgarisierungen abgespielt hat. Kurz: erst dann, wenn ein gesamteuropäischer Raster der *Bedeutungsfelder des Klassizismus* ausgelegt wäre, könnte sich die Hoffnung ergeben, Erscheinungen wie Sholtowski, Tschetschulin, Schtschussew, Iofan, Rudnew u. a. gerecht einzuordnen. Gerecht in dem Sinne, daß ihr Werk nicht einfach an Vorurteilen (das heißt an unbewußt übernommenen Wertpegeln) von vornherein abgetan, sondern an bewußt erarbeiteten Gesichtspunkten gemessen würde.

Die Avantgarde, wie sie sich in der Zeit der Französischen und der Russischen Revolution formuliert, ist eine *Architektur der Hoffnung* – Hoffnung auf Veränderung, auf Verbesserung des menschlichen Zusammenlebens. Der klassizistische Umschlag, wie er hierauf folgt, produziert eine *Architektur der Erinnerung* – Erinnerung an das, was auf der Zivilisationsstufe der griechisch-römischen Mittelmeerkultur erstmals geprägt worden ist. Gerade aus der Tatsache, daß Erinnern eine ebenso berechtigte und notwendige Verhaltensform des Menschen ist wie Hoffen, ergeben sich spezifische Schwierigkeiten in der Bearbeitung dieses Gebiets. Das Wiederaufnehmen einer Erinnerung – heiße diese zum Beispiel Säule und Gebälk, Kapitell und Profil – bedeutet ja stets auch eine Legitimierung. Der Klassizist empfindet Verehrung des Alten, er bezieht aber auch eigene Legitimation aus seiner Kenntnis des Alten. Und dieser Anspruch, so glanzvoll und glaubhaft und (im besten Sinne des Wortes) naiv er bei Palladio, bei Inigo Jones und vielen andern vorgetragen wurde, hat seit dem 18. Jahrhundert immer häufiger und immer heftiger zu Mißbräuchen geführt.

Unüberboten sind diese Mißbräuche im 20. Jahrhundert vielleicht gerade deshalb, weil dieses Jahrhundert sich selber durchaus nicht als klassizistisch sieht, sondern in seinen Selbstdarstellungen weitgehend auf der Fiktion beharrt, es verhalte sich avantgardistisch. Mag das für die geträumte, die utopische Architektur allenfalls zutreffen, so sieht die gebaute Architektur, und zwar im Westen wie im Osten, zu beträchtlichen Teilen ganz anders aus.

Wenn es nun hier nicht möglich ist, die Bedeutungsfelder des Klassizismus auch nur andeutend auszulegen, so ist es doch nötig, wenigstens *ein* Phänomen des sowjetischen Klassizismus zu beschreiben: jenen Klassizismus, der mitten im ersten Aufblühen der Avantgarde von höchster politischer Stelle her nicht nur geduldet, sondern vielleicht sogar gefördert worden ist.

23 Die Säulen des Smolny-Palastes

Bekanntlich regierte Lenin den jungen Sowjetstaat zunächst von dem damals Petrograd genannten Petersburg aus. Als Residenz der Regierung war ein einstiges Erziehungsinstitut für die Aristokratie, der *Smolny-Palast,* ausgewählt worden. Hier wirkte Lenin 1917/18, dann begann die Verlegung nach Moskau. Um die Bedeutung und den Erinnerungswert dieses ersten Regierungssitzes hervorzuheben – wohl auch im Sinne des Leninschen Aufrufs zur ›monumentalen Propaganda‹ –, ist im Jahr 1922 an der Eingangsallee eine Zwillingskolonnade mit dorischen Säulen von den Architekten SCHTSCHUKO und HELFREICH (Abb. 90) errichtet worden.

Diese beiden Architekten fassen ihre Aufgabe in streng konservativem Sinne auf. Sie setzen je eine fünfsäulige dorische Kolonnade an jene Achse, die auf die ionisch gehaltene Fassade zuführt. Sie wollen also das einstige Erziehungsinstitut in

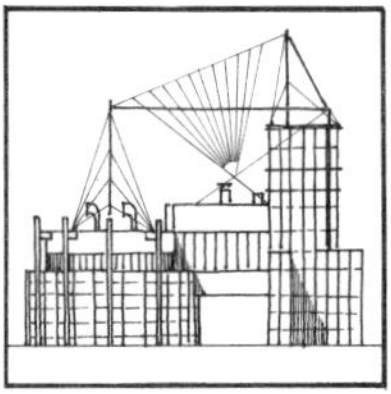

91 a b

90 Schtschuko und Helfreich: Eingangskolonnade zum Smolny-Palast, Leningrad, 1922

seiner Formenausstattung lediglich bestätigen – denken somit offensichtlich überhaupt nicht daran, eine Konfrontation zu wagen, in dem Sinne etwa, daß sie dem klassizistischen Gebäude avantgardistische Formen entgegensetzen würden, um fühlbar zu machen, daß sich in dem konventionell-aristokratischen Gebäude höchst unkonventionelle und unaristokratische Dinge zugetragen haben. Und dies im Jahre 1922, in einer Zeit der flammenden Bewegtheit für neue Ziele einer neuen Kunst.

Da Lenin 1922, vor seinem Schlaganfall, noch aktiv regiert hat, ist es kaum denkbar, daß nicht er *persönlich* die Zustimmung zu diesem symmetrischen klassizistischen Schmucktor gegeben hätte. Damit ist festgehalten (Abb. 91), daß um 1922/23 keineswegs nur jener Konstruktivismus und Funktionalismus regiert, wie er damals, etwa durch die Entwürfe der Brüder Wesnin, in der Welt Beachtung zu finden begann. Vielmehr lebt eine Gegenströmung weiter und setzt hier im Smolny ihren *ersten Kontrapunkt*. Diese Gegenströmung wird von der Regierung keineswegs mißgünstig behandelt, im Gegenteil. Es scheint, daß gerade die Regierungsstellen den herkömmlichen Klassizismus wieder zu stützen begannen, seitdem Lenin am 8. Oktober 1920 (einem Datum, das uns noch beschäftigen wird) so sehr betont hatte, daß die »mehr als zweitausendjährige Entwicklung ... der Kultur wertvoll« sei, also aneignungs- und verbreitungswürdig.

Lenin selber hat offensichtlich keinen Augenblick daran gedacht, sich von einem modern gesinnten Architekten eine Residenz bauen zu lassen, um damit seine Baugesinnung zum Ausdruck zu bringen. In der Türkei, die beinahe gleichzeitig auf eigene Weise ihre Revolutionierung durchlebt hat, ist das immerhin geschehen. Kemal Atatürk hat sich in Ankara, seit 1920 Hauptstadt, bald nach 1923 eine moderne Residenz von dem österreichischen Architekten Clemens Holzmeister errichten lassen. – Derartige Entschlüsse kann man sich von Lenin kaum denken. So ist es auch nicht überraschend, daß jene Datscha, in der er seine Krankheitszeit verbrachte und die zu seinem Sterbehaus wurde, Gorki Leninskie, ein rein klassizistisches Landhaus war.

Lenins Volkskommissar für das Bildungswesen, *Anatoli Lunatscharski,* ein in europäischen Kulturfragen höchst beschlagener Mann und interessierter, allerdings kritischer Kenner beispielsweise der damaligen futuristischen und kubistischen Malerei im Westen, hat Lenins *konservative Kulturvorstellungen* in zunehmendem Maß unterstützt. Noch um 1928 betont zwar Lunatscharski, daß »ein Künstler eben dadurch wertvoll« sei, daß er Neuland urbar macht«, kurz: »der Künstler soll ausdrücken, was *vor ihm nicht ausgedrückt* worden ist«[225]. Aber zwei Jahre später, 1930, befaßt er sich – und zwar gestützt auf die Autorität von *Marx* – mit dem »Erbe der Klassiker«. So schreibt er: »In der bekannten unvollendeten ›Einleitung zur Kritik der politischen Ökonomie‹ stellt Marx die ausnehmend interessante Frage, woraus sich die gewaltige Fortdauer des ästhetischen Einflusses der antiken griechischen Kunst erklärt. Eine Erklärung für diesen Einfluß sucht Marx in jenem Verständnis für die Besonderheiten der griechischen Kultur ..., in der eigenartigen Verbindung aller Kulturelemente zu einem System, an dessen Spitze die Kunst stehen kann.«

»... All das hat Marx im Auge, wenn er mit Bestimmtheit erklärt, nach den alten Griechen habe die Kunst sich nie mehr so hoch emporgeschwungen, und sogar gleichsam bezweifelt, ob es die Menschheit nochmals nötig haben werde, derartige Kunst zu schaffen und ob noch einmal ebenso glückliche Bedingungen für die Kunst eintreten werden.«[226]

Aus diesen Äußerungen von Marx liest Lunatscharski eine Aufforderung zu konservativer Haltung heraus. Wie heikel derartige Interpretationen sind und wie leicht Marx' Meinungen über Kunst gegeneinander ausgespielt werden können, sei durch zwei Hinweise verdeutlicht. Erstens kann man die von Lunatscharski aus der unvollendeten ›Einleitung‹ herangezogenen Stellen auch so lesen: die Griechen hätten sich »so hoch emporgeschwungen«, daß es *aussichtslos* sei, »nochmals ... derartige Kunst zu schaffen« wie sie – was dann einer Auslegung gegen jeglichen Klassizismus gleichkäme.

Gerade diese Haltung läßt sich, zweitens, durch eine weitere Äußerung in derselben ›Einleitung‹ von 1857 bestätigen, besonders, wenn man die von mir hervorgehobenen Stellen ins Auge faßt: »*Ein Mann kann nicht wieder zum Kinde werden, oder er wird kindisch.* Aber freut ihn die Naivität des Kindes nicht, und muß er nicht selbst wieder auf einer höheren Stufe streben, *seine* Wahrheit zu reproduzieren? Lebt in der Kindernatur nicht in jeder Epoche ihr eigener Charakter in seiner Naturwahrheit auf? Warum sollte die geschichtliche *Kindheit der Menschheit*, wo sie sich am schönsten entfaltet, als eine *nie wiederkehrende* Stufe nicht ewigen Reiz ausüben? Es gibt ungezogene Kinder und altkluge Kinder. Viele der alten Völker gehören in diese Kategorie. *Normale* Kinder waren die *Griechen.* Der Reiz ihrer Kunst für uns steht nicht im Widerspruch zu der unentwickelten Gesellschaftsstufe, worauf sie wuchs. Ist vielmehr ihr Resultat und hängt vielmehr unzertrennlich damit zusammen, daß die unreifen gesellschaftlichen Bedingungen, unter denen sie entstand und allein entstehn konnte, *nie wiederkehren* können.«[227]

Aus diesem Beispiel wird deutlich, daß Marx – besonders wenn es um Fragen des Überbaus geht – nicht selten verschieden gelesen werden kann. Ein Grund hierzu liegt wohl darin, daß er sich selber zwar systematisch mit den ökonomisch-politischen Grundlagen, aber nur sporadisch mit deren Auswirkung in den Überbau befaßt hat. Alfred Sohn-Rethel kennzeichnet diese weiße Stelle bei Marx treffend: »Marx und Engels haben die allgemeine Architektur des Geschichtsbaus klargelegt ... Sie haben uns aber *nicht* den *Aufriß des Treppengebäudes* hinterlassen, das von dem Unterbau in diesen Überbau hinaufführt.« Und, nicht minder wichtig: »... die Probleme der Bewußtseinsformation stehen nicht im Zentrum (des ›Kapital‹), bilden als solche keinen primären Bestandteil des Marxschen Hauptwerks. Diese Fragen werden aber zu Hauptfragen in unserer Zeit.«[228]

Eben weil dieser »Aufriß des Treppengebäudes« fehlt, können sich nebeneinander mit gutem Recht ganz verschiedene Architekten oder Künstler oder Kunsttheoretiker auf Marx berufen: Lissitzky, die Brüder Wesnin und Leonidow können es ebensogut wie Schtschuko und Helfreich, Schtschussew und Rudnew. Derselbe Mangel an einem ›Treppenaufriß‹ hat es auch möglich gemacht, daß in den späteren Phasen der Sowjetentwicklung das Gebiet der Ästhetik beherrscht werden konnte von Köpfen wie Michail Lifschitz und Moissej Kagan[229], die ihre betont konservative, mitunter sogar aggressiv-konservative Gesinnung fleißig untermauern mit Zitaten aus den Schriften von Marx.

24 Der Kampf um die Priorität

Sicherlich sind es aber nicht nur konservativ interpretierbare Stellen bei Marx, die Lunatscharski, den einflußreichen Bildungskommissar, gegen 1930 immer deutlicher zum Skeptiker gegenüber der eigenen Avantgarde machen. Mindestens so wichtig muß der Einfluß von *Lenin* gewesen sein, und Lenin hat seine kulturpolitische Haltung präzisiert in der Auseinandersetzung mit Bogdanow. Aleksander Bogdanow hatte im Jahr 1917, wie vermerkt (Kap. 20), die ›Proletarische Kulturbewegung‹ ins Leben gerufen. Doch schon drei Jahre später, 1920, greift Lenin selber ein in die Entwicklung dieser Bewegung zur Schaffung einer neuartigen Arbeiterkultur. Er nimmt am Kongreß der Proletarischen Kulturbewegung teil und erreicht es, am 8. Oktober 1920 eine Resolution durchzubringen, die die Tätigkeit des ›Proletkults‹ nicht nur einschränkt, sondern auch anders motiviert.

Die für uns wichtigsten beiden Punkte dieser Resolution heißen: »4. Der Marxismus hat seine weltgeschichtliche Bedeutung ... dadurch erlangt, daß er die wertvollsten Errungenschaften des bürgerlichen Zeitalters keineswegs ablehnte, sondern sich umgekehrt alles, was in der mehr als zweitausendjährigen Entwicklung des menschlichen Denkens und der menschlichen Kultur wertvoll war, *aneignete* und es *verarbeitete.*« »5. Der ... Kongreß ... weist alle Versuche, *eine eigene, besondere* Kultur *auszuklügeln* ... zurück.«[230]

Mit anderen Worten: Lenin will Kulturerbe verarbeiten, nichts Neues ›ausklügeln‹. Er verteidigt überraschend eine konservative Linie. Wem gegenüber verteidigt er das, was man gemeinhin als das ›klassische Erbe‹ bezeichnet? Zunächst dem geistigen Leiter des ›Proletkultes‹, Aleksander Bogdanow, gegenüber. Denn Bogdanow hatte in seiner Abhandlung über ›Die Wissenschaft und die Arbeiterklasse‹, die uns schon zweimal beschäftigt hat, genau das Gegenteil gesagt. Die entscheidende Stelle heißt dort: »Der Arbeiterklasse steht bevor, nicht nur das wissenschaftliche Erbe der bürgerlichen Welt zu übernehmen und umzuwandeln. Ihre historische Aufgabe ... *erfordert,* daß sie im Reich der Wissenschaft *etwas ganz Neues schafft,* was der bürgerlichen Welt nicht nur versagt blieb, sondern was sie *unfähig war,* auch nur zur Diskussion zu stellen.«[231]

Bei näherem Zusehen zeigt es sich, daß die Position Lenin und die Position Bagdanow *nicht versöhnt* werden können. Die beiden sind nämlich alte Rivalen und Gegenspieler, sie kennen sich schon seit früher Zeit (1898), und es war auch schon

1908, lange vor der Oktoberrevolution, zwischen ihnen zur Trennung gekommen.

Denkt man an diese Resolution von 1920, so wird es verständlich, daß Lenin die Säulen des Smolny 1922 bauen ließ – oder zumindest nichts dagegen unternahm. Denn diese dorische Kolonnade, war sie nicht eine ›Aneignung‹ jener »mehr als zweitausendjährigen Entwicklung«? War sie nicht das genaue Gegenteil von dem (1922 so aktuellen) »Versuche, eine eigene, besondere Kultur auszuklügeln«?

Es läßt sich somit nicht leugnen, daß der Wurm im Kern des Apfels selber saß – denn mitten im Aufblühen der Avantgarde unternahm der Führer der Revolution und des neuen Staates eindeutige Schritte gegen diese Avantgarde. Soll man nun deswegen Lenin einer ambivalenten oder gar schizophrenen Haltung bezichtigen? Die Frage geht weiter über das hinaus, was allenfalls Lenins persönliche Neigungen, sein mehr oder minder präzises Verhältnis zum kulturellen Überbau betrifft. Denn wir meinen ja, in der Auseinandersetzung zwischen Bogdanow und Lenin im Herbst 1920 bereits den ersten Riß zu jener Spaltung vor uns zu haben, der Spaltung, die sich dann im Wettbewerb 1931–33 um den Sowjetpalast voll ausgebildet und den Umschwung zum Klassizismus eingeleitet hat.

Lassen wir also die persönliche Einfühlsamkeit des Politikers Lenin – die sicherlich weit eher der Literatur als der bildenden Kunst zugeneigt war – beiseite und versuchen wir, das Grundsätzliche an der Auseinandersetzung zwischen ›Proletkult‹ und Regierung zu fassen.

Klar ist, daß ein Politiker vom Schlage Lenins sich in der Sozialfrage hoffend, erwartend, neuerungsgläubig verhält. – Nun hat sich aber gezeigt, daß er sich in der Kulturfrage schon 1920 genötigt fühlte, die Überlieferung zu verteidigen, der Tradition ein Recht, ›ihr‹ Recht zu wahren. Anders formuliert: in allem, was den *Unterbau* betrifft, verhält er sich *hoffend,* in der Beurteilung des *Überbaus* hingegen *erinnernd*. Hierin unterscheidet er sich von dem Generations- und Kampfgenossen Bogdanow, dessen Hoffnungsgewißheit schlechterdings alles umgreift: Nicht nur die Gesellschaft, auch die Wissenschaft und

Kunst hält Bogdanow für grundsätzlich neuerungsfähig und neuerungsbedürftig.

Lenin dagegen verhält sich in Fragen des Unterbaus zukunftsgewiß, in Fragen des Überbaus vergangenheitsbezogen – der ›Aufriß des Treppengebäudes‹ zwischen den beiden Böden ist bei ihm somit nicht eine einfache Stiege, und schon gar nicht eine senkrechte Leiter, sondern so etwas wie eine spiralförmige Wendeltreppe. Was die Architektur im Speziellen betrifft, so scheint er ihr das Recht auf eine eigene Utopie überhaupt nicht zuzubilligen. Zwar hat er, soweit ich sehe, nie daran gedacht, ein ›Bilderverbot‹ zu vertreten, aber er scheint die Patrize der Sozialutopie ebenso entschieden dem Prinzip Hoffnung unterstellt zu haben, wie er die Matrize der Architektur dem Prinzip Erinnerung unterstellt. Der denkende Kopf, das durchdachte Wort sind bei ihm Hoffnungsträger; der vorstellende Kopf, die gestaltende Hand dagegen Erinnerungsvermittler.

Nun kann man einwenden, Lenin habe eben, wie so viele Politiker, zur Wortwelt ein viel direkteres Verhältnis gehabt als zur Bildwelt (was sich darin äußert, daß er zwar etliche Aufsätze zur Literatur, aber nur sporadische Bemerkungen zur bildenden Kunst hinterlassen hat). So liegt es nun nahe, innerhalb des Marxismus nach einer Persönlichkeit zu suchen, die ›vollständig ausgestaltet‹ ist in dem Sinne, daß ihr Wortwelt wie Bildwelt gleichermaßen aufgeschlossen und zugänglich sind. Eine solche Persönlichkeit ist *Ernst Bloch,* der Philosoph und Enzyklopädist des Prinzips Hoffnung, der den »Traum nach vorwärts«, das »antizipierende Bewußtsein« in seinem Gesamtvorkommen erforscht hat, also bei weitem nicht nur in dem, was aus der Wortwelt beigetragen worden ist. Versuchen wir deshalb, Lenins Konflikt gewissermaßen durch Ernst Bloch erläutern und präzisieren zu lassen. Denn Ernst Bloch hat sich, wie erwähnt, eingehend vom marxistischen Standpunkt aus zur Architekturgeschichte geäußert, und er hat auch als Architekturkritiker Stellung genommen zu dem, was sich in den zwanziger Jahren herauszubilden begann. Er präzisiert damit – nachträglich und ohne es zu beabsichtigen – jene Argumente, die wohl auch Lenin und Lunatscharski bewegt haben.

Im Kapitel 12 ist beschrieben worden, daß Ernst Bloch der architektonischen Avantgarde der zwanziger Jahre unverhohlen vorwirft, sie propagierte die ›Extreme Kiste‹, sie produziere ebenso ›kahlklar‹ wie ›staubsaugerisch‹ gemeinten ›Lichtkitsch‹ und ›Schwindelfrische‹. Derartige Zornesausbrüche haben beispielsweise Adornos und Habermas' Kritik auf den Plan gerufen. Denn es ist, um dies zu wiederholen, schwer verständlich, wie der Erforscher und Beschwörer des Prinzips Hoffnung ausgerechnet der Architektur der zwanziger Jahre – die doch insgesamt ein ausnehmend rein formuliertes Zeugnis für eben dieses Prinzip Hoffnung darstellt – den Fehdehandschuh hinwirft. Erst recht haben wir kritisiert, daß Bloch immer nur von der westlichen Avantgarde spricht, die russische Avantgarde hingegen kaum erwähnt, als weiße Stelle behandelt und damit zum blinden Fleck werden läßt in einer sonst so großartig entworfenen Weltkarte aller nur denkbaren und aufweisbaren »Träume nach vorwärts«.

Kurz: Es scheint weder Lenin noch Lunatscharski noch Ernst Bloch möglich zu sein, jener *Gesamt-Utopie* frei und offen zu begegnen, die aus einem Zusammenwirken von Patrize und Matrize, von Wortwelt und Bildwelt bestünde. Wir haben, im 4. Kapitel und im 8. Kapitel, den Versuch unternommen, fünf solche Gesamt-Utopien, die sowohl architektonisch wie sozialtheoretisch ausgeführt sind (von Fourier und Owen bis Barstsch und Gradow), miteinander zu vergleichen. Der Vergleich hat gezeigt, daß der Zusammenschluß oder gar die Verzahnung von Patrize und Matrize alles andere als selbstverständlich ist. Nun zeigt es sich überdies, daß maßgebende Marxisten diese Gesamt-Utopie nicht nur bezweifeln, sondern sogar bekämpfen – also etwas tun, was die Avantgardisten selber, die sich als überzeugte Parteigänger empfinden, nie erwartet haben und nie begreifen werden.

Um es drastisch zu sagen: die tiefste Angst, sowohl bei Lenin wie bei Lunatscharski wie bei Ernst Bloch scheint zu sein, *daß einer das ›Paradies‹, das ›Reich der Freiheit‹ bereits baut, bevor es gekommen ist.*

Mit andern Worten heißt das, daß Patrize und Matrize offenbar *nicht gleichzeitig* auftreten dürfen, oder besser: wer *zuerst* wirkt, wirken darf, wirken soll von den beiden – also die *Prioritätsfrage* – scheint von außerordentlicher (auch emotionell betonter) Wichtigkeit zu sein.

Tatsächlich hat Marx selber diese Prioritätsfrage eindeutig genug beantwortet. Die bekannteste Äußerung hierzu steht im Vorwort zur ›Kritik der politischen Ökonomie‹ von 1859: »Mit der Veränderung der ökonomischen Grundlage wälzt sich der ganze ungeheure Überbau langsamer oder rascher um.« Daß mit solchen und manchen ähnlichen Formulierungen von Marx dennoch das Verhältnis von Unterbau zu Überbau alles andere als geklärt ist, das bestätigt nicht nur Alfred Sohn-Rethel, der den »Aufriß des Treppengebäudes« vermißt und der die »Probleme der Bewußtseinsformation«, wie wir schon sagten, auch in Marx' Hauptwerk ungenügend geklärt findet. Die ›Bewußtseinsformation‹, sie steht ja hier gerade zur Diskussion. Denn wir fragen: bildet sich neuartiges Bewußtsein nur in der Patrize und durch die Patrize – oder vielleicht doch auch in der Matrize und durch die Matrize? Anders formuliert: hat Architektur, haben die Künste ausschließlich die Aufgabe der *Widerspiegelung,* oder können sie auch *selber hervorbringen*?

Gerade diese Frage ist seit Marx und Engels nicht mehr zur Ruhe gekommen, und auch Lenin hat sich mit ihr beschäftigt, und zwar schon 1908, lange vor dem Ausbruch der Revolution. Er lebte damals vorübergehend in Genf und arbeitete an seinem philosophischen Hauptwerk ›Materialismus und Empiriokritizismus‹, das auch schon der Auseinandersetzung mit Aleksander Bogdanow galt. Denn Bogdanow vertrat den sogenannten Empiriomonismus, den Lenin ablehnte.

Was die Debatte von 1908 zwischen Lenin und Bogdanow eigentlich betraf und weshalb sie eine unlösbare Debatte werden mußte, das läßt sich am besten klar machen durch Zitieren der Fragen 3–5 aus den *Zehn Fragen an den Referenten,* verfaßt von Lenin, ebenfalls 1908. (Der angesprochene ›Referent‹ ist Bogdanow selber – auf Einladung von Lenin damals Vortragsreferent in Genf.)

3. Erkennt der Referent an, daß der Erkenntnistheorie des dialektischen Materialismus die Anerkennung der Außenwelt und deren *Widerspiegelung im Kopf* des Menschen zugrunde liegt?
4. Erkennt der Referent Engels' Gedankengang über die Verwandlung der ›Dinge an sich‹ in ›Dinge für uns‹ als richtig an?
5. Erkennt der Referent Engels' Behauptung, daß »die wirkliche Einheit der Welt in ihrer Materialität besteht«, als richtig an?[232]

Mit anderen Worten: Für Lenin ist alles Wahrnehmen ein Widerspiegeln der Außenwelt, die Kunst somit *Widerspiegelung.* – Für Bogdanow hingegen braucht Kunst *nicht* Widerspiegelung äußerer Wirklichkeit zu sein, sie kann auch *Hervorbringen von etwas Neuartigem* sein. Damit ist, soweit ich das übersehen kann, die früheste Wurzel zu jenem sowjetischen Umschlag von Avantgarde in Klassizismus aufgezeigt. Denn die Debatte zwischen Lenin und Bogdanow von 1908 führt – da sie nicht auflösbar ist – folgerichtig zu jenem 8. Oktober 1920, wo Lenin die ›Proletarische Kulturbewegung‹ von Bogdanow bekämpft und einschränkt, wenn nicht schon eliminiert – eben deshalb, weil diese Bewegung im kulturellen Überbau *mehr als nur eine Widerspiegelung* sieht. Lenins Haltung führt folgerichtig nicht nur zu den Säulen des Smolny, sie beeinflußt mehr und mehr auch Lunatscharski, was wiederum die offizielle Kulturpolitik so verändert, daß dann der überraschende Entscheid von 1933 für Iofans Sowjet-Palast in Wahrheit für orientierte Beobachter längst keine Überraschung mehr sein konnte. Mit diesem Entscheid war der Weg auch schon frei in Richtung auf die Deklaration des ›Sozialen Realismus‹ von 1937.

Blickt man aufs Ganze dessen, was die Avantgarde in den russischen und westeuropäischen zwanziger Jahren geleistet hat, so ist es mit Händen zu greifen, daß die Künste und Architekturen bei weitem nicht nur widergespiegelt haben, sondern Eigenes und Neues hervorbrachten. Dieses Neue ist von den

Sozialutopisten, also von den politischen Revolutionären, bekämpft und gefürchtet worden. Sie konnten nicht zulassen, daß das Reich der Freiheit in Beton und Glas errichtet, bevor es gekommen, das heißt bevor es sich gesellschaftlich ereignet hat.

Diese starke Bindung an die Priorität der Patrize scheint somit auch eine gewisse Angst zu verraten. Könnte es die Angst davor sein, daß die Matrize der Raumordnung, der Hüllenbildung, der Wegführung und der Zeichensetzung zum Teil mit irrationalen Mitteln wirkt? Denn im Gegensatz zu den weitgehend rational formulierten Forderungen der Patrize wirken ja die Räume und Körper und Zeichen der Matrize unmittelbar auf die Sinne, treffen eine Schicht *unterhalb* des Wortbewußtseins, behaupten sich daher *›stumm‹*, aber gerade deshalb eigentümlich *hartnäckig*.

Ernst Bloch allerdings sind diese Wirkungen unterhalb des Wortbewußtseins sehr wohl bekannt. Gerade er ist doch der einzige unter den namhaften marxistischen Theoretikern, der sich nicht allein mit der Sozialutopie und der Wortwelt befaßt, sondern das Utopische so ausgeweitet wahrnimmt (vgl. Kap. 3), daß er auch die ärztliche, die technische, die architektonische, die geographische Utopie erkennt und beschreibt, dazu auch die ›Wunschlandschaften‹, wie sie in der Kunst eine so enorme Rolle spielen. Darum ist sein unvermuteter Angriff auf die Avantgarde der zwanziger Jahre nicht einfach eine theoretisch begründete Distanzierung wie bei Lenin und Lunatscharski, sondern er ist eine Herausforderung. So scharf, so klug, so bitter und treffend hat kaum jemand diese Avantgarde an ihren empfindlichen Stellen erkannt. Die Haßliebe, die Bloch bewegt, kann man sich nur daraus erklären, daß er im Grunde von dieser Avantgarde gerne viel erwarten möchte, sich aber diese Erwartung verbieten muß zugunsten seiner (zwar nicht theologischen, sondern säkularisierten) *eschatologischen* Erwartung.

VIII Boden unter den Füßen

»Bald wird die Menschheit Bescheid wissen über ihre Wohnstätte, den Himmelskörper, auf dem sie haust.«

Bertolt Brecht: ›Galilei‹

25 Spiegeln sich die Eigentumsverhältnisse in der Architektur?

Im Kommentar zu den ähnlichen Verläufen von 1789 und 1917 ist uns aufgefallen (Kap. 15, Punkt 7), daß die avantgardistische und die klassizistische Architektur je einen ganz verschiedenen Bezug zum Boden kundgeben. Wir wiederholen (Abb. 92) die damals erörterte Darstellungsreihe, mit der einen Korrektur, daß nun anstelle eines Beispiels von Le Corbusier der ›Wolkenbügel‹ von Lissitzky eingesetzt ist (a). Die Reihe sollte die Beobachtung fixieren, daß sich nicht nur in der russischen, sondern auch schon in der französischen Revolutionszeit zuerst eine neuartig bodenflüchtige, dann eine altgewohnt bodenbesetzende Tendenz zeigt. Die bodenflüchtigen Beispiele konnten in die Zeit der innenpolitischen Aktivität (Revolution) datiert werden, die bodenbesetzenden in die Zeit der außenpolitischen Aktivität (Landnahme). Der Ablauf präsentierte sich wie ein dialektischer Kontrast, wobei die Häuser (um Hegels Ausspruch zu variieren) zunächst ebenso deutlich »auf den Kopf« wie später wiederum massiv »vom Kopf auf die Füße« gestellt erschienen. Rätselhaft blieb dabei die Neigung der avantgardistischen Architekturen, den Boden sozusagen nur auf Spitzen zu berühren, nicht mehr eigentlich Platz zu fassen und voll zu beanspruchen.

92 a b c

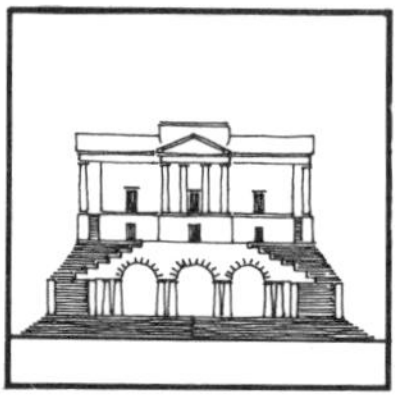  

d e f

Da sich seit dieser Fragestellung im Kap. 15 eine Reihe von Bezügen zwischen Baupraxis und Theorie hat aufweisen lassen, soll nun abschließend diese rätselhafte Erscheinung erneut in Erwägung gezogen werden.

Zunächst ist es jetzt möglich, die ›Bodenflucht‹ der Architektur mit jener *Neubewertung der Eigentumsverhältnisse* in Zusammenhang zu bringen, die uns in den Kapiteln 18 und 19 wenigstens sporadisch beschäftigt hat. Zwar betraf die Hauptfrage dieser beiden Kapitel das Motiv der Arbeit, doch kann ja das Problem der Arbeit überhaupt nicht erörtert werden, ohne das Problem des Besitzes einzubeziehen: Sie verhalten sich wie Avers und Revers derselben Medaille.

Für die russische Revolutionszeit ist der Veränderungswille oder die Veränderungshoffnung in bezug auf Privatbesitz (und damit immer auch in bezug auf den elementarsten Besitzanspruch, ›Grund und Boden‹ betreffend) selbstverständlich durch den Marxismus motiviert. Es erübrigt sich, die Verflechtung, wie sie Marx wirken sieht zwischen Arbeit und Privateigentum, zwischen Arbeitsteilung und ›wesenlosem‹ Habenwollen, hier in Erinnerung zu rufen. Ein einziger Satz aus dem Frühwerk faßt diese ganze Verflechtung prägnant zusammen: »Eben darin, daß *Teilung der Arbeit* und *Austausch* Gestaltungen des

Privateigentums sind, eben darin liegt der doppelte Beweis, sowohl daß das menschliche Leben zu seiner Verwirklichung des Privateigentums *bedurfte,* wie andererseits, daß es jetzt der *Aufhebung* des Privateigentums bedarf.«[233]

Selbstverständlich hat die Neuverteilung des Grundbesitzes, die Auflösung der Ländereien des Adels und des Großbürgertums in Rußland nach 1917 für die Architektur ihre Folgen. Doch man stellt sich diese Folgen eher so vor, daß aus armseligen Hütten solide Unterkünfte werden, daß aus unhygienischen, unwürdigen Behausungen sanitär ausgestattete und menschenwürdige Häuser werden, daß die Planung einigermaßen gerechte Wohnflächen zuteilt und daß der Begriff der ›Allmend‹, der gemeinsam bewirtschafteten Zone, zur verbindlichen Realität wird. Eine Auswirkung hingegen auf die Form, speziell auf die Ausgestaltung des Erdgeschosses und der Dächer erscheint als unrealistisch, ja geradezu als phantastisch.

Und doch ist es nachweisbar, daß Architekten der zwanziger Jahre sich ausdrücklich mit den formenmäßigen Folgen der Beanspruchung von Boden befaßt haben, und zwar im Hinblick auf die Frage, ob man eine Architektur entwickeln könnte, die das Land nicht oder nicht ganz beansprucht, nicht ganz ›wegnimmt‹. Am deutlichsten hat sich, soweit ich sehe, Le Corbusier zu diesem Postulat verhalten. In seinen ›Fünf Punkten zu einer neuen Architektur‹ von 1927 äußert er sich in Punkt 1 (›Die Pfosten‹, d. h. Pilotis) und in Punkt 2 (›Die Dachgärten‹) zum Beanspruchen und ›Zurückgeben‹ von Bodenfläche.

Das Gebäude auf Pilotis wird wie folgt begründet: »Die Räume werden dadurch (daß sie vom Boden abgehoben sind) der Erdfeuchtigkeit entzogen; sie haben Licht und Luft; *das Bauterrain bleibt beim Garten,* welcher infolgedessen *unter dem Haus durchgeht.*« Mit andern Worten: Der Boden, das gegebene Stück Natur wird durch das avantgardistische Haus auf Stelzen nicht einfach belegt und ›besessen‹, sondern mit Abzug der notwendigen Stützflächen und Treppenhäuser möglichst unbehelligt gelassen.

Dasselbe Leitmotiv einer bloßen Besetzung statt Besitz taucht wieder auf beim Dachgarten, der nun durch das Flachdach möglich wird: »Dieselbe Fläche gewinnt man auf dem Flachdach *nochmals* . . . Allgemein bedeuten die Dachgärten für eine Stadt die Wiedergewinnung der gesamten verbauten Fläche.«[234]

Einer der maßgebenden Architekten der zwanziger Jahre begründet also die Forderung nach Abheben vom Boden und nach Dachgärten ausdrücklich mit dem *Nicht-Antasten* und mit dem *Rückerstatten* von Boden. Da gleichzeitig, angeregt durch die russische Oktoberrevolution 1917 und die deutschen Novemberunruhen 1918, das Problem des Grundbesitzes lebhaft diskutiert wurde, ist immerhin anzunehmen, daß der Architekt hier bewußt auf eine Forderung reagierte, die ihre schärfste Formulierung bei den Marxisten fand.

Aber eben: er reagiert mit *architektonischen* Mitteln auf eine *politische* Frage. Indem er Boden auf dem Dach zurückgibt und den Grund selber nur mit Stützen besetzt, kann er zwar zeigen, wie man möglichst wenig Land verschleißt, wie man den Boden weitgehend unangetastet als Garten bestehen lassen kann. Doch die Frage der Gerechtigkeit ist damit selbstverständlich überhaupt noch nicht berührt.

Es ist wahrscheinlich, daß derartige Rückerstattungs-Theorien nicht nur im Westen, sondern auch bei den avantgardistischen Russen, etwa im Kreise der Brüder Wesnin und Leonidows, diskutiert worden sind. Doch ein Mann vom Schlage Lenins hätte vermutlich derartige architektonische Antworten auf politische Probleme genauso rigoros bekämpft, wie er Bogdanows Theorien bekämpft hat, und aus denselben Gründen.

Le Corbusier selber hat sich übrigens, soweit ich sehe, nicht auf den Marxismus abgestützt. Ihm lag es offensichtlich näher, sich auf französische Autoren berufen, die sich schon viel früher mit Arbeit und Besitz auseinandergesetzt hatten. So hat er, wie im 19. Kapitel vermerkt, in der ›Ville radieuse‹ (1933) auf *Jean-Jacques Rousseau* hingewiesen und dessen Kernformel aus dem ›Contrat social‹ zitiert: »nur so viel, wie ein Mann pflegen und bearbeiten kann«.

Tatsächlich haben ja die Vertreter des Naturrechts das Recht auf Eigentum aus der Arbeitsleistung abgeleitet, und niemand hat diese Forderungen bereits im 18. Jahrhundert so populär gemacht wie Rousseau (Kap. 19). Denn Rousseau hat ja nicht nur jenen Unglücklichen, der zu sagen wagte: »Ceci est à moi«, zum *bösen* Mann gestempelt, er hat überdies (im ›Ursprung der Ungleichheit unter den Menschen‹, 1755) höchst einprägsam gefordert, »daß die Früchte allen gehören und daß der Erdboden *niemand* gehört«.

Das Naturrecht des 18. Jahrhunderts belegt somit Grundbesitz nicht vollständig, aber doch dann, wenn er über die eigene Bewirtschaftungskraft hinausgeht, mit einem Tabu. Wir sind deshalb nicht völlig überrascht, daß ein Ledoux und ein Vaudoyer (Abb. 92 d, e) bereits schon Projekte schaffen, die den Boden möglichst wenig in Anspruch nehmen. Genauso sind wir nicht überrascht, daß die Sowjetrussen (92 a, b) eine ähnliche Bodenscheu zeigen – eben deshalb, weil der für sie verbindliche Marxismus die Eigentumsbeschränkung des Naturrechts wieder aufnimmt und erheblich verschärft.

Dennoch bleibt der Eindruck bestehen, die Rechnung gehe nicht ganz auf. Zwar ist nun erläutert, weshalb zwei völlig neuartige Architekturen den Boden nur noch besetzen und nicht mehr voll besitzen wollen – doch die neuartigen Baukörper selber, diese »extremen Kisten« und absurden Kugeln, sind damit gewiß noch nicht motiviert.

26 Der Grundwiderspruch: Schweben und Schwerkraft

Diese ›Kisten‹ und Kugeln haben das eine gemeinsam, daß sie die visuelle Wirkung des Schwebens erzeugen wollen. Weshalb diese Wirkung überhaupt erstrebenswert wurde, das hat sich in den Kapiteln 20 und 21 deutlich genug erwiesen: Die beiden Revolutionsarchitekturen haben nachweisbar kosmische Ambitionen entwickelt, sie suchen das, was wir als dritte Übereinstimmung bezeichnet haben.

In den genannten beiden Kapiteln haben wir zu zeigen versucht, wie und wo die neue, naturwissenschaftlich begründete Erkenntnis des Weltgebäudes – verbreitet und schließlich sogar populär gemacht durch den Newtonismus – auf die Bauweise

Einfluß zu nehmen beginnt, von Boullées Newton-Denkmal bis zum sowjetrussischen Motiv der steil-schrägen Erdachse. Daß derartige Nachbildungen oder Abbildungen oft genug künstlerisch ungenügend sind, das Kosmische ins Komische wenden, oder, mit Trotzki formuliert, eine »Fahnenflucht in interstellare Sphären« darstellen, ändert nichts daran, daß sie ihre historische Rolle gespielt haben, und zwar offensichtlich am deutlichsten in der Zeit der zwei großen Revolutionen der Neuzeit.

Es ist also nicht nur die teilweise Tabuierung des Grundbesitzes, die auf die Revolutionsarchitektur einwirkt – das Bedürfnis nach einer dritten Übereinstimmung ist mindestens so sehr im Spiel. Um dies ein letztes Mal zu belegen, sei auf Äußerungen aus der Unovis-Gruppe, einer Künstlerorganisation im jungen Sowjetstaat, hingewiesen. Diese Gruppe hat sich ausdrücklich mit dem »Problem, das Schwergewicht zu überwinden« beschäftigt. Denn ihre Mitglieder »entwickelten die Ideen des Heliozentrismus als ein philosophisches Konzept, und in speziellen Projekten wie den ›Planiten‹ schufen sie eine Art von Erdsatelliten«[235]. Ein prominentes Mitglied der Unovis-Gruppe, El Lissitzky, hat diese Zukunftsprojekte genauer auf die Architektur bezogen: »Eine unserer Zukunftsideen ist die *Überwindung des Fundaments*, der *Erdgebundenheit*. Wir haben in einer Reihe von Entwürfen diese Idee entwickelt (Wolkenbügel, Tribünen des Stadions, Garage in Paris) ... Die Überwindung des Fundaments, der Erdgebundenheit, geht noch weiter und verlangt die *Überwindung der Schwerkraft* an sich. Verlangt den *schwebenden* Körper, die physisch-dynamische Architektur.«[236]

Da wird uns von einem kompetenten Zeitgenossen mit aller nur wünschbaren Deutlichkeit gesagt, daß das Absetzen vom Boden, als ›Überwindung des Fundaments‹, für die russische Avantgarde nur ein erster Schritt war. Über ihn hinaus wollte sie als Ziel die ›Überwindung der Schwerkraft‹, und dies ›verlangt den schwebenden Körper‹.

An diesem Punkt nun allerdings mußten sich die Architekturrevolutionäre entscheiden, ob sie ihr Postulat *wörtlich* oder als *Metapher* meinten. Wörtlich gefordert, bedeutet es, daß eine

Art Erdsatelliten entwickelt würden – Vorwegnahme dessen, was fünfzig Jahre später Tatsache wurde. Als Metapher gefordert, bedeutet es, daß die Architektur jenen Schwebezustand, den sie auf der Erdoberfläche wegen der Fallgesetze notgedrungen nicht erreichen kann, wenigstens als *visuelle* Suggestion, als ästhetische Illusion darstellen soll.

Das erste Postulat, das wörtlich gemeinte, kann die Architektur gar nicht selber ausführen, das muß sie der Satellitentechnik überlassen. Das zweite Postulat hingegen, als Metapher verstanden, hat sie 1789 in Ansätzen, seit 1917 aber in erstaunlicher Breite entwickelt, und zwar in Westeuropa und Rußland zunächst als Entwurf, nach dem zweiten Weltkrieg in Nordamerika und wieder in Westeuropa als (kommerzialisierte) Verwirklichung.

In der Tat ist der Mensch ein eigentümlicher *Doppelbürger*: Als *Kosmopolit* bewohnt er einen Planeten, der sich frei schwebend im Raume bewegt; als *Alltagsmensch* hingegen ist er nach wie vor, Astronomie hin oder her, den Fallgesetzen, der Schwerkraft unterworfen. Daß das Schweben und die Schwerkraft nur zwei Aspekte vom *selben* Gesetz, nämlich vom Gravitationsgesetz sind, nützt ihm dabei fürs praktische Leben wenig genug. Denn er lebt in jener kleinen Welt, wo sich das Gravitationsgesetz als Schwerkraft auswirkt. Daß sich das gleiche Gesetz in der großen Welt, dem Universum, als Schwebezustand auswirkt, das kann er – falls er nicht gerade ein Astronaut ist – physisch selber nicht erleben. Hingegen kann er es visuell bestätigt finden: im Anblick des nächtlichen Firmaments – und, nicht zu vergessen, im Schulunterricht, in den Darstellungen der Erd- und Himmelskunde.

Dieses Doppelbürgertum, wie es bezüglich des Raumbewußtseins aus den Newtonschen Gravitationsgesetzen resultiert, ist von der Architektur genau genug registriert worden, aber wieder nur, soweit ich sehe, von den eigentlichen Revolutionsgenerationen. Der Franzose Vaudoyer hat ja, wie erwähnt, dem ›Cosmopolite‹, also dem Weltbürger, ein Kugelhaus mit Schwebe-Illusion zugedacht (Abb. 93 a). Gleichzeitig ist aber, nicht nur in der Malerei, sondern auch in der Architektur, das Motiv

93 a

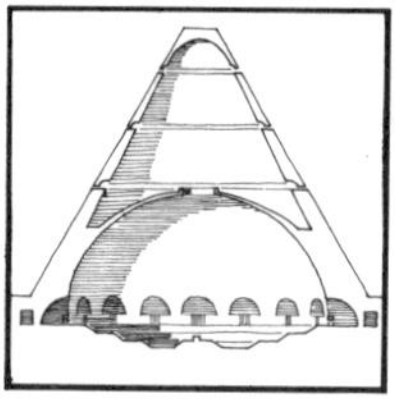

b

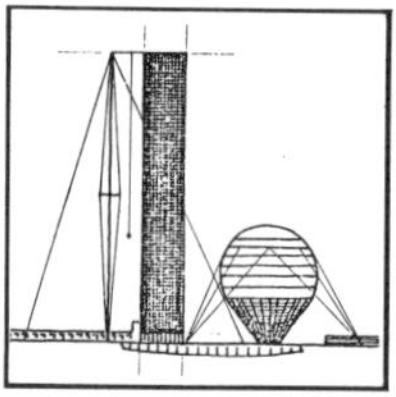

c

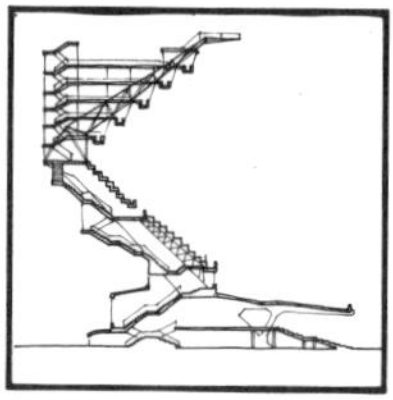

d

des schaudernden Blicks in den Abgrund entstanden – Gegenbild zum kosmischen Schweben, Bedrohung (und Faszination) durch das Fallgesetz. Im ›Cénotaphe conique‹ mit seiner überhängenden Innenpromenade (93 b) nimmt Boullée nur vorweg, was bald auch im englischen Landschaftsgarten gesuchte Szenerie wird. Daß auch die Russen die ›Dialektik‹ von Schweben und Fallen in Kontrastmotiven verarbeiten, sei mit (93 c, d) in Erinnerung gerufen.

Schweben und Fallen konnten überhaupt erst als Widersprüche bewußt werden, als die Lehre vom Gravitationsgesetz – oder die ›Neutonische Weltwissenschaft‹, wie es Immanuel Kant genannt hat[237] – anerkannt und popularisiert war. Das ist in Westeuropa um 1750 geschehen. Erstaunlich ist es eigentlich nicht, daß die Architektur bald reagiert – denn Architektur ist stets *auch Physik* und befaßt sich stets *auch mit dem Raum*, dies immerhin hat sie gemeinsam mit der Astronomie.

In den rund zweihundert Jahren seit der Anerkennung des Newtonismus sind indessen kühnere Formulierungen doch nur in den beiden Revolutionsarchitekturen zustande gekommen, und zwar könnte man vereinfachend sagen, daß für 1789 die Kontrastierung zwischen *Schweben* und *Fallen* (der schaudernde Blick in den Abgrund) im Vordergrund steht, seit 1917 aber das

Schweben verbunden mit *Abheben vom Boden* (Eigentums-Tabu).

Dieser zweite Schub von Schwebemotiven dauert auch länger und breitet sich geographisch viel weiter aus, so daß er geradezu ein Hauptmotiv der Architekturgeschichte des 20. Jahrhunderts geworden ist. Es würde sich lohnen, diesem Thema nachzugehen – hier kann es abschließend lediglich angedeutet werden.

Die eigentliche Kulminationszeit des Motivs scheinen die Jahre kurz vor und nach 1930 zu sein. Für Rußland setze ich Leonidows Bibliothek (1928), für Westeuropa Le Corbusiers Villa Savoie (1928), für Nordamerika Frank Lloyd Wrights ›Fallingwater‹ (1936) als besonders bekannte Beispiele ein (Abb. 94 a–c). Also ein öffentlicher Bau (eine Bibliothek, deren Auditoriumskugel für die ›Kosmopoliten‹ des neuen Staates geplant war) und zwei höchst exklusive Privatbauten von luxuriösem Gepräge – beide vermutlich mit der Ambition gebaut, den Luxus zu rechtfertigen durch Erprobung neuartiger Prinzipien, so wie es Palladio schon mit der Villa Rotonda gehandhabt hatte. Was dargestellt werden soll, ist die Illusion, daß Baukörper zu schweben vermögen, so wie Wolken schweben oder wie Gestirne. Vorzugsmotiv ist, neben der Kugel, die auskragende Form, also jener Balkon, jene abgehobene »extreme Kiste«, die scheinbar keine Stützen braucht.

Dieser Schein, diese ästhetische Illusion kommt zustande oder wird gefördert, wenn drei ästhetische Qualitäten augenfällig gemacht werden: die der *Leichtigkeit*, der *Transparenz* und der *Kälte*. Es sind genau die Qualitäten, wie sie Ledoux in seinem Planetenblatt (Abb. 25 d) erstmals dominant dargestellt hatte. Die Architekten des 20. Jahrhunderts erreichen die Wirkung der

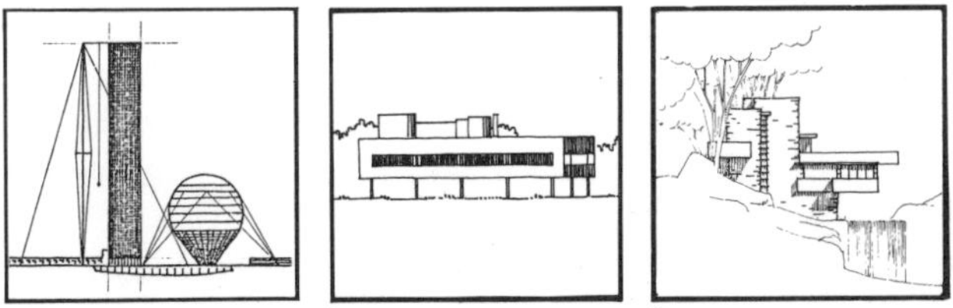

94 a b c

Leichtigkeit durch betontes Auskragen und hellen Anstrich (weiße Balkone), die der Transparenz durch Glas, die der Kälte durch reflexfähiges Metall.

Am Ende des zweiten Weltkrieges haben sich die beiden neuen Weltmächte, die *Vereinigten Staaten* und *Rußland,* gegenüber dem Postulat der Schwebewirkung in der Architektur *konträr* verhalten. Die Russen haben es ebenso rigoros abgelehnt, wie es die Amerikaner begeistert angenommen haben. Die Ablehnung der Russen ist aus dem Prioritätenkampf zwischen Sozialutopie und Architekturutopie (Kap. 24) erklärbar, zudem aus dem Rückstand in der bautechnischen Entwicklung. Die Zustimmung der Amerikaner dürfte damit zusammenhängen, daß sich der betont fortschrittliche und betont liberale Industriekapitalismus mit den drei Qualitäten der Leichtigkeit, der Transparenz und der Kälte zu identifizieren vermochte.

Die Botschaft der Avantgarde, von Emigranten wie Walter Gropius, Ludwig Mies van der Rohe und dem Architekturkritiker Sigfried Giedion nach Amerika gebracht, ist nach 1945 in rascher Zunahme anerkannt und damit zugleich auch kommerzialisiert worden.

Die Schicksalsfigur des Postulates der Schwebe-Illusion scheint *Mies van der Rohe* zu sein. Er hatte 1926, mit dem Denkmal für Karl Liebknecht und Rosa Luxemburg in Berlin, eine erste bauliche Verwirklichung des Postulates geschaffen, und zwar gerade mit betont ungeeignetem Material: Schwer und massiv wirkende Backsteine sind so zu auskragenden Blöcken komponiert, daß sie wie horizontal verschiebbare, wolkenartig leichte Quader wirken. Diesem Triumph des Leichten über das Schwere, durch ein raffiniertes ästhetisches und technisches Kalkül erreicht, bleibt Mies treu. Seine Tätigkeit in Amerika macht zudem deutlich, daß er den drei Qualitäten der Leichtigkeit, der Transparenz und der Kälte eine vierte Qualität beizugesellen wußte: die der Übernahme antiker Proportionen. In seiner Metallstütze, in seinem Metallbalken schimmern Säule und Gebälk durch. Genau dieses Salz an antikisierender Tradition, an verstecktem oder verfremdetem Klassizismus brauchte die westliche Industriegesellschaft, um sich mit der Avantgarde identifizieren zu können[238].

Es entstanden eigentliche Prachtstraßen der großen Geschäftswelt, vor allem in Manhattan, die das Postulat der Leichtigkeit, Transparenz und Kälte in Sinneswirklichkeit und Raumwirklichkeit umsetzten. Es konnte nicht ausbleiben, daß diese Kommerzialisierung zugleich Banalisierung und Verschleiß bedeutete.

Rußland hat die Architekturutopie abgelehnt, weil es das ›Reich der Freiheit‹ nicht bauen wollte, bevor es gekommen ist. Amerika hat dieselbe Utopie als so etwas wie ›Paradise now‹ akzeptiert – und damit im Hegelschen Sinne doppelt aufgehoben. Aufgehoben als Verwirklichung, aber auch aufgehoben durch Aushöhlung und Verschleiß.

Anmerkungen

1 Zit. nach G. A. Gradow: *Stadt und Lebensweise,* Berlin (Ost) 1971, S. 48
2 W. I. Lenin: *Werke,* Berlin (Ost) 1971, Bd. 29, S. 397–424
3 Lenin: ›Die große Initiative‹, in: Lenin: *Werke,* Berlin (Ost) 1971, Bd. 29, S. 419
4 G. A. Gradow: *Stadt und Lebensweise,* deutsche Fassung, Berlin (Ost) 1971, S. 48 (künftig zit. als: Gradow: *Stadt*)
5 Gradow: *Stadt,* S. 49
6 Gradow: *Stadt,* S. 48
7 Deutsche Ausgabe: VEB Verlag für Bauwesen, Berlin (Ost) 1971 (Übersetzung: Dr. K. Bergelt, deutsche Bearbeitung: Dr. G. Gibbels)
8 Zit. nach Gradow: *Stadt,* S. 33
9 Gradow: *Stadt,* S. 26
10 Gradow: *Stadt,* S. 26
11 Zit. nach Gradow: *Stadt,* S. 26
12 Gradow: *Stadt,* S. 26
13 Gradow: *Stadt,* S. 34
14 Gradow: *Stadt,* S. 26
15 Gradow: *Stadt,* S. 26
16 Gradow: *Stadt,* S. 33
17 Gradow: *Stadt,* S. 31/32
18 Gradow: *Stadt,* S. 78
19 Gradow: *Stadt,* S. 29
20 Friedrich Engels: ›Zur Wohnungsfrage‹ (Mai 1872 – Januar 1873 geschrieben), in: *Marx-Engels-Werke,* Berlin (Ost) 1971, Bd. 18, S. 209–287; Friedrich Engels: *Der Ursprung der Familie, des Privateigentums und des Staates* (1884), hier zit. nach der 22. Aufl., Berlin 1922
21 Gradow: *Stadt,* S. 18
22 »Keines andern Autors Name ist so eng mit dem Begriff der Utopie verbunden wie der Ernst Blochs«, in: Arnhelm Neusüss: *Utopie – Eine Anthologie,* Neuwied ²1972, S. 85

23 Ernst Bloch: ›Abriß der Sozialutopien‹, als Kapitel 36 im II. Band (S. 547–728) seines Hauptwerks: *Das Prinzip Hoffnung*
24 Ernst Bloch: *Das Prinzip Hoffnung,* Frankfurt a. M., 1959 u. 1970, S. 555/556 (künftig zit. als: E. Bloch: *Prinzip Hoffnung*)
25 E. Bloch: *Prinzip Hoffnung,* S. 554
26 E. Bloch: *Prinzip Hoffnung,* S. 562
27 E. Bloch: *Prinzip Hoffnung,* S. 554 u. 556
28 E. Bloch: *Prinzip Hoffnung:* ›Sozialutopien und klassisches Naturrecht‹ (S. 621 ff.), ›Aufgeklärtes Naturrecht an Stelle von Sozialutopien‹ (S. 629 ff.); außerdem Ernst Bloch: *Naturrecht und menschliche Würde,* Frankfurt a. M. 1961
29 E. Bloch: *Prinzip Hoffnung:* ›Grundrisse einer besseren Welt (Heilkunst, Gesellschaftssysteme, Technik, Architektur, Geographie, Perspektive in Kunst und Weisheit)‹, S. 523–1086
30 F. Engels: *Die Entwicklung des Sozialismus von der Utopie zur Wissenschaft,* Berlin (Ost) 1966, S. 59 (Hervorhebungen von mir)
31 F. Engels, a. a. O., S. 55
32 F. Engels: a. a. O., S. 58, 59
33 K. Marx: ›Das Elend der Philosophie‹, 1847, in: *Marx-Engels-Werke,* Berlin (Ost) 1971, Bd. 4/143 (Hervorhebungen von mir)
34 Werner Krauss, zit. unter dem von Winfried Schröder verfaßten Stichwort ›Utopie‹, in: *Philosophisches Wörterbuch* (hrsg. von G. Klaus und M. Buhr), Leipzig [7]1970, Bd. II, S. 1113
35 *Philosophisches Wörterbuch,* Leipzig 1970, S. 1113 (Hervorhebungen von mir)
36 E. Bloch: *Prinzip Hoffnung,* II, S. 726
37 Welche Kältefront ein Utopist dann zu durchschreiten hat, wenn er seine Utopie mit Geschick und Ausdauer zu verwirklichen vermag, belegt eindrucksvoll die Lebensgeschichte von Robert Owen. Vgl. hierzu die speziellen Bemerkungen von F. Engels über Owen, in: *Die Entwicklung des Sozialismus von der Utopie zur Wissenschaft,* S. 66
38 E. Bloch: *Prinzip Hoffnung,* I, S. 9
39 E. Bloch: *Prinzip Hoffnung,* S. 1
40 E. Bloch: *Prinzip Hoffnung,* S. 11
41 W. Schröder: Artikel ›Utopie‹, in: *Philosophisches Wörterbuch,* Leipzig 1970, S. 1113
42 Werner Krauss: *Reise nach Utopia,* Berlin (Ost) 1964
43 Arnhelm Neusüss: *Utopie – Eine Anthologie zu Begriff und Phänomen des Utopischen,* Neuwied [2]1972, S. 20/21 (Hervorhebungen von mir)
44 W. Schröder: op. cit., S. 1113
45 Erscheinungsdatum von Bd. I des *Kapital* von Karl Marx
46 W. Schröder: op. cit., S. 1113

47 A. Neusüss: *Utopie*, S. 87

48 A. Neusüss: *Utopie:* »Bloch ist weniger Theoretiker des Utopischen, vielmehr sein Phänomenologe und Enzyklopädist« (S. 88)

49 A. Neusüss: *Utopie*, S. 22 u. 86

50 J. Habermas: *Philosophisch-politische Profile*, Frankfurt a. M. 1971, darin speziell: ›Ernst Bloch, ein marxistischer Schelling‹ (1960), S. 147 ff.

51 J. Habermas: *Philosophisch-politische Profile*, Frankfurt a. M. 1971, S. 182

52 »Der Kommunismus als positive Aufhebung des Privateigentums als menschlicher Selbstentfremdung und darum als wirklicher Aneignung des menschlichen Wesens durch und für den Menschen ... ist ... die wahrhafte Auflösung des Widerstreites zwischen dem Menschen mit der Natur und mit dem Menschen, die wahre Auflösung des Streits zwischen Existenz und Wesen, zwischen Vergegenständlichung und Selbstbestätigung, zwischen Freiheit und Notwendigkeit, zwischen Individuum und Gattung. Er ist das aufgelöste Rätsel der Geschichte und weiß sich als diese Lösung.«, in: Karl Marx: *Pariser Manuskripte 1844*, Hamburg 1968, S. 75

53 »Das Thema der Utopie hat seinen Marx nicht gefunden, und Mannheim hat ihn nicht ersetzen können« (A. Neusüss: *Utopie*, Neuwied 1972, S. 30). Dieser Satz zeigt, daß Neusüss das spezielle Verhältnis von Marx zur Utopie nicht erkennt. Denn das Thema der Utopie *kann* »seinen Marx« gar nicht finden – eben darum, weil Marx versucht hat, Utopie in Naturgesetz überzuführen.

54 Alfred Doren: ›Wunschräume und Wunschzeiten‹, Vorträge der Bibliothek Warburg 1924/25, Berlin 1927; Abdruck in: A. Neusüss: *Utopie*, Neuwied 1972, S. 173 (Hervorhebungen von mir). Doren erwähnt als zweites Motiv (neben dem Anspruch auf Gesetzmäßigkeit) die Erhebung der »breiten Masse des Volkes« aus einer »passiven Rolle« in die »aktive Führer-, Ritter- und Retteraufgabe« (S. 174)

55 Hierzu M. Schumpp, in: *Stadtbau-Utopien und Gesellschaft*, Gütersloh 1972, S. 10: »Die Forderung nach Bilderlosigkeit der Utopie, die die dialektisch orientierte Soziologie erhebt, kann hier nicht uneingeschränkt gelten ...« Begründung: Die Stadtsoziologie muß »beide Bereiche, den *sozialen* wie den *räumlichen*, das heißt also auch die Erscheinungsform, die Bilder selbst, einbeziehen. Wir sind also geradezu auf eine Positivierung, Vergegenständlichung und Materialisierung utopischer Vorstellungen angewiesen.«

56 F. Engels: *Die Entwicklung des Sozialismus von der Utopie zur Wissenschaft*, S. 64/65

57 Eine nähere, wenn auch immer noch kursorische Beschreibung der Planungsexperimente von Owen und Fourier; außerdem auch von Etienne Cabet bei: Mechthild Schumpp: *Stadtbau-Utopien und Gesellschaft*, Gütersloh 1972. Dort auch Hinweise auf die eigentliche Quellenliteratur und auf Fortsetzungsexperimente vor allem in Nordamerika

58 Gradow: *Stadt*, S. 19

59 Le Corbusier: *Œuvre compl.*, Bd. 1910–29, Zürich 1960, S. 111 (Übersetzung von mir)

60 Le Corbusier: op. cit., S. 111 (Übersetzung von mir)

61 »En 1929, le représentant de l'aviation française dans une commission de spécialistes, déclare: ›l'aéroport doit être au centre de Paris, car, dans deux ans, les avions atterriront verticalement sans aucun danger‹.«, in: Le Corbusier: *Œuvre compl.* (1910–29), Zürich 1960, S. 111

62 Vgl. Kapitel 8

63 »My house is my castle«

64 Gradow: *Stadt*, S. 33

65 Neuartig wenigstens darin, daß nun alle Frauen aller Klassen vom Kleinen Haushalt befreit sein sollen. In früheren Epochen galt das jeweils nur für die Frauen der privilegierten Klassen.

66 Kusmin, zit. in Gradow: *Stadt*, S. 55

67 Gradow: *Stadt*, S. 56

68 Gradow: *Stadt*, S. 33

69 Friedrich Engels: *Der Ursprung der Familie, des Privateigentums und des Staates*, 1884, Vorwort zur ersten Auflage, S. VIII

70 Georg Lukács: *Zur Ontologie des gesellschaftlichen Seins*, Teil II/1: ›Die Arbeit‹ (Vorabdruck Neuwied 1973, S. 9); Dieter Wyss: *Marx und Freud*, Göttingen 1969, S. 13, S. 15

70a Dieter Wyss: *Marx und Freud*, S. 101, 63–64; Dieter Wyss: *Strukturen der Moral*, Göttingen 1970, S. 46 ff.

71 Ein Lieblingsgedanke bei Heinrich Wölfflin: *Kunstgesch. Grundbegriffe* (1915), wo er mehrmals formuliert wird (ed. 1948, S. 7 u. S. 22)

72 Zum Begriffe des ›Zeitgeistes‹: Michael Landmann: *Das Zeitalter als Schicksal*, Basel 1956

73 Friedrich Engels: *Die Entwicklung des Sozialismus von der Utopie zur Wissenschaft*, S. 56

74 F. Engels: op. cit., S. 59

75 F. Engels: op. cit., S. 56

76 M. Schumpp: *Stadt-Utopien und Gesellschaft*, Gütersloh 1972, S. 74

77 M. Schumpp: op. cit., S. 75

78 Adolf Max Vogt: *Boullées Newton-Denkmal – Sakralbau und Kugelidee* (Schriftenreihe des Instituts für Geschichte und Theo-

rie der Architektur an der Eidg. Technischen Hochschule Zürich, Bd. 3), Basel 1969 (künftig zit. als A. M. Vogt: *Boullée*)

79 El Lissitzky: *Rußland, Architektur für eine Weltrevolution* (Neuauflage 1965, Berlin, Bauwelt-Fundamente, Bd. 14)

80 M. Major: *Geschichte der Architektur*, III. Bd., Budapest 1960, S. 534–536

81 S. O. Khan-Magomedow: *M. J. Ginsburg* (zum 70. Geburtstag). Übersetzungsdienst der Deutschen Bauakademie Berlin (Ost), Nr. 11291, S. 3

82 Das gilt selbst bis in die letzte Ausgabe, die deutsche Übersetzung: Ravensburg 1965. (Giedion hat an seinem Werk bei jeder Neuauflage oder Übersetzung ergänzend weitergearbeitet)

83 Leonardo Benevolo: *Geschichte der Architektur des 19. und 20. Jahrhunderts*, München 1964, Bd. II, S. 218–223, S. 391–400

84 Das genaue Erscheinungsdatum der russischen Erstausgabe kann der deutschen Übersetzung (Berlin-Ost 1971) nicht entnommen werden

85 In leicht erweiterter Fassung als Buch erschienen: *Building in the USSR 1917–1932*, edited by O. A. Shvidkovsky (London 1971). Neu hinzugekommen gegenüber Architectural Design II/1970: je eine Kurzbiographie über Melnikow und die Brüder Wesnin

86 Kurt Junghanns: ›Die Beziehungen zwischen deutschen und sowjetischen Architekten in den Jahren 1917 bis 1933‹, in: *Wissenschaftliche Zeitschrift der Humboldt-Universität, Berlin-Ost*, Jg. XVI, 1967, Heft 3. Außerdem Kurt Junghanns: *Bruno Taut 1880 bis 1938*, Berlin (Ost) 1970

87 Hans Schmidt: *Beiträge zur Architektur 1924–64*, zusammengestellt und eingeleitet von Bruno Flierl (Basel 1965). Außerdem Hans Schmidt: ›Die Tätigkeit deutscher Architekten und Spezialisten des Bauwesens in der Sowjetunion in den Jahren 1930 bis 1937, in: *Wissenschaftliche Zeitschrift der Humboldt-Universität Berlin-Ost*, Jg. XVI, 1967, Heft 3. Vgl. außerdem über Hans Schmidt: Françoise Véry: ›Hans Schmidt et la construction de la 'Ville socialiste' d'Orsk‹, in: Zeitschrift *VH 101*, Nr. 7/8, Paris 1972; Zeitschrift *Werk* (Oktober 1972, Nr. 10), Aufsatzgruppe: *Hans Schmidt 1893–1972*, mit Beiträgen von Otto H. Senn, Manfredo Tafuri, Martin Steinmann (›Zur Frage des Sozialistischen Realismus‹)

88 S. O. Khan-Magomedow: ›M. Ja. Ginsburg‹, in: *Architektura SSSR*, Moskau, Nr. 10, 1962, S. 38–46 (Übersetzungsdienst der Deutschen Bauakademie Nr. 11291)

89 Harald Keller: ›Die Kunst des 18. Jahrhunderts‹, Bd. 10 der *Propyläen-Kunstgeschichte*, Berlin 1971, S. 82

90 Im Kommentarteil des Propyläen-Bandes, Abschnitt ›Französi-

sche Architektur‹ (S. 157–187), erhält dann allerdings Michel Gallet Gelegenheit, die von Harald Keller »übersehenen« Zonen mit einigen Sätzen, begleitet von wenigen Aufrissen und Schnitten, etwas zurechtzurücken. Seine Hinweise auf die wirtschaftliche Lage, die Wirkung bestimmter Verwaltungszweige (Forst- und Wasserverwaltung) als Bauherren führen die Bauereignisse von der ›Geschmackskultur‹ auf die effektiven Grundlagen zurück. »Boullée, Ledoux, Sobre, Céllerier haben dieser Revolution aller Schönheitsvorstellungen, die erst heute reiche Früchte trägt, Gestalt zu geben versucht. Sie wären in der Lage gewesen, der neuen Gesellschaft von Staatsbürgern in allen ihren Erscheinungen einen grandiosen städtebaulichen Rahmen zu verleihen, aber die Revolutionsregierungen haben diese Möglichkeiten zumeist nicht wahrgenommen und die gebotenen Chancen nicht genützt.« (S. 167)

91 Das gilt mit der einzigen Ausnahme des folgenden Satzes: »Die sowjetrussische Architektur nahm sogar gewisse Elemente und Stadtbau-Utopien des PIRANESI auf (›penseur dans le domaine de l'architecture‹, nannte ihn der Sowjet-Architekt Sidorow), besonders Bogenhallen und Platzanlagen, Turmgliederungen und Höhenproportionen« (*Prinzip Hoffnung*, S. 867). In diesem Satz wird ein Einfluß von Piranesi auf Sowjetarchitektur behauptet. Dazu zwei Bedenken: Erstens hat Piranesi m. W. nie eigene »Stadtbau-Utopien« hervorgebracht, sondern lediglich den einzigen Plan zu einer zentralsymmetrischen Universität. Seine ›Carceri‹-Phantasien von riesig-endlosen Kellerhallen haben mit Stadtbau-Utopie höchstens im ironischen Sinne etwas zu tun. Zweitens: Ist hier Bloch eine Verwechslung des Piranesi mit PALLADIO unterlaufen, der eine allerdings nachweisbare, starke Wirkung – über den Architekten I. Sholtowski – auf die zweite Phase der Sowjetarchitektur gehabt hat?

92 E. Bloch: *Prinzip Hoffnung*, S. 860

93 J. Habermas: *Philos.-polit. Profile*, Frankfurt a. M. 1971, S. 162

94 E. Bloch: *Prinzip Hoffnung*, S. 860, 862, 863

95 Alfred Lorenzer in: Berndt, Lorenzer, Horn: *Architektur als Ideologie*, Frankfurt a. M. 1968, S. 54

96 G. W. F. Hegel: *Philosophie der Geschichte*, 1840, S. 535 (Hervorhebung von mir)

97 Le Corbusier: *Vers une Architecture*, Paris 1923, S. 16

98 Le Corbusier: op. cit., S. 16

99 A. M. Vogt: *Boullée*, Kap. 11, S. 315–362

100 A. M. Vogt: *Boullée*, Kap. 9 u. 10, S. 263–314

101 A. M. Vogt: *Boullée*, S. 327 ff.

102 Vgl. hierzu Rudolf Wittkower: *Architectural Principles in the Age of Humanism*, London 1962

103 Die Tendenz zur exakten Kopie hat wohl in Frankreich ihre Wurzel in jener ersten exakten Vermessung des altrömischen Pantheons, die Antoine Desgodets in den Jahren 1676–77 durchgeführt hat. Vgl.: Wolfgang Herrmann: ›Antoine Desgodets and the Académie royale d'architecture‹, in: *Art Bulletin*, vol. XL, März 1958

104 L. Hautecœur: *Histoire de l'architecture classique*, Tome V, Paris 1953, S. 207

105 El Lissitzky: *Rußland – Architektur für eine Weltrevolution*, Neuauflage Berlin 1965, S. 46–48

106 L. Hautecœur: *Histoire de l'architecture classique*, Tome V, S. 198

107 Daß im Rathaus von Sotschi überdies auch ein Bezug zum Historismus Gottfried Sempers spürbar wird, sei hier lediglich angemerkt

108 Michael Mc Nay: ›The cold stars‹, in: *The Guardian*, London, Nr. vom 9. Sept. 1972, S. 10

109 Vgl.: Charles Baudelaire über Delacroix (übers. u. hrsg. von Hans Graber), Basel 1919, S. 29

110 Als Nenner für die vorgebrachten Unterscheidungen wäre deshalb auch der Gegensatz *»geometrisch – organisch«* denkbar

111 Die Beispiele der Abb. 37: (a) Leninbibliothek / Rathaus Sotschi, (b) Gläserner Wolkenkratzer / Turmbau Weltausstellung Paris, (c) Villa Savoie / Musée d'art moderne, (d) Haus Lovell / Jefferson Memorial

112 Heinrich Wölfflin: ›Die antiken Triumphbogen in Italien‹ (1893), in: *Kleine Schriften*, Basel 1946, S. 51/52

113 Friedrich Engels in seiner Grabrede auf Marx, 17. März 1883: »Wie Darwin das Gesetz der Entwicklung der organischen Natur, so entdeckte Marx das Entwicklungsgesetz der menschlichen Geschichte . . .«

114 Karl Marx: ›Das Kapital‹, Vorwort zur 1. Auflage 1867, in: *Marx-Engels-Werke*, Berlin (Ost), Bd. 23, S. 15 (fortan abgekürzt: MEW)

115 Karl Marx, a. a. O., MEW, Bd. 23, S. 15

116 Der Archäologe Arnold von Salis hat versucht, Wölfflins Grundbegriffe konsequent auf die antike griechische Kunst anzuwenden: *Die Kunst der Griechen*, Leipzig 1919 (4. Auflage, Zürich 1953); vgl. überdies: Arnold von Salis: *Antike und Renaissance*, Zürich 1947

117 Karl Marx, a. a. O., MEW, Bd. 23, S. 12

118 Wilhelm Pinder: *Das Problem der Generation*, Berlin 1926

119 Heinrich Wölfflin, *Kunstgeschichtliche Grundbegriffe*, 1915, S. 11

120 Michael Landmann: vgl. Anm. 72

121 Michael Landmann, a. a. O., S. 62
122 Eine Monographie über Sholtowski ist 1955 in Moskau erschienen
123 M. Major: *Gesch. d. Arch.*, Budapest 1960, Bd. III, S. 544
124 Vgl. Anm. 71
125 Auch in Epochen, die als stilintensiv, d. h. einheitlich geprägt gelten, läßt sich oft das Bereitliegen alternativer Möglichkeiten nachweisen. So habe ich zu zeigen versucht (in: A. M. Vogt: *Grünewald – Meister gegenklassischer Malerei*, Zürich 1957), daß Grünewald eine simultane Alternative schafft zu Albrecht Dürers Renaissance-Kunst
126 L. Hautecœur: *Arch. class.*, Bd. V, S. 205/206
127 Vgl. hierzu M. Major: *Gesch. d. Arch.*, Budapest 1960, Bd. III, S. 553
128 Zu den verschiedenen Kugelprojekten der französischen Revolutionsarchitekten in der Nachfolge Boullées: vgl. A. M. Vogt: *Boullée*, spez. Kap. 11 (Zeitgenössische Rundformen in Bau und Gerät)
129 C. N. Ledoux: *L'architecture considérée sous le rapport de l'art, des mœurs et de la législation* (Faksimileausgabe, Paris 1961)
130 Vgl. hierzu: Raval et Moreux: *C. N. Ledoux*, Paris 1945, besonders aber: Wolfgang Herrmann: ›The Problem of Chronology in C. N. Ledoux' engraved Work‹, in: *Art Bulletin*, vol XLII, 1960, und: Johannes Langner: ›Ledoux' Redaktion der eigenen Werke für die Veröffentlichung‹, in: *Zeitschrift f. Kunstgesch.*, Bd. 23, München 1960
131 Vgl. Literatur in Anm. 130
132 L. Hautecœur: *Arch. class.*, Bd. V, S. 210
133 L. Hautecœur: *L'Arch. class. à Saint-Petersbourg à la fin du 18ème siècle*, Paris 1912, S. 82
134 A. M. Vogt: *Boullée*, S. 183 ff.
135 A. M. Vogt: *Boullée*, Kapitel 9.5 (S. 279)
136 Vgl. hierzu A. M. Vogt: *Boullée*, S. 18 u. S. 317
137 Unter den russischen Architekturkritikern ist es vor allem S. O. Khan-Magomedow, der den künstlerischen Rang von Leonidows Architekturzeichung hervorhebt. Vgl. seine Kurzbiographie von Leonidow, in: O. A. Shvidkovsky: *Building in the USSR 1917–32*, London 1971, S. 124 und speziell S. 129
138 El Lissitzky: *Rußland. Arch. f. eine Weltrevolution*, S. 17
139 Zeichnung ›Industrie mit Kran‹ von Erich Mendelsohn, abgebildet in: *Wasmuths Monatshefte für Baukunst*, Jg. 1924, S. 12
140 Vgl. A. Khazanova: ›Vkhutemas, Vkhutein‹, Beitrag in: *Building in the USSR 1917–32*, hrsg. von O. A. Shvidkovsky

141 Vgl. A. Chinyakow: ›The Vesnin Brothers‹, in: *Building in the USSR 1917–32*, S. 42 ff.
142 Zit. nach: *Building in the USSR 1917–32*, S. 53
143 Moskau, 1955, hrsg. von G. D. Ostschepkowa
144 *Wasmuths Monatshefte für Baukunst*, Jg. 1924, S. 16–23
145 Beispiele dafür sind drei Entwürfe für chemische Werke der Brüder Wesnin (*Building in the USSR 1917–32*, Abb. 20, 21, 24)
146 S. O. Khan-Magomedow: *Building in the USSR 1917–32*, S. 73
146 b Max Weber: *Die protestantische Ethik*, I, herausgegeben von J. Winckelmann, München 1969, S. 52 ff.
147 E. Metzke, zit. in: J. Habermas: *Theorie und Praxis*, Frankfurt a. M. 1971, S. 408
148 Vgl. dazu: A. M. Vogt: *Boullée*, S. 377
149 E. Bloch: *Prinzip Hoffnung*, II, S. 858
150 E. Bloch: *Prinzip Hoffnung*, II, S. 859
151 Khan-Magomedow in: *Building in the USSR 1917–32*, S. 43/45
152 Vgl. hierzu: Troels Andersen: *Vladimir Tatlin*, Katalog der Ausstellung in Stockholm, Moderna Museet, 1968
153 Vgl. V. Rakitin: ›Unovis‹, in: *Building in the USSR 1917–32*, S. 26–30, speziell S. 29
154 El Lissitzky: *Rußland. Architektur für eine Weltrevolution*, Abb. S. 99. Zur Arbeitsweise der Kunstschulen vgl. die Kapitel ›Unovis‹ (S. 26) und ›Vkhutemas, Vkhutein‹ (S. 31) in: *Building in the USSR 1917–32*
155 Le Corbusier: *La ville radieuse*, Paris 1934, S. 3: »Habiter, travailler, cultiver le corps et l'esprit, circuler (dans cet ordre et cette hiérarchie).«
156 Julius Posener: *Anfänge des Funktionalismus* (von den Arts and Crafts zum Deutschen Werkbund), Frankfurt a. M. 1964
157 Zit. in: Julius Posener: *Anfänge des Funktionalismus*, S. 149
158 Das ironisch gemeinte Stichwort vom ›Boiler‹ ist gleich schon 1929 in ersten Reaktionen geäußert worden, vgl. Kap. 20
159 Karl Marx: ›Kapital‹, MEW, Bd. 23, S. 381 u. S. 382
160 Karl Marx: ›Kapital‹, MEW, Bd. 23, S. 381
161 F. W. Taylor: ›The Art of Cutting metals‹, § 124, zit. nach: A. Sohn-Rethel: *Geistige u. körperliche Arbeit*, Frankfurt a. M. 1970, S. 194
162 Aus: Taylor: ›Shop Management‹, zit. nach: A. Sohn-Rethel *Geistige und körperliche Arbeit*, S. 195
163 Wolfgang Peter Eichhorn: Stichwort ›Charakter der Arbeit‹, in: *Philos. Wörterbuch*, Leipzig [7]1970, S. 212. (Hervorhebungen von mir)
164 Karl Marx: ›Kapital‹, MEW, Bd. 23, S. 391
165 A. Bogdanow: *Die Wissenschaft u. d. Arbeiterklasse*, Frankfurt a. M. 1971, S. 20

166 A. Bogdanow: op. cit., S. 21
167 A. Bogdanow: op. cit., S. 23
168 G. W. Plechanow, *Kunst und Literatur*, Berlin (Ost) 1955
169 Johannes Most: *Kapital und Arbeit*, Frankfurt a. M. 1972
170 Karl Marx: *Pariser Manuskripte 1844* (Texte zu Methode und Praxis II), München 1968
170 a Alle zitierten Stellen von Marx: *Pariser Manuskripte 1844*, S. 57–59
171 C. N. Ledoux: *L'Arch. considérée* ... (Faksimileausgabe, Paris 1961) S. 38
172 Vgl. hierzu: Raval und Moreux: *C. N. Ledoux*, S. 9 ff., S. 40
173 Mit der architektonischen Artikulierung des ›Charakters‹ einer Baugattung folgt Ledoux der Caractère-Theorie von Boullée. (Siehe hierzu: A. M. Vogt: *Boullée*, Kap. 5.1, S. 186 ff.)
174 Vgl. Wolfgang Herrmann: *Laugier and eighteenth century french theory* (London 1962)
175 Werner Hofmann: *Ideengeschichte der sozialen Bewegung*, Berlin ^{4}1971, S. 8. (Hervorhebungen von mir)
176 Jean Voilquin: *L'Encyclopédie*, Paris 1934
177 Zit. nach J. Voilquin: *L'Encyclopédie*, S. 49
178 Zit. nach J. Voilquin: *L'Encyclopédie*, S. 47/48
179 Peter Stadler in: *Die frühen Sozialisten*, hrsg. v. F. Kool und W. Krause, München, ^{2}1972, Bd. 1, S. 17
180 Werner Hofmann: *Ideengeschichte d. soz. Bewegung*, S. 15
181 Peter Stadler, in: *Die frühen Sozialisten*, Bd. 1, S. 18
182 Zit. nach: J. J. Rousseau: *Du contrat social* (und andere Texte), ed. H. Guillemin, Paris 1963, S. 292
183 Zit. nach: J. J. Rousseau; ed. H. Guillemin, S. 67
184 Le Corbusier: *La Ville radieuse*, S. 9
185 Zur Parallele zwischen J. J. Rousseau und dem jungen Marx vgl. auch: Peter Stadler, Einleitung zu: *Die frühen Sozialisten*, Bd. 1, S. 18
186 Julius Posener: *Anfänge des Funktionalismus*, S. 9
187 Vgl. Abb. 31
188 Abb. 229 in: *Building in the USSR 1917–32*
189 Abb. 21 d
190 Der hier durchgeführte Vergleich kann am besten überprüft werden in: *Building in the USSR 1917–32*, weil dieser Band nach einzelnen Architekten gegliedert ist
191 Troels Andersen: *V. Tatlin*, Katalog der Ausstellung in Stockholm 1968, S. 7
192 Vgl. A. M. Vogt: *Boullée*, S. 356
193 Vgl. S. O. Khan-Magomedow in: *Building in the USSR 1917 bis 1932*, S. 124 ff.
194 Im selben Jahr deutsch im Aktionsverlag, Berlin 1920

195 Aleksander Bogdanow: *Die Wissenschaft u. d. Arbeiterklasse,* zit. nach Neuauflage, hrsg. v. K. H. Neumann, Frankfurt a. M. 1971, S. 17

196 A. Bogdanow: op. cit., S. 21/22

197 A. Bogdanow: op. cit., S. 28

198 A. Bogdanow: op. cit., S. 27/28

199 A. Bogdanow: op. cit., S. 26

200 a A. Bogdanow: op. cit., S. 37

200 b Der von Werner Hecht zusammengestellte Band: *Materialien zu Brechts ›Leben des Galilei‹* (Frankfurt a. M. 1963) enthält, so weit ich sehe, keinen Hinweis auf Bogdanow

200 c Kyrill N. Afanasjew: *Ideen – Projekte – Bauten,* Dresden 1973, S. 11

201 K. Marx: *Pariser Manuskripte 1844,* Texte II, Hamburg 1968, S. 76

202 Die Pariser Manuskripte sind erst am Ausgang der zwanziger Jahre in Bruchstücken bekannt gemacht worden. Erste vollständige Publikation: 1932 (vgl. Gunther Hillmann in: *Pariser Manuskripte 1844,* Hamburg 1968, S. 201)

203 A. Bogdanow, op. cit., S. 33/34

204 A. Bogdanow: op. cit., S. 34

205 Vgl. hierzu: A. M. Vogt: *Boullée,* S. 304 ff.

206 Deutsche Ausgabe: Leo Trotzki: *Literatur und Revolution,* München ²1972

207 Leo Trotzki: op. cit., S. 176. Zur Kunsttheorie von Trotzki vgl. Werner Hofmann: ›Wie revolutionär war Trotzkis Kunsttheorie?‹, in: *Merkur,* Stuttgart 1972, Heft 9, S. 918 ff.

208 *Wasmuths Monatshefte,* Jg. 1929, S. 132

209 *Wasmuths Monatshefte,* a. a. O., S. 130

210 Hans Sedlmayr: *Verlust der Mitte,* Salzburg 1948, Legende zur dortigen Abb. 31

211 Vgl. A. M. Vogt: *Boullée,* speziell Kap. 20 (S. 291 ff.) und ›Das Lob der Kugel bei Boullée, Palladio und Plato‹, S. 293 ff.

212 Vgl. hierzu A. M. Vogt: *Boullée*

213 Vgl. hierzu A. M. Vogt: *Boullée,* Kap. 9.6 (S. 279)

214 Vgl. zur Datierung: A. M. Vogt: Boullée, Kap. 11.16 (S. 362)

215 A. M. Vogt: *Boullée,* Kap. 9.1 (S. 264)

216 A. M. Vogt: *Boullée,* Kap. 10.1 (S. 291)

217 A. M. Vogt: *Boullée,* Kap. 2 bis Kap. 9

218 A. M. Vogt: *Boullée,* Kap. 10.3 (S. 301 ff.)

219 Französischer Originaltext in: A. M. Vogt, *Boullée,* S. 292

220 J. M. Pérouse de Montclos: *E. L. Boullée,* Paris 1969, S. 253 ff.

221 A. M. Vogt: *Boullée,* S. 313

222 Die französische Revolutionsarchitektur war, wie in Kap. 9 erwähnt, lange Zeit ein ›Weißer Fleck‹. Emil Kaufmanns Wie-

derentdeckung beginnt erst 1928 und an kaum bemerkbarer Stelle (Artikel ›Ledoux‹ im Lexikon Thieme–Becker); 1933 dann in der Schrift: *Von Ledoux bis Le Corbusier,* Wien

223 Die bisher detaillierteste Darstellung der Stufen dieses Wettbewerbs: G. Ciucci: ›Concours pour le Palais des Sovjets‹, in: *VH 101,* Nr. 7/8, Paris 1972, S. 113 ff.

224 A. M. Vogt: ›Revolutions-Architektur und Nazi-Klassizismus‹, in: *Festschrift für K. Badt,* Köln 1970

225 A. Lunatscharski: ›Thesen über die Aufgabe der marxistischen Kritik‹ (1928), in: *Die Revolution u. d. Kunst,* Dresden 1962, S. 10 u. 12

226 A. Lunatscharski: ›Vom Erbe der Klassiker‹ (1930), in: *Das Erbe,* Dresden 1965, S. 5 u. 6

227 Karl Marx, MEW, Bd. 13, S. 642

228 Alfred Sohn–Rethel: *Geistige und körperliche Arbeit,* Frankfurt a. M. ^{2}1972, S. 9 u. 14

229 Michail Lifschitz: *Karl Marx und die Ästhetik* (russisch 1931), Dresden 1967; und: *Krise des Häßlichen. Vom Kubismus zur Pop Art,* Dresden 1971. Moissej Kagan: *Vorlesungen zur marxistisch-leninistischen Ästhetik* (russisch 1964), Berlin (Ost) 1971

230 Lenin: *Ges. Werke,* Berlin (Ost), Bd. 31, S. 308 ff.

231 A. Bogdanow: a. a. O., S. 41

232 W. I. Lenin, *Werke,* Berlin (Ost) 1971, Bd. 14, S. 5

233 Karl Marx, Fragment ›Nationalökonomie und Philosophie‹, zitiert nach: Robert Heiss: *Die großen Dialektiker des 19. Jahrhunderts,* Köln 1963, S. 353

234 Deutsche Fassung zit. nach G. A. Platz: ›Die Baukunst d. neuesten Zeit, in: *Propyläen-Kunstgeschichte,* Berlin 1930, S. 106

235 V. Rakitin: ›Unovis‹, in: *Building in the USSR 1917–32,* S. 29

236 Lissitzky: *Arch. f. e. Weltrevolution,* S. 46 u. 48

237 Vgl. hierzu A. M. Vogt: *Boullée,* S. 192

238 Zum Spätwerk von Mies v. d. Rohe siehe speziell die neuartigen Kriterien der Beurteilung in: Julius Posener: ›Absolute Architektur. Kritische Betrachtung der Berliner Nationalgalerie‹, in: *Neue Rundschau,* Jg. 1973, Heft 1, S. 79–95

Nachwort und Dank

In dieser Studie werden zwei ähnliche Prozesse verglichen, die zeitlich durch etwas mehr als hundert Jahre getrennt sind. Der Vergleich hat sich mir aufgedrängt, weil ich glaube, daß die beiden Entwicklungen, die von 1917 und die von 1789, sich *gegenseitig erläutern.* Der eine Prozeß spiegelt und klärt den andern.

Die Art der Darstellung gleicht wohl deshalb mitunter einer *Collage,* weil die zeitlich getrennten Erscheinungen oft unmittelbar nebeneinandergesetzt werden mußten. Nicht umsonst gehe ich von zwei wirklichen Klebebildern (Abb. 20 und 21) aus, um jenen Vergleich in Gang zu bringen, von dem ich mir eine Klärung durch Spiegelung erhoffe.

*

Eine Rußlandreise mit Aufenthalten in Moskau und Leningrad hat mir die Eidgenössische Technische Hochschule in Zürich möglich gemacht. Ich danke der Hochschulbehörde, namentlich den Herren Minister J. Burckhardt, Professor H. H. Hauri und Hans Bisang, für ihre bereitwillige Unterstützung.

Vor zwei Jahren habe ich das Konzept zu diesem Buch in einer Vorlesung über Sowjet-Architektur erstmals fragmentarisch vorgelegt. Ein Kolloquium über dasselbe Thema, gemeinsam durchgeführt mit Architekt Felix Schwarz und Ingenieur Ernst Erdös im Sommersemester 1972, erlaubte die Ausweitung und Diskussion der offenen Fragen.

Die Mitarbeiter des Instituts für Geschichte und Theorie der Architektur an der ETH Zürich haben mir durch manches fruchtbare Gespräch Anregungen vermittelt. Frau Christina Reble war bei der Textredaktion ebenso unermüdlich behilflich wie Oberassistent Martin Fröhlich im Anfertigen der erläuternden Zeichnungen.

Der Verlag hat keine Mühe gescheut, Wort und Bild so aufeinander zu beziehen, daß die Aussagen überprüft werden können. Ob das Ziel erreicht worden ist, die Vorteile des Taschenbuchs mit den Forderungen gut überblickbarer Darbietung zu verbinden, muß der Leser und Betrachter entscheiden. Herrn Karl Gutbrod danke ich für ermunternden Zuspruch, Herrn Werner Preuß für kritische Lektüre, vor allem aber Herrn Siegfried Hagen für sein nie erlahmendes, wahrhaft freundschaftliches Interesse an meinem Vorhaben.

Zürich, im Herbst 1973 A. M. Vogt

Fotonachweis

(Vollstände Buchangaben siehe Anmerkungen)

Afanasjew, K. N., Ideen – Projekte – Bauten 84
Bettex, A., Die Entdeckung der Natur 83
Bibliothèque Nationale, Cabinet des Estampes 24 a, 24 b
British Arts Council, London 24 c, 24 d
Egorov, I. A., The architectural planning of St. Petersburg 40, 42
de Feo, V., URSS Architettura 1917–1936 29, 30, 31, 57, 61, 62, 66 d
Fröhlich, M., Zeichnungen 7, 15, 16, 17, 18, 19, 23, 35, 36, 37, 38, 41, 49, 55, 56, 58, 64, 67, 68, 70, 71, 79, 80, 82, 85, 87, 88, 89, 91, 92, 93, 94
Gradow, G. A., Stadt und Lebensweise 1, 2, 3, 4, 5, 6, 8, 9, 10, 11, 12
Gray, C., The Russian Experiment in Art 1863–1922 86
Giedion, S., Space, Time and Architecture 65
Hautecoeur, L., L'architecture classique, Bd. 5 26 a, 26 b, 27 a, 27 b
Kaufmann, E., Architecture in the Age of Reason 52
Khasanova, V. E., Iz istorii sovjetskoj Architekturi 1917–1926 53
Le Corbusier, Œuvre Complet, Bd. 1 13, 14
Le Corbusier, Vers une architecture 22
Ledoux, N. L., Architecture considérée 25 a, 25 b, 25 c, 25 d, 51, 72, 73, 74, 75, 76
Lissitzky, El, Rußland: Architektur für eine Weltrevolution 32 a, 32 b, 69
Raval, M., C. N. Ledoux 77, 78
Sholtovsky, J. W., G. D. Ostschepkowa 33 a, 33 b, 34 a, 34 b
Shidkovsky, O. A., Building in the USSR 28 d, 54, 60, 63
Vogt, A. M., Boullées Newton-Denkmal 50
Vogt, A. M., Zürich, Fotos 43, 44, 45, 46, 47, 48, 90
Wasmuths Monatshefte, Jg. 1924 59
John Webb FRPS, London, Foto 81
Eduard Widmer, Zürich, Fotos 28 a, 28 b, 28 c, 66 a, 66 b, 66 c

Index

Adorno, Theodor W. 24, 241
Afanasjew, Kyrill N. 70, 71, 209, 266
Alberti, Leon Battista 93
Alexander I., Zar 121
Andersen, Troels 264, 265
Ashbee 168
Atatürk (Mustafa Kemal) 235
Augustin, hl. 17
Avenarius, R. 178
Baboeuf 25
Bailly, Jean-Silvain 223
Banham, Reyner 69
Barkhin, G. B. 199
Barstsch, M. 35, 36, 38, 40, 44, 45, 46, 54, 55, 56, 58, 81, 167, 170, 199, 241
Baudelaire, Charles 102, 103, 262
Benevolo, Leonardo 69, 260
Bernini, Gian Lorenzo 125